VERÖFFENTLICHUNGEN
DES STADTARCHIVS MANNHEIM

Band 12

Geschichte der Juden in Mannheim 1650-1945

mit 52 Biographien

von

Karl Otto Watzinger

Mit einer Übersicht über die Quellen im Stadtarchiv Mannheim
zur Geschichte der Juden
von Jörg Schadt und Michael Martin

Gewidmet

Max Grünewald

Präsident des Leo Baeck Instituts
Stadtrabbiner von Mannheim
1925–1938

Verlag W. Kohlhammer
Stuttgart Berlin Köln Mainz

CIP-Kurztitelaufnahme der Deutschen Bibliothek

Watzinger, Karl Otto:
Geschichte der Juden in Mannheim 1650–1945: mit 52 Biographien / von Karl Otto Watzinger.
Mit e. Übersicht über d. Quellen im Stadtarchiv Mannheim
zur Geschichte d. Juden von Jörg Schadt ...
– Stuttgart; Berlin; Köln; Mainz: Kohlhammer, 1984.
  (Veröffentlichungen des Stadtarchivs Mannheim; Bd. 12)
  ISBN 3-17-008696-0

NE: Stadtarchiv [Mannheim]: Veröffentlichungen des Stadtarchivs ...

Umschlagbild: Synagoge in F 2, 13–15

Alle Rechte vorbehalten
© 1984 Verlag W. Kohlhammer GmbH
Stuttgart Berlin Köln Mainz
Verlagsort: Stuttgart
Gesamtherstellung:
W. Kohlhammer Druckerei GmbH + Co. Stuttgart
Printed in Germany

Geleitwort

Die Veröffentlichungen des Stadtarchivs beginnen im Jahre 1971 mit der zweibändigen Darstellung und Dokumentation der Judenverfolgung in Mannheim von 1933 bis 1945. Damals wurde bewußt ein Thema an den Anfang gestellt, das von der unmittelbar zurückliegenden Vergangenheit des Schreckens und des Leidens handelt, die noch rechtzeitig festgehalten und vor dem Vergessen bewahrt werden sollte.
Durch den jetzt vorgelegten Band soll die große Tradition des Mannheimer Judentums wieder lebendig werden: Seine Entwicklung von den nur geduldeten Mitbewohnern der kurpfälzischen zu den anerkannten Mitbürgern der großherzoglich-badischen Zeit. Von der Mitte des 19. Jh.s bis zum Beginn des 20. Jh.s haben jüdische Familien maßgebend zum Aufstieg Mannheims zur bedeutenden Handels- und Industriestadt beigetragen, so daß die Geschichte der Mannheimer Juden ein untrennbarer Bestandteil der Stadtgeschichte ist. Die Darstellung löst auch eine Verpflichtung ein, die wir alle – auch die Nachgeborenen – haben: den geschändeten Namen unserer jüdischen Mitbürger wieder herzustellen, indem wir zeigen, was wir ihnen zu verdanken haben.
Dieser Band reiht sich auch ein in die Veröffentlichungen des Leo Baeck Instituts, dessen Aufgabe die Erforschung der Geschichte der Juden in Deutschland ist, wo im 19. Jh. eine einmalige Verbindung deutschen und jüdischen Geisteslebens entstanden ist, die sogenannte deutsch-jüdische Symbiose. Daher sei der Band dem Präsidenten des Leo Baeck Instituts und früheren Mannheimer Stadtrabbiner Max Grünewald gewidmet.

Mannheim, im Juni 1984

Gerhard Widder
Oberbürgermeister

Vorbemerkung des Herausgebers

Herr Dr. Karl Otto Watzinger, von seinem Studiengang her Jurist, war lange Jahre Bürgermeister der Stadt Mannheim. In dieser Funktion und als für das Stadtarchiv zuständiger Dezernent ließ er sich die Erforschung der jüdischen Geschichte Mannheims besonders angelegen sein. Diesem Engagement und seiner Förderung verdankt die seit 1971 bestehende Reihe der »Veröffentlichungen des Stadtarchivs Mannheim« ihr Entstehen. Seit seiner Pensionierung im Oktober 1978 hat der Autor seine Forschungen intensiv fortgesetzt und legt nun seine Ergebnisse in einer zusammenfassenden Geschichte der Mannheimer Juden vor.

Seine Darstellung weist auf die große Bedeutung hin, die das Judentum für die Entwicklung Mannheims zur Handels- und Industriemetropole des deutschen Südwestens im 19. und 20. Jahrhundert gewonnen hat. Das Werk gibt aber nicht nur Rechenschaft, sondern es will auch zu weiterer Forschung unter neuen Fragestellungen anregen, denn jeder Mensch und jede Generation befragt die Vergangenheit neu. Insbesondere die Quellenübersicht soll zeigen, welche Forschungsmöglichkeiten trotz schwerer Kriegsverluste noch bestehen.

Überaus nützlich und gewinnbringend ist der Weg, den der Autor mit den Biographien im 2. Teil beschritten hat. Damit beginnt das Stadtarchiv als Herausgeber zudem das Versprechen einzulösen, das Leben und die Leistung von Persönlichkeiten darzustellen und zu würdigen, die in besonderer Weise zur Entwicklung der Stadt Mannheim beigetragen haben.

Der Herausgeber dankt allen, die zum Erscheinen des Werks beigetragen haben: dem Autor, den Mitarbeitern des Stadtarchivs, vor allem Dr. Michael Martin für die Bestandsübersicht, Herrn Friedrich Teutsch für zahlreiche Hinweise, Herrn Michael Caroli, der die Redaktionsarbeit übernommen hat, dem Verlag, hier vor allem Frau Monica Wejwar, und nicht zuletzt der Vereinigten Jüdischen Erinnerungsstiftung, die die Mittel zur Drucklegung bereitgestellt hat.

Wir hoffen, daß uns stadtgeschichtliche Forschung und Darstellung auch in Zukunft möglich ist. Hierbei erbitten wir die Mitarbeit der Bevölkerung, die Quellen der Mannheimer Vergangenheit und Gegenwart uns sichern zu helfen. Alle, die sich der Stadt Mannheim verbunden fühlen, sind daher aufgerufen, die vielfältigen schriftlichen oder bildlichen Dokumente im Original oder als Kopie zu wichtigen stadtgeschichtlichen Ereignissen, aber auch die unscheinbaren Zeugnisse des Alltagslebens dem Stadtarchiv als der stadthistorischen Dokumentations- und Forschungseinrichtung (Rathaus E 5, 68 Mannheim, Tel. 0621/293–2630) anzubieten. Für entsprechende Hinweise sind wir sehr dankbar. Da das Stadtarchiv über ausreichende Reproduktionsmöglichkeiten verfügt, erhält der Besitzer seine Originalvorlagen auf Wunsch zurück.

Mannheim, im Juni 1984 *Jörg Schadt*

Inhalt

Vorwort 11

1. Geschichte der Juden in Mannheim 13
1.1 Die kurpfälzische Zeit (1650–1803) 13
1.2 Die großherzoglich-badische Zeit (1803–1918) 24
1.3 Die Zeit der Weimarer Republik (1919–1933) 47
1.4 Die Zeit unter der NS-Diktatur (1933–1945) 62

2. Biographien 77

Julius Appel	78	Carl Ladenburg	113
Julius Bensheimer	79	Ludwig Landmann	115
Alice Bensheimer	80	Moritz Lenel	116
Samuel Billigheimer	81	Viktor Lenel	117
Arthur Blaustein	83	Richard Lenel	119
Gustav Cahen	84	Ernst Josef Lesser	121
Viktor Darmstädter	85	Josef Levi	122
Elias Eller	86	Isidor Lindmann	123
Paul Eppstein	88	Ottokar Löwit	124
Ludwig Frank	89	Pauline Maier	125
Rosa Grünbaum	92	Gustav Mayer-Dinkel	126
Max Grünewald	93	Julius Moses	127
Elise Gutmann	94	Lemle Moses Reinganum	128
Max Hachenburg	95	Jacob Nauen	130
Felix Hecht	97	Eugen Neter	131
Hermann Hecht	98	Berthold Rosenthal	132
Bernhard Herschel	100	Otto Selz	133
Stefan Heymann	101	Max Sinzheimer	135
Berta Hirsch	102	Moritz Steckelmacher	136
Fritz Hirschhorn	103	Nathan Stein	137
Franz Hirschler	105	Sally Stern	138
Joseph Hohenemser	107	Isak Unna	139
Max Jeselsohn	108	Eduard Wachenheim	141
Wolf Hajum Ladenburg	109	Florian Waldeck	142
Seligmann Ladenburg	111	Heinrich Wetzlar	144
Leopold Ladenburg	112	Simon Wolff	145

Übersicht über die Quellen im Stadtarchiv Mannheim zur Geschichte der
  Juden 161

Abkürzungen 185

Ungedruckte Quellen 186

Gedruckte Quellen und Literatur 187

Zeitungen 191

Bildnachweis 192

Personenindex 193

Vorwort

Die historische Darstellung im Teil 1 gliedert sich in vier Abschnitte, die den Epochen der Mannheimer Stadtgeschichte entsprechen, in denen die Rechtsstellung des jüdischen Bevölkerungsteils sehr unterschiedlich war. In der kurpfälzischen Zeit waren die Juden nur eine geduldete Minderheit, während in der großherzoglich-badischen Zeit die staatsbürgerliche Gleichberechtigung verwirklicht wurde. In der Weimarer Republik vollendete sich in Staat und Gesellschaft die Gleichberechtigung, unter der NS-Diktatur wurde sie völlig zerstört.
Die Quellenlage ist durch Kriegs- und Verfolgungsverluste stark beeinträchtigt. Jüdische Quellen fehlen fast ganz, da das Archiv der jüdischen Gemeinde Mannheim und das Archiv des Oberrats der Israeliten in Karlsruhe verlorengegangen sind. Von einmaligem Wert ist daher das vollständig erhaltene Mannheimer »Israelitische Gemeindeblatt«, das von 1922 bis 1938 erschienen ist, und die »Heimatgeschichte der badischen Juden« von B. Rosenthal, in der Mannheim ausführlich zu Worte kommt. Auch das Mannheimer Stadtarchiv hat schwere Verluste hinnehmen müssen, aber aus den noch vorhandenen Quellen läßt sich doch ein zuverlässiges Bild von der Entwicklung des Mannheimer Judentums gewinnen. Dazu konnten die wertvollen Bestände des Generallandesarchivs Karlsruhe ausgewertet werden. Für die Verfolgungszeit gingen noch persönliche Berichte ein, die bei der Abfassung der Arbeit von H.-J. Fliedner noch nicht vorhanden waren. Im übrigen kann für diese Zeit auf seine reichhaltige Dokumentation verwiesen werden.
Die 52 Biographien des Teils 2 sollen die Geschichte des Mannheimer Judentums verlebendigen und die Erinnerung an um Mannheim verdiente Männer und Frauen wachhalten. Die noch vollständig erhaltene Einwohnermeldekartei gibt für die biographischen Daten eine sichere Grundlage. Stadtratsprotokolle, Zeitungen und stadtgeschichtliche Veröffentlichungen vermitteln ein lebendiges Bild der Persönlichkeiten, wozu auch Auskünfte von Überlebenden, denen hier besonders gedankt sei, beigetragen haben. In Übereinstimmung mit der Übung des Leo Baeck Instituts wurden Abkömmlinge aus Mischehen nicht aufgenommen, aber alle Nachkommen aus rein jüdischen Ehen, unabhängig davon, ob sie in der jüdischen Gemeinde geblieben oder ausgetreten sind. Die Auswahl wurde so getroffen, daß Persönlichkeiten aus den verschiedensten Berufszweigen berücksichtigt wurden, die im öffentlichen Leben Mannheims besonders hervorgetreten sind. Sie mußte sich aber – gerade für die ältere Zeit – auch danach richten, inwieweit über die Daten hinaus eine Überlieferung vorhanden ist. Eine Übersetzung des hebräischen Memorbuches der Klaus-Synagoge, das im Stadtarchiv Mannheim auf Mikrofilm vorhanden ist (StA Mannheim JD 50), könnte noch Aufschlüsse über Persönlichkeiten der älteren Zeit bringen.

Mein herzlicher Dank gilt Herrn Stadtarchivdirektor Jörg Schadt, der mir viele Anregungen gegeben hat, und seinen Mitarbeitern, die mir bei der Sammlung der Quellen stets behilflich waren. Der »Vereinigten Jüdischen Erinnerungsstiftung« und der Stadt Mannheim habe ich für die großzügige finanzielle Unterstützung zu danken.

Mannheim, im Juni 1984 *Karl Otto Watzinger*

1. Geschichte der Juden in Mannheim

1.1. Die kurpfälzische Zeit (1650–1803)

Kurfürst Karl Ludwig (1618–1680) kehrte im Jahre 1649 aus den Niederlanden, wo er in der Emigration gelebt hatte, in seine Erblande zurück. Seine Residenz war Heidelberg, aber das im Dreißigjährigen Krieg zerstörte Mannheim sollte als Mittelpunkt von Handel und Gewerbe wieder aufgebaut werden. Der Kurfürst erließ 1652 einen Aufruf an *alle ehrlichen Leute von allen Nationen*, sich in Mannheim niederzulassen. An der Ansiedlung von Juden war ihm besonders gelegen, da er in den Niederlanden miterlebt hatte, wieviel die aus Spanien und Portugal vertriebenen Juden zur Blüte des holländischen Handels beigetragen hatten. Der Kurfürst wollte daher die Ansiedlung portugiesischer Juden bevorzugt fördern, indem er ihnen in einer Konzession, die nicht mehr erhalten ist, noch weitergehende Rechte einräumte als den deutschen Juden. Es sind insbesondere die beiden portugiesischen Familien Astroucque und Carcassonnet bekannt, die von Südfrankreich eingewandert sind.

Die Konzession für die deutschen Juden vom 1. September 1660 hat folgenden Wortlaut:

1. Erstlich, daß alle dieselben Juden, so zu Mannheim wohnen wollen, im ersten Jahr ein Haus von 2 Stockwerk hoch, daran der Vorgiebel von Steinen und jedes Stockwerk 10 Schuh unter den Balken, item 30 Schuh breit, auch so tief oder lang sei, unfehlbar zu bauen schuldig und gehalten seien;

2. Hergegen sie des Schutzgelds, solang die Jahr der Stadt Mannheim Zoll- und Schatzungsfreiheit währen, nemlich bis in august 1672 allerdings befreit seien;

3. Wie auch aller derselben Privilegien wie andere Bürger geniesen – ohne allein der Zollfreiheit mit wein und holz zu handeln – Jedoch was zu ihrem Hausgebrauch nöthig, soll ihnen zollfrei passirt werden.

4. Nach Verfließung vorbemelter frey Jahr aber jede Familie 10 Rthlr Schutzgeld des Jahrs abstatten und sich untereinander taxiren, damit die reiche mehr, die arme weniger dazu erlegen und wir also in einer Summ soviel mal 10 Rthlr empfangen, als Familien zu Mannheim befunden werden, doch dergestalt, daß die Wittiben nur 5 Rthlr jährlich und also die Hälft an vorgemeltem Schutzgeld entrichten, über dieses Schutzgeld aber auch ihre Schatzung und Beschwerden, wie andere Bürger zu Mannheim, zu bezahlen gehalten sein.

5. Und daneben, sobald sie in der Stadt seßhaft sein, wegen wasser und waidt, dienst und wachen sich mit dem Stadtrat zu Mannheim vergleichen und allen Last, wie andere Bürger, tragen;

6. Wie nicht weniger allerlei Handwerke treiben sollen und mögen;
7. Wegen Lösung des jährlichen Taschengeleits sollen sie sich mit der Judenschaft zu Worms abfinden, solang die Zoll- und Schatzungsfreiheit der Stadt Mannheim wehret, wann aber die selbe ausgehen wird, und die Juden ihr Schutzgeld, Schatzung und gemeiner Stadt Beschwernuß bezahlen und tragen werden, ins künftig davon befreit sein.
8. Sollen sie ihren eigenen Rabbi, Vorsänger und Schulmeister zu ihrer Schul halten, ohne daß diese einiges Schutzgeld derentwegen bezahlen, und wo sie wollen einen begräbnusplatz erkaufen mögen, jedoch daß sie uns nach Verfließung der Mannheimer Freijahren in unsere Zollschreiberei Mannheim von jedwederer Judenhochzeit 3 fl, wegen der jungen Kinder jedwederer Familie auf Mann und Weib Vorstanden durchgehend jährlich 1 1/2 fl, und von einem Todten zu begraben auch soviel jedes mal bezahlen und abstatten, was aber ihre Vorsteher oder Rabiner ihnen vor Straf ansetzen werden, soll halb der Stadt und halb der Juden Armen gehören und zufallen.
9. Sollen sie keiner anderen Judenschaft in oder außerhalb der Pfalz unterworfen sein, noch mit ihren Concessionen oder Verträgen, so wir mit diesen aufgerichtet hätten, oder noch aufrichten möchten, iecht was zu schaffen haben, sondern allein unter sich in unserer Stadt Mannheim zu schalten und zu walten haben.
10. Und weil die 5 erste Familien, so damals zu Mannheim gewesen, zu Pfedersheim sich eingelassen, und 24 fl zu der, von denen in unserem Churfürstenthum wohnenden Juden erhaltener 4jähriger Concession bereits contribuirt haben, als sollen sie auch vor ihre quotam zu den 2 letzten Jahren dieser Concession annoch 24 fl ohne wiederred ausrichten und bezahlen.
11. Sollen ihre verheirate Kinder nachdem sie ein Jahr lang bei den Eltern frei gewohnt haben, annoch 2 Jahr lang in gelehnten Häusern wohnen mögen, und nach Verfließung dieser 3 Jahr erst jedes paar Volk ein regulirtes Haus, wie beim ersten Puncten gemeldet, zu bauen gehalten sein, jedoch mit dem beding, daß jede Familie vor die 2 letztere Jahr, jedes 10 fl jährlich wegen Exemption des Bauens deponiren, und die Stadt Mannheim solches depositum inmittelst aufheben, wann sie alsdann nicht bauen würden, sie aus der Stadt wegziehen müssen und diese 20 fl zu der Stadt Mannheim gemeinem Bauwesen applicirt werden.
12. Welcher Jude auch eines verstorbenen Juden Haus rechtmäßig erwerben würde, kein neues zu bauen schuldig sein, hergegen alsobald ehe er darin ziehet, 10 Rthlr zu unserer Zollschreiberei und auch so viel gemeiner Stadt Mannheim, so zum gemeinen Bauwesen anzuwenden, erlegen sollen.
13. Und endlich sollen alle diejenigen Juden, die in unserer Stadt Mannheim zuziehen und sich daselbst häuslich niederzulassen gedenken, zuerst bei unserem Director Schultheiß und Stadtrat zu Mannheim sich anmelden und von demselben an uns mit ihrem Gutachten verweisen, alsdann aber mit unserem gnädigsten Belieben und gegen Aushändigung eines jedesmaligen Reverses, daß sie Juden mit diesem unserm Brief zufrieden sein und dem in allem seinem Inhalt gemäß sich verhalten wollen, ihnen ein gewöhnlicher Canzleibefehl an vorbesagte unserem Director, Schultheißen, Bürgermeister und Rath zu Mannheim deren An- und Innehmung halber mitgetheilt, und hiedurch die bis dato ihnen Juden ertheilte particulir Schutzbrief allerdings aufgehoben und erloschen sein[1].

Diese Konzession gab den Juden für die damalige Zeit ungewöhnliche Freiheiten. So wurde ihnen in Ziffer 6 Gewerbefreiheit eingeräumt, die erst 200 Jahre später in

---

1 Zit. nach L. LÖWENSTEIN S. 77 ff.

Deutschland allgemein eingeführt wurde. In Ziffer 8 wird ihnen freie Religionsausübung zugestanden und das Recht, einen Friedhof innerhalb der Stadt anzulegen, während sich die jüdischen Begräbnisstätten sonst weit außerhalb befanden. Ziffer 11 geht von der damaligen Rechtlosigkeit der Juden aus, wonach es für sie kein Heimatrecht, sondern nur eine Duldung auf Zeit gegen entsprechende Schutzgelder gab. Die nächste Generation mußte sich diese Duldung wieder erkaufen, so daß die Hinausschiebung der Bauverpflichtung um drei Jahre schon ein Entgegenkommen des Kurfürsten darstellt.

Die jüdische Gemeinde legte schon im Jahre 1661 einen Friedhof auf dem heutigen Quadrat F 7 an, um ihre Toten nicht mehr nach Worms verbringen zu müssen. Eine Synagoge wurde zwischen 1666 und 1670 in F 2, 13/15 erbaut. Sie war mit einem rituellen Bad verbunden. Im Jahre 1674 wurde die »Beerdigungsbruderschaft« gegründet, deren Aufgabe nicht nur die Bestattung der Toten, sondern auch der Besuch bei Kranken, die Armenunterstützung und die Ausstattung armer vaterloser Waisen war. Mit der Gründung dieses Vereins begann die großzügige Wohltätigkeitsarbeit der Mannheimer Juden, die in späterer Zeit nicht nur ihren Glaubensgenossen, sondern allen Einwohnern zugute kam.

Nachdem die ersten jüdischen Familien um 1650 von Pfeddersheim bei Worms gekommen waren, nahm ihre Zahl nach Erteilung der Konzession schnell zu, so daß das Hausbesitzerverzeichnis von 1663 schon 15 Juden aufführt. Die meisten von ihnen betrieben Getreide-, Vieh- und Weinhandel, doch gab es auch einzelne jüdische Handwerker, auf die ihre christlichen Konkurrenten schlecht zu sprechen waren. Über das Verhältnis der christlichen zu den jüdischen Einwohnern schreibt der Historiker der badischen Juden, Berthold Rosenthal: *Die Stadtbevölkerung, die aus aller Herren Länder dem Aufrufe des Kurfürsten hierher gefolgt und begreiflicherweise Jahrzehnte brauchte, bis sie zu einträchtigem Zusammenleben erzogen war, zeigte in ihrer Abneigung gegen die Juden eine seltene Einmütigkeit. Es verdroß sie, daß diese nicht wie anderswo in einem besonderen Viertel wohnen mußten und kein Abzeichen zu tragen brauchten*[2].

So beantragte der Stadtrat nach der Thronbesteigung des Kurfürsten Karl (1651 bis 1685) im Jahre 1680, keinen Juden mehr aufzunehmen, damit dieselben nicht *durch ihr gewaltiges Multiplizieren mit der Zeit sich über die Christen erheben und also stärker und mächtiger als diese werden und mithin den Christen allen Handel und Nahrung gänzlich entziehen*[3]. Diese Eingabe blieb ohne Erfolg, und die Konzession wurde nur insoweit geändert, als die Juden in Zukunft außer dem Kapital zur Erbauung des Hauses ein Vermögen von 300 fl nachweisen mußten. An dieser Bestimmung wird deutlich, daß die Ansiedlung der Juden – in heutiger Sprache ausgedrückt – eine Maßnahme der Wirtschaftsförderung war: Der Kurfürst war nur an dem Zuzug vermögender Juden interessiert.

Den 1685 erfolgenden Regierungswechsel auf den Kurfürsten Philipp Wilhelm (1615–1690) versuchten die Metzger zur Ausschaltung der jüdischen Konkurrenz zu benutzen. Noch im gleichen Jahre richteten sie an den neuen Kurfürsten das

---

2 B. Rosenthal (1927) S. 103. Zur Biographie Rosenthals s. S. 132f.
3 Zit. nach H. v. Feder Bd. 1, S. 120.

Gesuch, den Juden den Viehhandel zu verbieten und das Schlachten nur für den Hausbedarf und unter Aufsicht christlicher Metzger zu gestatten. Der Judenvorsteher hatte in einer Stellungnahme begründet, warum der jüdische Metzger das Fleisch billiger verkaufen könne: ... *weil die Metzger, wenn sie außerhalb das Vieh holen, solches mit Reiten, mit köstlichem Leben und Aufwartung verrichten, solche große Unkosten aber notwendig aufs Fleisch geschlagen und vom armen Manne bezahlt werden müssen; der Jude hingegen in den gleichen Fällen mit einem Stück Brot im Sack sein Vieh einkauft und heimbringt und daher das Fleisch auch zu der Leute Bestem wohlfeiler geben kann*[4]. Der Stadtrat gab zu dem Gesuch ein Gutachten ab, in dem er folgendes ausführte: *Wo die christlichen Metzger allein herrschen, vexieren sie die Obrigkeit nach ihrem Willen, wie das Beispiel der Residenzstadt Heidelberg ergibt. Bei den Juden kann der Soldat und arme Mann dasselbe Fleisch, wofür er das Pfund bei den Christen mit 4 kr. bezahlen muß, um 3 kr. haben, bekommt also das Brot dazu noch umsonst*[5]. So hatten die Metzger – auch bei späteren Eingaben – beim Kurfürsten keinen Erfolg.

Bei der Belagerung Mannheims durch die Franzosen im November 1688 wurden auch die Juden zu Schanz- und Löscharbeiten herangezogen, während sie sonst vom Dienst in der Bürgerwehr gegen eine jährliche Abgabe von 6 bis 8 Gulden befreit waren. Nach der völligen Zerstörung Mannheims im März 1689 flüchteten viele Juden in das unzerstörte Heidelberg, so daß sich am 7. Juni 1689 dort 26 Mannheimer jüdische Familien mit 118 Personen befanden, die nach einem Erlaß des Kurfürsten vom 23. Juni 1689 wieder ausgewiesen werden sollten. Dagegen richteten 17 Familien ein Gesuch an den Kurfürsten, in dem sie darauf hinwiesen, was sie während der Belagerung von Mannheim für die Stadt geleistet hätten: Unter großen Gefahren hätten sie einen Wechselbrief von Frankfurt nach Mannheim gebracht sowie 30 Rinder und Ochsen und vier Fuder Wein hergegeben und 60 gerüstete Federbetten für die Spitäler gespendet. Über ihren persönlichen Einsatz führten sie folgendes aus: ... *so haben wir vor unsere Personen nicht allein die Zeit wehrender Belagerung continuierlich im Feuer gelegen und dabei Leib- und Lebensgefahr ausgestanden, sondern auch mit nassen Ochsen- und Kühhäuten zur Bedeckung des Pulvers und Bekämpfung der einwerfenden Feuerkugeln aufzuwarten sich beständig gebrauchen lassen, alles in der Hoffnung, die Stadt zu erhalten*[6]. Der Magistrat der Stadt Mannheim bestätigte die Wahrheit der Angaben in einem Randvermerk vom 23. Oktober 1689. Der Kurfürst gab das Gesuch am 9. November 1689 seinen Regierungsbeamten zur Begutachtung, die es unter der Bedingung befürworteten, daß die in Heidelberg bleibenden Mannheimer Juden die Hälfte des Betrages der dort wohnberechtigten Juden zu den Einquartierungskosten beisteuerten. Mit dieser Maßgabe entsprach der Kurfürst dem Gesuch. Die ersten Juden kehrten schon im Frühjahr 1690 nach Mannheim zurück, um ihre Häuser wieder aufzubauen.

Auch der neue Kurfürst Johann Wilhelm (1658–1716) rief wie vor ihm Karl Ludwig Flüchtlinge aus aller Welt nach Mannheim, um die total zerstörte Stadt wieder mit Einwohnern zu füllen. Den Juden gab er am 12. Oktober 1691 eine neue

---

4 Zit. nach B. ROSENTHAL (1927) S. 107.
5 Zit. nach ebd.
6 Zit. nach L. LÖWENSTEIN S. 108.

Abb. 1: Hauptsynagoge in F 2, 13, Foto um 1910.
Auf dem Grundstück F 2, 13/15 befand sich bereits 1670 eine Synagoge. 1854 bis 1855 entstand der abgebildete Neubau. Am 10. 11. 1938 verwüsteten SA-Männer das Innere durch Sprengungen. Nach der schweren Zerstörung durch Bomben im 2. Weltkrieg wurde die Ruine um 1958 abgerissen. – Bildsammlung, Nr. 25134

Abb. 2: Innenansicht der Lemle Moses-Klaus in F 1, 2, Foto o. D.
Lemle Moses Reinganum stiftete 1706 diese Klaus. Seit den Reformbestrebungen im 19. Jahrhundert war sie Mittelpunkt der orthodoxen Gemeindeglieder. 1887 bis 1888 erfolgte der Umbau. Am 10.11.1938 wurde das Gebäude erheblich demoliert. Nach der Wiederherrichtung diente es der jüdischen Gemeinde bis zur Deportation nach Gurs für die Gottesdienste. Im 2. Weltkrieg wurde die Klaus durch Bomben zerstört. Die Trümmer beseitigte man um 1949. – Bildsammlung, Nr. 18233

Konzession, die auf der vom 1. September 1660 aufbaute, diese aber in einigen Punkten verbesserte.[7] In Ziffer 9 wurden die Rabbiner ermächtigt, wegen Widersetzlichkeit Strafen bis 20 Taler zu verhängen und zivilrechtliche Streitigkeiten gütlich zu entscheiden. Nach Ziffer 12 sollte auf die jüdischen Feiertage besondere Rücksicht genommen werden: *Sollen sie auf ihre Sabbathe und »Solmnelle« Festtage, deren sie zu besserer Nachricht eine Specifikation zu übergeben, in einigerlei Civilsachen vor Gericht nicht beschieden werden, wie dann kein Stadt- oder Ratsdiener in der Synagoge, wan sie Juden daselbst versamelt, kommen, noch einen oder andern von ihnen vor die Obrigkeit gebieten, oder sonst zu Jemand rufen, hingegen aber sollen die Juden auch auf der Christen Feiertage sich nicht argerlich halten*[8]. In Ziffer 13 wird auf eine Kennzeichnung der Juden verzichtet: *... sollen sie nicht angehalten werden, die gebräuchliche gelben Ringlein, dadurch sie von Christen unterschieden werden, an die Kleider zu tragen*[9]. In Ziffer 15 wird die Gewerbefreiheit bestätigt und den Juden auch gestattet, *die Medizin zu practiziren, wann einer dazu qualifizirt und von unserer medizinische Facultät zu Heidelberg gehörent examinirt*[10].

So kehrten die 1689 geflüchteten Juden in großer Zahl nach Mannheim zurück, das ihnen für die damalige Zeit außergewöhnliche Freiheiten gewährte. Sie mußten aber noch schwere Jahre durchmachen, da immer wieder französische Truppen Mannheim durchzogen und gerade neu erbaute Häuser anzündeten und zerstörten. So ging der Wiederaufbau nur schleppend vor sich, und die Bevölkerung mußte häufig in Kellern hausen. Auch war der Rückstrom protestantischer Flüchtlinge nur noch gering, da die meisten von ihnen in das Kurfürstentum, in dem seit 1685 die katholische Linie der Neuburger herrschte, nicht mehr zurückkehren wollten. Umso mehr war der Kurfürst an der Ansiedlung von Juden interessiert. Bei der Erneuerung der Konzession am 31. Oktober 1698 setzte er daher die Höchstzahl der jüdischen Familien von 84 auf 150 herauf, gleichzeitig verlangte er aber außer dem Kapital zur Erbauung eines Hauses noch den Besitz von 1000 Talern, da er nur den Zuzug wohlhabender Juden fördern wollte.

Die sich vergrößernde jüdische Gemeinde besaß im Jahre 1705 eine neue Synagoge auf dem heutigen Quadrat F 2, 13 und im Jahre 1711 ein Haus, das als Hospital dienen sollte. Es dürfte jenes sein, das sich nachweisbar von 1735 bis 1936 in E 5, 9 befand. Zum 100jährigen Stadtjubiläum 1707 stiftete die jüdische Gemeinde *zur Bezeugung ihrer Freud und Devotion*[11] zwei silberne Becher samt einer vergüldeten Schale zum Jubiläumsschießen. Im Jahre 1708 errichtete der Hoffaktor Lemle Moses Reinganum[12] die Klaus-Stiftung, ein jüdisches Lehrhaus, das im 19. Jh. die Heimat des orthodoxen Teils der Gemeinde werden sollte.

Kurfürst Karl Philipp (1661–1742) erneuerte am 23. März 1717 die Konzession, die weitere Verbesserungen enthielt und die Zahl der Familien auf 200 heraufsetzte, wobei die zur Klaus-Stiftung gehörenden Familien nicht einzurechnen waren. Die Zuständigkeit der Rabbiner wurde dahingehend erweitert, daß sie Eheverträge

---

7 Vgl. ebd. S. 111 ff.
8 Ebd. S. 119.
9 Ebd.
10 Ebd. S. 120.
11 B. Rosenthal (1927) S. 110.
12 Zu Lemle Moses s. S. 128 ff.

abschließen konnten und die Nachlässe in Besitz zu nehmen und Testamente zu vollstrecken hatten. Mit den schon früher den Rabbinern übertragenen Befugnissen erhielten diese damit einen rechtlich abgesicherten Zuständigkeitsbereich im Zivil-, Familien- und Erbrecht.

Die Verlegung der Residenz nach Mannheim im Jahre 1720 gab der noch schwer unter den Kriegsfolgen leidenden Stadt neuen Aufschwung. Bis zur Fertigstellung des Schlosses wohnte der Kurfürst in dem stattlichen Bürgerhaus am Marktplatz (heute R 1), das Emanuel Oppenheim, dem Sohn des kaiserlichen Obermilizfaktors Samuel Oppenheim (1630–1703) gehörte. Dieser war 1679 von Heidelberg nach Wien übergesiedelt, wo ihm Kurfürst Johann Wilhelm einmal aus bedrängter Lage geholfen hatte. Dafür hatte er sich dem Kurfürsten gegenüber verpflichtet, in Mannheim ein ansehnliches Haus zu erbauen, das dem Kurfürsten zur Benutzung freistand.

Im Jahre 1725 lebten in Mannheim schon 173 in Schutz stehende jüdische Familien, die auch zu den hohen Kosten des kurfürstlichen Militärs herangezogen wurden: Zur Errichtung der Landmiliz wurde der Mannheimer Bürgerschaft ein Beitrag von insgesamt 1390 fl abgefordert, wovon die Juden 519 fl bezahlen sollten. Die Beschwerde der Judenvorsteher gegen diesen hohen Anteil hatte keinen Erfolg, während spätere Eingaben wenigstens teilweise berücksichtigt wurden. An diesem Beispiel zeigt sich, daß die Juden sich für den kurfürstlichen Hof immer auch als einträgliche Ausbeutungsobjekte darstellten.

Auch der Konkurrenzneid der christlichen Metzger ließ nicht nach. So wandten sich diese 1726 an den Kurfürsten, daß der neu eingeführte Schlachthauszwang auch den jüdischen Metzgern auferlegt werden solle, und behaupteten, daß einer der jüdischen Metzger mehr als vier seiner christlichen Kollegen zusammen verkaufe. Trotz der Gewerbefreiheit waren im Handwerk – außer den Metzgern – nur wenige Juden tätig. Der Kurfürst bediente sich zur Deckung des großen Bedarfs der Hofhaltung und des Militärs – wie allgemein an den Höfen des 18. Jh.s üblich – jüdischer Geschäftsleute, die den Titel »Hof- und Milizfaktor« oder »Oberhof- und Obermilizfaktor« erhielten. Ihren dadurch erworbenen Wohlstand zeigten diese »Hofjuden« öffentlich, was den Ärger der Bürgerschaft hervorrief. Der Stadtrat hatte schon im Jahre 1717 eine Kleiderordnung erlassen, durch welche den Juden das Tragen kostbarer Kleider und Mäntel von Damast und Seide verboten wurde. Als sich die Juden 1718 über die Höhe ihrer Abgaben beschwerten, wies der Stadtrat die Einwendung mit der Begründung zurück, daß die Juden in den vornehmsten Straßen die schönsten Paläste und Häuser bewohnten und ihre Hochzeiten mit dem größten Pomp feierten, *da sie nämlich zum öftern mit brennenden Fackeln und öffentlichem Spiel auch Vorhertanzung eines Hofnarren ihren Aufzug solchergestalten auf das prächtigste über die Gassen nehmen*[13]. Aus dieser Stellungnahme ersieht man, daß zu Beginn des 18. Jh.s im Stadtrat noch der ständische Geist des Mittelalters lebte, wonach jeder in der Öffentlichkeit nach seinem Stande aufzutreten habe, wobei die Juden, die einem verachteten Stande angehörten, sich besonders unauffällig zeigen sollten.

---

13 Zit. nach B. Rosenthal (1927) S. 112.

Kurfürst Karl Theodor (1724–1799) erneuerte am 27. Juli 1744 die Konzession für die Juden gegen eine Entschädigung von 15425 fl, wobei das außer dem Kapital für den Bau eines Stadthauses erforderliche Vermögen auf 2000 fl heraufgesetzt wurde. Die Konzession unterschied sich noch dadurch von den früheren, daß die Juden auf ein bestimmtes Stadtviertel im Umkreis ihrer Synagoge, ihres Spitals und ihres Friedhofs verwiesen wurden. Damit trug der Kurfürst einem langgehegten Wunsch der Bürgerschaft Rechnung, daß die Juden wie in anderen Städten in einem Getto wohnen sollten. Da aber die Juden keine Neigung zeigten, ihre selbst erbauten Häuser in anderen Stadtteilen aufzugeben, wurden rund 20 Jahre später, am 21. Januar 1765, *Erläuterungen zu der Konzession* erlassen, wonach es den Juden verboten war, in der »Breiten Straße« und den zwei anliegenden Nebenstraßen zu wohnen: ihre dortigen Häuser sollten sie innerhalb von drei Jahren verkaufen. Dieser nicht zum Geist der Aufklärung passende Versuch, die Juden in ein Getto zu sperren, mußte scheitern. Zunächst wurde die Frist 1768 um weitere drei Jahre verlängert, aber auch danach erwies sich die Bestimmung als undurchführbar.

Die Klaus-Stiftung wurde nach dem Tode von Lemle Moses Reinganum im Jahre 1724 von dessen Neffen Moses Mayer als Direktor geleitet. Dieser verfuhr sehr selbstherrlich und setzte als Rabbiner vor allem Verwandte ein, während Lemle Moses bestimmt hatte, daß diese nur bei gleicher Fähigkeit den Vorzug erhalten sollten. Auch ließ die Verwaltung des Stiftungsvermögens und die Rechnungslegung zu wünschen übrig. Wegen dieser Unzulänglichkeiten forderte Kurfürst Karl Theodor am 12. Juni 1743 bei der Hofkammer ein Gutachten zu der Frage an, ob die Klaus-Stiftung aufgehoben werden solle. Die Antwort der Hofkammer war zwiespältig. Einerseits hieß es, es sei bedenklich, *in einer kurfürstlichen Residenzstadt so vieles unnütze Judenvolk, welches aus ihrem hartnäckigen Glaubeneifer sich als innerliche Feind des christlichen Namens jederzeit darstellte, eines privilegirten außerordentlichen Domizily und Oberjudenschul geniesen zu lassen*[14]. Andererseits wies die Hofkammer darauf hin, daß aus dem Kapital der Klaus jährlich 6000 fl Zinsen flössen, die im Lande verzehrt würden und damit indirekt dem Kurfürsten und seinen Untertanen zugute kämen. Offensichtlich bestimmten diese wirtschaftlichen Erwägungen die Entscheidung des Kurfürsten, denn in der Konzession vom 27. Juli 1744 wurde die Zulassung der Klaus bestätigt. Die Verhältnisse besserten sich dadurch, daß ein anderer Neffe von Lemle Moses, Moses Süskind, Mitdirektor und nach dem Tode von Moses Mayer im Jahre 1756 alleiniger Direktor wurde. Auch setzte sich der Vorsteher der Gemeinde, Elias Hayum, der 1746 von Stuttgart zugewandert war, tatkräftig für die Klaus ein, so daß das Stiftungsvermögen, das in Darmstadt angelegt war, gerettet werden konnte.

Die Gemeinde war natürlich bestrebt, zu dem neuen Herrscher ein gutes Verhältnis zu gewinnen. Als dieser nach längerer Abwesenheit am 26. September 1747 nach Mannheim zurückkehrte, wurde ihm beim Festgottesdienst in der Synagoge ein *Glückwunsch- und Lobgesang* in deutscher und hebräischer Sprache überreicht. In 22 Versen waren Bibelstellen und Psalmen so zusammengestellt, daß die Anfangs-

---

14 Zit. nach I. UNNA S. 23. Vgl. auch V. KELLER (1984).

buchstaben aller Strophen zweimal den Namen »Karl Theodor« ergaben. In der damals üblichen überschwänglichen Art der Huldigung lautet der erste Vers: *Kommt, hebet Haupt und Stimm empor, | Bringt, Knechte Eures Herrn, hervor | Erhabne Dank- und Lobeslieder! | Erzählet, was er auch getan; | Stimmt freudenvolle Worte an: | Warum? Die Landes Sonn kommt wieder*[15].

Die aufwendige Hofhaltung des Kurfürsten führte auch dazu, daß Handel und Gewerbe aufblühten. Jüdische Kaufleute waren vor allem im Getreide-, Wein-, Metall- und Textilhandel tätig. Die jüdischen Textilhändler lieferten auch in großem Umfang Stoffe an die Stadtverwaltung zur Ausrüstung der Stadtsoldaten, Stadtdiener und Nachtwächter. Von den jüdischen Metallhändlern erwarb die Stadt Glocken, Öfen und Schlösser, jüdische Graveure fertigten Rats- und Gerichtssiegel an[16]. So war es nicht zu verwundern, daß sich die Krämerzunft im Jahre 1756 beschwerte, daß alle jüdischen Geschäftsleute in der Stadt aufgenommen würden, sobald sie ihr Aufnahmegeld bezahlten, so daß jetzt schon 16 Kaufleute mit *Zitz, Cotton und Leinwand* handelten. Die Regierung beschränkte aber die Aufnahme der jüdischen Händler nur insoweit, als sie ein bestimmtes Vermögen nachweisen mußten; denn den Zuzug wohlhabender Juden wollte sich der Kurfürst nicht entgehen lassen[17].

Es gab auch spezielle Berufe, die von Schutzgeldern und Abgaben befreit waren, weil der Kurfürst an deren Ausübung interessiert war. Dazu gehörten Graveure, Musikanten, Zahnoperateure und Hebammen. Der jüdische Tanzlehrer Elkan erhielt im Jahre 1746 die Erlaubnis, gegen Zahlung von 30 fl an das Hospital an Sonn- und Feiertagen nach dem Gottesdienst Tanzstunden zu geben, wozu er aufspielen durfte, Auch die Zahl der jüdischen Ärzte nahm unter Karl Theodor zu. Von etwa 1730 bis zu seinem Tode 1775 praktizierte Dr. Abraham Heymann in Mannheim, der auch am jüdischen Krankenhaus tätig war, wo er sich für die Einrichtung von Isolierzimmern einsetzte[18]. Vor ihm war sein Vater gleichen Namens von 1705 bis zu seinem Tode 1721 als Arzt tätig gewesen. Sein Großvater Dr. Jacob Hayum (gest. 1682) war der erste jüdische Arzt in Mannheim, der von Hadamar in Nassau 1674 nach Mannheim gekommen war, wo er auch den Kurfürsten Karl Ludwig bei dessen letzter Krankheit behandelte[19]. Bekannte Ärzte unter Karl Theodor waren noch Dr. Nathan David Canstatt aus Worms und Dr. Elkan Isaak Wolf. Canstatt, der von 1747 an in Heidelberg studiert hatte, promovierte dort im Jahre 1750[20]. In Mannheim wurde er 1752 in Schutz aufgenommen und war hier fast 40 Jahre bis zu seinem Tode im Jahre 1790 als Arzt tätig. Wolf hatte seit 1761 mehrfach ohne Erfolg einen Antrag auf Aufnahme in den Schutz der Stadt gestellt. Dennoch war er in Mannheim bis zu seinem Wegzug nach Metz im Jahre 1780 als Arzt tätig und übte seine Praxis sogar im städtischen Dienst aus.

Der wirtschaftliche Aufstieg Mannheims als Residenzstadt führte im Verlauf von

---

15 Zit. nach L. LÖWENSTEIN S. 315.
16 Vgl. B. ROSENTHAL, Juden als Lieferanten S. 6.
17 Vgl. B. ROSENTHAL (1927) S. 122.
18 Vgl. S. FELSENTHAL (1929).
19 Vgl. B. ROSENTHAL, Zwei jüdische Ärzte.
20 Mitteilung des UA HEIDELBERG an den Verfasser vom 15. 10. 1982.

50 Jahren auch zu einer Vervierfachung der Bevölkerung. Die Zahl der Stadtbewohner wuchs von ca. 5190 im Jahre 1719, wovon ca. 1000 zur Garnison gehörten, auf 21 340 (einschließlich Hofstaat und Militär) im Jahre 1771; die Zahl der Juden stieg von mindestens 548 (10,6%) auf 1159 (5,4%)[21]. Im 19. und 20. Jh. erreichte der Prozentsatz der Juden unter den Mannheimer Einwohnern 1875 mit 8,3% seinen Höhepunkt, um bis 1933 auf 2,3% abzusinken. Eine Bestätigung der Angaben der Einwohnerliste von 1719 bietet ein Verzeichnis jüdischer Hausbesitzer, das am 1. Juli 1722 zur Überprüfung der Erfüllung der Baupflicht angelegt wurde und 138 Namen enthält[22]. In beiden Listen finden wir schon viele Familiennamen, deren Träger im 19. Jh. große Bedeutung für die Entwicklung der Stadt erhalten sollten, z. B. Beer, Dinkelspiel, Hachenburg, Oppenheimer, Simon, Wachenheim, Wetzlar, Zimmern. Im Jahre 1761 war die Zahl der jüdischen Familien auf 225 angestiegen, so daß die in der Konzession von 1717 gesetzte Obergrenze von 200 um 25 übertroffen wurde. Diese Überschreitung, die durch die nicht anrechenbaren Rabbinerfamilien der inzwischen drei Klaus-Stiftungen verursacht war, war jedoch durch die Konzession gedeckt; dennoch wandte sich der Stadtrat an den Kurfürsten mit der Bitte, die von Michael May und Elias Hayum neuerrichteten Klaus-Stiftungen zu schließen, da die 39 in diesen wirkenden Rabbiner von allen Abgaben befreit waren. Der Kurfürst entsprach dieser Bitte insoweit, daß er die Michael May Klaus schließen ließ.

Unter den 225 Familien waren 18 von Hoffaktoren, deren Zahl sich seit 1734, als sie acht betragen hatte, mehr als verdoppelt hatte. Dabei handelte es sich sicher um wohlhabende Leute, woraus man aber nicht auf ähnlich gute wirtschaftliche Verhältnisse bei den übrigen jüdischen Familien schließen darf, so wie auch die Mehrheit der christlichen Bevölkerung keinen Anteil an dem üppigen Lebensstil des Hofes hatte. Eine anschauliche Schilderung, in welch trostloser Armut ein großer Teil der Mannheimer Juden lebte, gibt eine Schrift des Arztes E. I. Wolf, die dieser nach jahrelanger Tätigkeit in der Stadt im Jahre 1774 veröffentlichte. Darin gibt er ein erschütterndes Bild von der Armut und Unsicherheit der Existenz seiner jüdischen Patienten, von ihren überfüllten und unhygienischen Wohnungen. Über die schwere daraus entstehende Nervenbelastung schreibt er: *Das beständige Nachsinnen auf den Lebensunterhalt, das marternde Schröckbild der durch das Alter abnehmenden Lebenskräfte, die schwer fallenden Auflagen und Beiträge sind jene Plagen, welche den Nerven unendlich nachteilig sind. Daher entsteht die beständige Unruhe ihrer Seelenkräfte, so daß man Juden bemerket, welche sich allerhand Gesichter und Gebärden angewöhnen, mit sich reden und dergleichen mehr*[23]. Die soziale Lage der christlichen Unterschicht war wohl kaum besser, aber sie besaß wenigstens Heimatrecht in ihrer Stadt, während die Juden immer mit einer Ausweisung rechnen mußten, so wie es durch Jahrhunderte ihr Schicksal war. Um so mehr war die jüdische Gemeinde bestrebt, Wohlfahrtseinrichtungen zu schaffen, die von den wohlhabenden Mitgliedern getragen wurden. So

---

21 Mit dem Problem der Genauigkeit der Einwohnerlisten von 1719 und 1771 setzt sich J. FRHR. v. KRÜDENER auseinander. Demnach kann die Zahl der Juden im Jahr 1719 um 50 höher gewesen sein und würde sich damit auf 598 (11,4%) belaufen.
22 GLA 213/1166.
23 Zit. nach S. FELSENTHAL S. 4.

war neben der »Beerdigungsbruderschaft« von 1674 im Jahre 1727 ein »Gevatterschaftsverein« gegründet worden, der arme Wöchnerinnen unterstützen sollte. Im Jahre 1775 entstand ein Krankenunterstützungsverein für Männer und 1789 eine Verwaltungsbruderschaft zur Pflege kranker Kinder. Ein Zeichen für den Umbruch der Zeit war auch, daß die Gemeinde im Jahr 1782 vom Kurfürsten eine gewisse Zahl unausgefüllter Schutzbriefe erhielt, die für ärmere Gemeindemitglieder kostenlos ausgefertigt wurden.

Der Wegzug des kurfürstlichen Hofes nach München im Jahre 1778 war ein schwerer Schlag für Mannheim und auch für die jüdische Gemeinde, da die wohlhabenden Hoffaktoren zum größten Teil in die neue Residenz nachfolgten. Trotzdem kam die wirtschaftliche Tätigkeit in Mannheim nicht ganz zum Erliegen, und es ist erstaunlich, daß gerade in dieser Zeit jüdische Unternehmen entstanden, die im 19. Jh. große Bedeutung für die Stadt gewinnen sollten: im Jahre 1785 das Bankhaus Ladenburg und die Stoffgroßhandlung Darmstädter und 1792 das Bankhaus Hohenemser. 1795 und in den folgenden Jahren erlitt die Stadt durch französische und österreichische Besatzungstruppen noch große Not, von der auch die jüdische Gemeinde nicht verschont blieb. Dennoch wird man dem Urteil Rosenthals zustimmen können: *Um die Jahrhundertwende war in Mannheim eine reiche wohlgeordnete Judengemeinde, in der reges Geistesleben blühte. Einzelne Familien nahmen an den geistigen Bestrebungen der Zeit Anteil. Zahlreiche jüdische Vereine und Stiftungen förderten das Thorastudium oder übten Wohltätigkeit an Kranken, Armen und Verstorbenen*[24]. So konnte die jüdische Gemeinde mit Zuversicht in das neue Jahrhundert eintreten.

1.2. Die großherzoglich-badische Zeit (1803–1918)

Die Kurpfalz wurde durch den Reichsdeputationshauptschluß vom 25. Februar 1803 aufgelöst, und der größte Teil ihres rechtsrheinischen Gebietes ging mit Mannheim an das neugeschaffene Kurfürstentum Baden über. Der 75jährige Kurfürst Karl Friedrich (1728–1811) zog am 2. Juni in Mannheim ein. Am 11. Juni besuchte er den katholischen Gottesdienst in der Jesuitenkirche, am darauffolgenden Tage den reformierten in der Konkordienkirche und schließlich am 13. Juni den jüdischen in der Synagoge. In der Festschrift zur Huldigungsfeier heißt es: *Dadurch hat er stillschweigend seinen Untertanen die schöne Pflicht auferlegt, sich ohne Rücksicht auf religiöse Meinungen wie Brüder zu lieben, sich nicht von fanatischem Verfolgungsgeiste hinreißen zu lassen, sondern in Eintracht vereint ihre Pflichten als Menschen und Bürger zu erfüllen*[1].

Der Kurfürst, der 1806 zum Großherzog erhoben wurde, hatte die schwere Aufgabe zu lösen, seinem um das Vierfache vergrößerten Lande eine neue Verfassung und Organisation zu geben. Im Geiste der Aufklärung reformierte er Staat und Verwaltung und leitete auch die Emanzipation der Juden ein. Durch das 6. Konsti-

---

24 B. ROSENTHAL (1927) S. 124.
1 Zit. nach F. WALTER (1907) Bd. 2, S. 6.

tutionsedikt vom 14. Juni 1808 wurde die bürgerliche Stellung der Juden neu geordnet[2]. Damit erhielten sie ein unkündbares Heimatrecht, so daß sich die Eltern nicht mehr darum sorgen mußten, wo sich ihre Kinder einmal niederlassen sollten. Die Juden konnten zwar als Schutzbürger Grundstücke erwerben, aber am Bürgernutzen und den Gemeindewahlen noch nicht teilnehmen.

Das 9. Konstitutionsedikt vom 13. Januar 1809 (Judenedikt genannt) wird als die »Magna Charta« der badischen Juden bezeichnet. Unter Ziffer 1 wird die jüdische Religion den christlichen Konfessionen gleichgestellt: *Die Judenschaft des Großherzogtums bildet einen eigenen konstitutionsmäßig aufgenommenen Religionsteil unseres Landes, der gleich den übrigen unter seinem eigenen angemessenen Kirchenregiment steht, wie solches weiter unten näher bestimmt wird*[3]. So wurde entsprechend den oberen Kirchenbehörden der Oberrat der Israeliten in Karlsruhe geschaffen und das Land in Orts- und Bezirkssynagogen eingeteilt, wobei die Mannheimer Gemeinde unmittelbar dem Oberrat unterstellt wurde. Die seit 1800 bestehende Pflicht zur Führung von Standesbüchern wurde in Mannheim, Heidelberg, Karlsruhe und Bruchsal den Rabbinern übertragen, die in Ausübung dieser Funktion als Staatsbeamte galten.

In dem »Judenedikt« wurde auch bestimmt, daß jeder Hausvater, der keinen Zunamen hatte, verpflichtet war, einen solchen anzunehmen. Da über die Hälfte aller Mannheimer jüdischen Familien schon einen Zunamen hatte, konnte sie diesen meistens behalten, insbesondere wenn er von Ortsnamen herrührte wie z. B. Ladenburg, Oppenheim, Wachenheim[4]. Aus dem Jahre 1809 besitzen wir für die Stadt Mannheim eine Liste aller jüdischen Einwohner, die 1095 Personen enthält. Außer den Namen, die schon in der Aufstellung von 1719 enthalten waren, finden wir hier weitere, die später eine große Rolle im öffentlichen Leben der Stadt gespielt haben, z. B. Darmstädter, Dreyfuß, Eller, Hohenemser, Ladenburg, Mammelsdorf, Nauen, Netter, Rosenfeld. Die Familienoberhäupter waren alle im Handel tätig, damals fast die einzige Möglichkeit der Juden, ihren Lebensunterhalt zu verdienen. Auf der letzten Seite der Liste sind 36 Einzelpersonen aufgezählt, *welche keinen Handel treiben und sich durch Arbeit oder milde Gaben ernähren*[5]. Im Jahre 1816 hatte die Regierung ein Verzeichnis aller Juden in Baden, die ein Handwerk betrieben, angefertigt. Für Mannheim gibt es sechs Schneider, sechs Schuhmacher, drei Kammacher, zwei Goldarbeiter, einen Uhrmacher, einen Schriftsetzer, einen Bäcker und einen Küfer an. Eine wissenschaftliche Vorbildung besaßen in Mannheim drei Mediziner, drei Philologen und ein Jurist[6].

Im Jahre 1809 wurde eine Landesdeputiertenversammlung der badischen Juden nach Karlsruhe einberufen, bei der sich 40 angesehene Bürger versammelten. Von Mannheim nahmen teil: Stadtrabbiner Michael Scheuer, Wolf Ladenburg, Gottschalk Mayer, H. S. Ottenburger und David Ullmann. Der wichtigste Beratungspunkt war die Schul- und Berufsausbildung der Jugend. In Mannheim nahm das 1807 gegründete Lyceum (seit 1872 Gymnasium) von Anfang an jüdische Schüler

---

2 Vgl. Reg.Bl. 7. 7. 1808, S. 161 ff.
3 Reg.Bl. 11. 2. 1809, S. 29.
4 Vgl. O. Simon S. 4.
5 GLA 313/1282.
6 Vgl. GLA 236/953.

auf, und 1816 wurde von Simon Wolff[7] eine jüdische Privatschule eröffnet, die 1821 als Elementarschule für Knaben und Mädchen staatlich anerkannt wurde. Sie befand sich im Gebäude der Lemle Moses Klaus und bestand bis zur Einführung der Gemeinschaftsschule in Mannheim im Jahre 1870.
Bis in die zwanziger Jahre des 19. Jh.s war die Lage Mannheims, das den Hof verloren und schwere Kriegsverluste erlitten hatte, recht düster. *Traurige Resignation lastete auf der ganzen Stadt gleichwie über dem Hause eines in seinen Verhältnissen Zurückgekommenen, der wehmutsvoll, träumerisch früheren Glanzes gedenkt und nicht an eine bessere Zukunft zu glauben wagt*[8]. Selbst in diesen schweren Jahren hat jüdischer Unternehmungsgeist Firmen begründet, die im Laufe des Jahrhunderts zu großer Bedeutung gelangen sollten, z. B. die Möbelfabrik Israel Aberle Söhne, die Bettfedernfabrik M. Kahn und Söhne, die Zigarrenfabrik H. S. Mayer und die Metallwarenfabrik Albrecht Nauen.
Im Zusammenhang des Freiheitskampfes des Bürgertums am Anfang des 19. Jh.s steht auch das Drängen der Juden auf politische Rechte, die ihnen nach den Konstitutionsedikten noch versagt blieben. Da der Landtag mit der Reform des Gemeinderechts nicht vorankam, erließ die Regierung ein provisorisches Gesetz vom 23. August 1821[9], das Gemeindeausschüsse einführte und allen Orts-, Ehren- und Schutzbürgern, also auch den Juden, das aktive und passive Wahlrecht gab. Die neue Gemeindeordnung vom 31. Dezember 1831 übernahm diese Bestimmungen für die Gemeindeausschüsse, verlangte aber für die Wählbarkeit zum Gemeinderat und zum Bürgermeister die christliche Konfession[10]. Die Mannheimer jüdischen Bürger hatten für diese Zurücksetzung kein Verständnis und richteten im April 1835 zusammen mit anderen Gemeinden eine Petition an die 2. Kammer der Ständeversammlung, in der u. a. gefragt wird: *Worin liegt der Grund, daß wir in einem Staat, in dem wir schon seit vielen Jahren alle Pflichten als Bürger erfüllen, noch länger der vollen Bürgerrechte entbehren sollen? Unsere Religionsbücher lehren nichts, was den Staatsgesetzen zuwider ist, im Gegenteil sie befehlen die Beobachtung derselben als Vorschrift der Religion sowie auch die Ausübung aller Pflichten der Nächstenliebe ohne Rücksicht auf Glaubensverschiedenheit.* Am Schluß heißt es: *Freudig erfüllen wir alle Bürgerpflichten und weihen Gut und Leben dem Vaterlande, möchte es nicht länger Fremdlinge, sondern Söhne in uns erkennen und das Gesetz unserer Religionsgemeinschaft nicht mehr mit Verachtung belegen*[11]. Unter den Unterzeichnern finden wir Namen bekannter Mannheimer wie Dinkelspiel, Dreyfuß, Hachenburg, Hohenemser, Ladenburg, Rosenfeld. Zunächst hatten diese und andere Petitionen jedoch noch keinen Erfolg, da in der 2. Kammer ein enger kleinbürgerlicher Geist herrschte, der es mit Rücksicht auf die Stimmung der Bevölkerung nicht wagte, die Gleichberechtigung der Juden zu vollenden.
Die Hungersnöte des Frühjahrs 1848 führten auf dem Lande wieder zu einer Judenverfolgung, wozu die Karlsruher »Allgemeine Zeitung« vom 9. März 1848 schreibt: ... *scharenweise ziehen die Flüchtlinge den Städten zu, namentlich nach Mannheim,*

---

7 Zur Biographie s. S. 145f.
8 F. Walter (1907) Bd. 2, S. 145.
9 Reg.Bl. 8. 9. 1821, S. 95 ff.
10 Vgl. Reg.Bl. 17. 2. 1832, S. 81 ff.
11 GLA 231/1424.

Abb. 3: Jüdisches Kranken- und Pfründnerhaus in E 5, 9, Foto um 1930. An dieser Stelle befand sich schon 1735 das jüdische Spital. 1842 bis 1844 wurde es umgebaut. Wie alle Häuser im Quadrat E 5 mußte es 1936 dem Neubau des Technischen Rathauses weichen. Die damalige Leiterin war die Oberin Pauline Maier. – Bildsammlung, Nr. 6008

Abb. 4: Grabstein des Lemle Moses Reinganum von 1724, Foto 1984. Der Grabstein befand sich auf dem seit 1661 in F 7, 1 bestehenden und bis 1839 belegten jüdischen Friedhof. Er wurde 1938 zwangsweise aufgehoben. Die Gebeine der Toten und einige bedeutsame Grabmäler durften auf den jüdischen Teil des Hauptfriedhofs überführt werden. Eine Übersetzung des Textes befindet sich bei August Oppenheim, Stammbaum, S. 31. – Bildsammlung, Nr. 27280

	Männl.	Weibl.	Vor- und Zuname.	Alter. Jahre	Religion	Stand oder Gewerbe.	Geburtsort.
Dienstboten		1	Sara Eisinger	24	Isr.	Köchin	Merchingen bei Adelsheim
		1	Catharina Scharpf	28	Evang.	Hausmädchen	Eickschies bei Esslingen
	1		Andreas Kuhn		Luth.	Kutscher	Grumbach bei Kirchheim
Handwerks-Genossen			Ludwig Seon G. J. Seon			Handlungs-Comis	Moskau
Lernende Kostgänger und andere bei der Familie wohnende Personen.							

Also aufgenommen den 1ten Februar 1836.—

Verzeichniß
der
Mitglieder des neuen vaterländischen Vereins.

Aab, A.; Aberle, D., Sohn; Adam, J. S.; Akermann, Eduard; Alt, D.; Altvater, M.; Arand, W., v.; Artaria, Ph.; Artaria, M.; Bärenklau, Karl; Bassermann, D.; Bassermann, Jul.; Bassermann, L. A.; Betel, Louis; Behaghel, Prof.; Bender, Franz; Baier, Lithograph; Bissinger, Louis; Bischoff, Joseph; Bischoff, P. M.; Bleichroth, Rath; Blezinger, S.; Bissinger, Gastwirth; Bracht, Rechtspraft.; Bonne, L.; Bürk, J. W.; Bayer, J. G.; Bundschuh, J. G.; Claasen, C.; Clausen, C.; Cantor, Heinrich; Claus, F.; Coblitz, Maler; Chrismar, Regierungsrath; Chuno, L.; Chroneberger, W.; De Nesle, J. W. F.; Diffené, H. Ch.; Deßler, J. C.; Deurer, Th.; Dyckerhoff, Eduard; Dauß, J. C.; Durlacher, C.; Düringer, Heinr.; Dyckerhoff, Wilh.; Eglinger, J. Ph.; Eglinger, Julius; Eichner, Paul; Engelhorn, Part.; Esser, Rath; Fenner, Heinrich; Fischer, Dr.; Fratrel, S. A.; Friedmann, Maler; Frisch, Georg; Gärtner, C.; Galizdorf, F. G.; Geber, Jak.; Gentil, Dr.; Gerbel, Wilh.; Gernandt, Aug.; Giulini, Dr.; Glimpff, Johann; Götz, Fr., Buchh.; Götz, Jac., Weinh.; Geschwindt, Joh. Heinr.; Groß, Jakob; Haas, Conrad; Happe, F.; Hanno, Ph.; Held, Ph.; Heller, Part.; Hatzfeld, G.; Helmreich, W.; Hohenemser, Karl; Herrschel, Aug.; Hertlein, Prof.; Hieronimus, J. W.; Hirschhorn, G.; Hohenemser, Jos.; Giulini, Fabr.; Jörger, Seb.; Jolly, Bürgermeister; Kalb, Konrad; Kaufmann, Fbr.; Kilian, Prof.; Koch, Louis; Kühner, G.; Kühn, G.; Kindt, C.; Kieferle, Baumeister; Kley, Jak.; Köhler, Jak. Fr.; Korwan, J. C.; Ladenburg, Dr.; Ladenburg, Herrm.; Ladenburg, Moritz; Ladenburg, S.; Lauer, Fr., sen.; Lauer, Adolph; Lenel, Moritz; Lorenz, J. A.; Lutz, Georg; Maier, L.; Maier, J. A.; Maier, Max; Marr, Joh.; Marx, Julius; Mathy, Heinrich; Mayer-Nicolay; Merker, Oswald; Moll, Ch.; Molitor, Rath; Moll, Wilh.; Müller, Otto; Rohr, Jos.; Mähler, Veit; Rauen, A., jun.; Nesler, C.; Nesler, Franz; Neugaß, M. H.; Rießer, Part.; Röther, Hermann; Oesterlin, Friedr.; Ottendorf, Ph.; Peitavy, P. F.; Quilliame, H.; Reinhardt, J. A.; Reinhardt, J. W., jun.; Reinhardt, Ph. Jak.; Reis, Friedr.; Reis, Hm.; Ritter, J.; Roller, Prof.; Ruoff, H.; Reinhardt, G.; Renner, C. A.; Regenauer, Praft.; Sator, Schreiner; Sauerbeck, H. C.; Sauerbeck, Wilh.; Schimpf-Reinhart; Schlecht; Schmiz, Ludwig; Schröder, Direktor; Scipio, A.; Seitz, Dr.; Siebenek, Capitän; Sauerbeck, Fr.; Schlößer, Georg; Seebold, Prof.; Siebert, F. J.; Sievert, G.; Serger; Sondheimer, S.; Schmidt, Dr.; Stehberger, Dr.; Stempf, Hofgerichtsrath; Traumann; Poul van; Würmel; Wengler, Rath; Weller, H., Rath; Weller, L., Rath, sen.; Winther, Amtsrevisor; Wolff, Dr.; Würzweiler, Jak.; Wunder, Aug.; Zieger, Karl.

Abb. 7: Familienbild des Handelsmanns Samuel Ludwig Darmstädter, Foto um 1858.
Von links nach rechts: Josef Darmstädter (1849–1916, Dr. jur., Rechtsanwalt, ∞ Mathilde Hirschhorn 1860–1920, Cousine von Fritz Hirschhorn), Emil Darmstädter (1850–1916, Kaufmann), Louise Darmstädter geb. Traumann (1824–1882, Tochter des Heinrich Traumann, Schwester der Amalie Traumann, der Mutter von Fritz Hirschhorn), Samuel Ludwig Darmstädter (1817–1867, Inhaber der Firma Josef Darmstädter Söhne), Ida Darmstädter (1845–1884, ∞ Wilhelm Darmstädter 1836–1916, Kaufmann, Vetter ihres Vaters, Onkel des Viktor Darmstädter, Bruder des Ludwig Darmstädter 1846–1927, Dr. phil., Chemiker). – Bildsammlung, Großformate, Nr. 335

Abb. 5 (linke Seite oben): Dienstboten im Hause des Handelsmanns Heinrich Traumann (1797–1873) im Jahre 1836.
Wegen des koscheren Kochens sind die Köchinnen in jüdischen Haushalten stets Jüdinnen. Heinrich Traumann ist Bruder des Adolf Traumann, Vater der Louise Darmstädter geb. Traumann und Großvater von Fritz Hirschhorn. – Polizeipräsidium, Zug. –/1962, Beilage zum Familienbogen Heinrich Traumann

Abb. 6 (linke Seite unten): Verzeichnis der Mitglieder des Neuen Vaterländischen Vereins, Stand 15. 12. 1848.
In diesem Verein hatten sich die gemäßigten Liberalen zusammengeschlossen. Von den jüdischen Mitgliedern seien Joseph Hohenemser, Seligmann Ladenburg, Leopold Ladenburg, Moritz Lenel und Simon Wolff hervorgehoben. – Kleine Erwerbungen, Nr. 522, Blatt 8

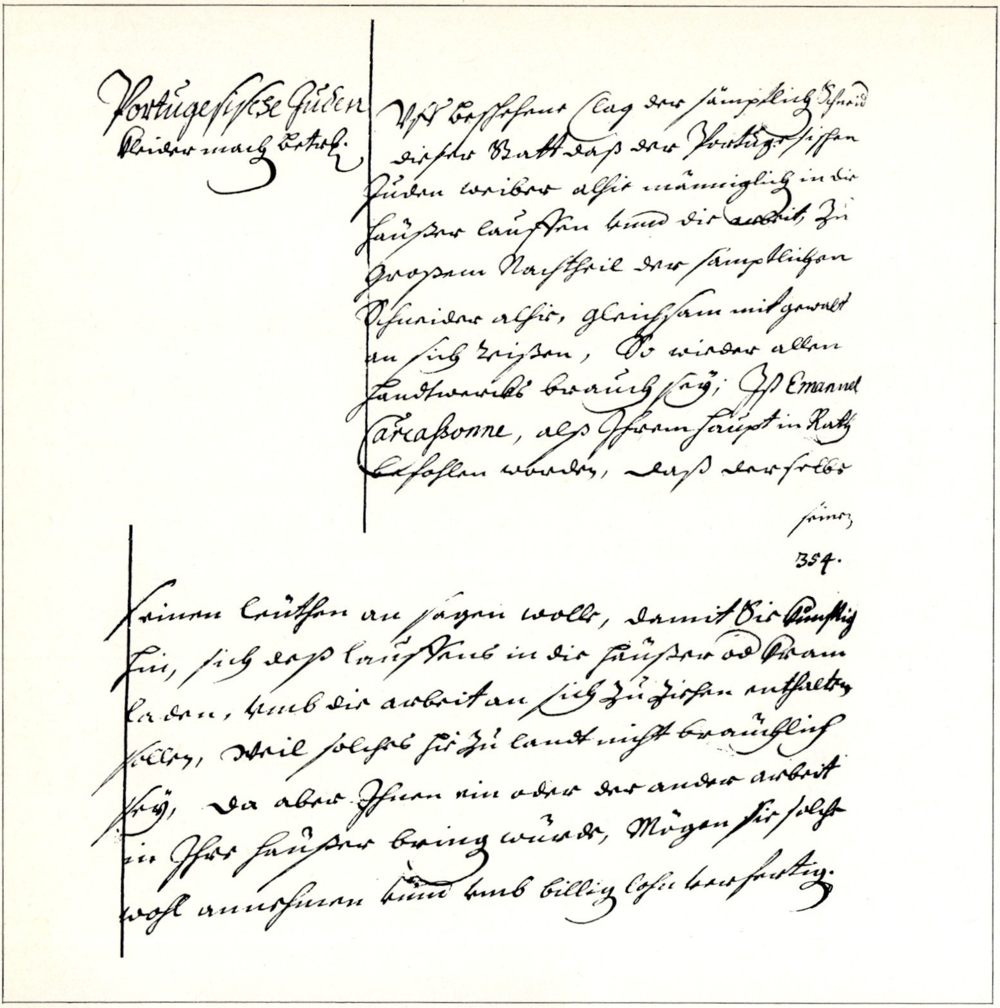
Portugesische Juden
Kleider mach betr.

Uff beschehene Clag der sämptlich Schneider dieses Ratt dass der Portugesischen Juden weiber alhie männiglich in die häuser lauffen vnnd die arbeit, zu grossem Nachtheil der sämptlichen Schneider alhie, gleichsam mit gewalt an sich reissen, so wider allen handtwercks brauch sey; Ist Emanuel Carcassonne, alss ihrem haupt in Ratt befohlen worden, dass derselbe seiner

354.

keinen laüffen an sagen wolle, damit sie künfftig hin, sich dass lauffens in die häuser od. Kram laden, vnnd die arbeit an sich zu ziehen enthalten sollen, weil solches hie zu landt nicht braüchlich sey, da aber ihnen ein oder der ander arbeit in ihre häuser bringen würde, Mögen sie solche wohl annehmen vnnd vnnd billig lohn verfertig.

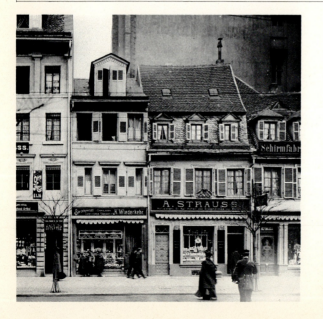

Abb. 8: Beschluß des Rats der Stadt Mannheim vom 17. 1. 1662.
Aufgrund einer Klage aller Schneider entscheidet der Rat, daß die Frauen der portugiesischen Juden künftig nur noch solche Schneiderarbeiten annehmen dürfen, die man ihnen ins Haus bringt. Der Eintrag belegt die damaligen Schwierigkeiten des Zusammenlebens zwischen Juden und Christen, die in Mannheim teilweise aus der Gewerbefreiheit resultierten. – Ratsprotokoll 1661/62, S. 353/354

Abb. 9: Zigarrengeschäft A. Strauß in E 1, 18, Foto Dez. 1906.
Der Schneidermeister Maier Strauß (1817 bis 1886) gründete das Geschäft um 1877. Sein Sohn Jakob Strauß (1861 bis 1911) übernahm es und führte seit 1905 die Bezeichnung Großherzoglicher Hoflieferant. – Bildsammlung, Nr. 1693

wo die entschiedensten Freunde derselben ansässig sind[12]. Schon am Tage zuvor wurde in Mannheim ein Aufruf veröffentlicht, in dem es hieß: »*Mit tiefem Schmerze, welche alle wahren Freunde der Volksfreiheit und des Vaterlandes teilen, vernehmen wir die Nachricht, daß die Tage, welche die Herzen aller wackeren Bürger mit hehrer Begeisterung erfüllen, die Tage, welche unser ganzes Volk erlösen sollen von dem Druck der Knechtschaft von Jahrzehnten, ja von Jahrhunderten, entweiht werden sollten durch blinde Zerstörungswut und Gefährdung der Personen und des Eigentums unserer Mitbürger mosaischen Glaubens, daß das leuchtende Panier der Freiheit besudelt werden will durch schmähliche Excesse.*«[13] Unterschrieben war der Aufruf u. a. von Hecker, Itzstein, Soiron, Mathy und Friedrich Bassermann.

An den Bestrebungen zur Förderung der deutschen Einheit und Freiheit nahmen auch maßgebende jüdische Bürger Mannheims teil. So finden wir unter dem Aufruf des »Neuen Vaterländischen Vereins« vom 15. Dezember 1848 an alle »Freunde der deutschen Einheit, des Fortschritts und der gesetzlichen Freiheit« die Unterschriften von Leopold Ladenburg und Moritz Lenel[14]. Dagegen lagen revolutionäre Anschauungen den Juden im allgemeinen fern, so daß sich nur einzelne den Aufständischen anschlossen. Der 22jährige Jakob Nauen[15] trat in das Mannheimer Freikorps ein, und der demokratische Rechtsanwalt Elias Eller[16] verteidigte seine Gesinnungsgenossen vor den Gerichten. Die Wahl Ellers in den Gemeinderat am 16. August 1848 war der Anlaß, die Bestimmung der Gemeindeordnung, wonach nur Christen diesem Gremium angehören durften, zu überprüfen und durch die revidierte Gemeindeordnung vom 25. April 1851[17] aufzuheben. Dies war der einzige Fortschritt, den die Revolution von 1848 den Juden brachte; eine weitere Verbesserung ihrer Stellung verhinderten die folgenden Jahre der Reaktion.

Im Jahre 1817 wurde ein jüdischer Erholungsverein in Mannheim gegründet, aus dem 1829 die »Resourcegesellschaft« hervorging, in der man Billard, Domino, Karten und Schach spielte. Im Jahre 1839 erwarb die Gesellschaft das Palais der Gräfin v. Ottweiler in C 1, 2. Innerhalb der jüdischen Gemeinde hatte die Reformbewegung schon zu Beginn des Jahrhunderts eingesetzt. Im Jahre 1823 gründeten junge Männer eine fortschrittliche Vereinigung, die mehrere Jahre die Zeitschrift »Die Schule am Berg Libanon« herausgab. Von 1824 bis zu seinem Tode wirkte an der Hauptsynagoge der Rabbiner Hirsch Traub (1791–1849), der an der Universität Würzburg Theologie und Philosophie studiert hatte. Er gehörte zwar der orthodoxen Richtung an, doch war er für zeitgemäße Verbesserungen des Gottesdienstes aufgeschlossen. So konnten die Rabbinatskandidaten Lindmann und Rosenfeld Predigten in deutscher Sprache halten. Zur Feier des Geburtstages des Großherzogs am 29. August 1834 wurde in der Synagoge erstmalig eine Komposition des Musikdirektors Josef Eschborn mit gemischtem Chor und Streichorchester-

---

12 Zit. nach B. ROSENTHAL (1927) S. 287.
13 Zit. nach ebd. S. 288.
14 Vgl. F. WALTER (1907) Bd. 2, S. 347. Zu L. Ladenburg und M. Lenel s. S. 112 f. bzw. S. 116 f.
15 Zur Biographie s. S. 130.
16 Zur Biographie s. S. 86 f.
17 REG.BL. 20. 5. 1851, S. 329 ff.

begleitung aufgeführt. Später wurde ein Knabenchor geschaffen, an dem seit 1841 alle Jungen der zweiten und dritten Volksschulklasse teilnehmen mußten[18].

Die Selbstverwaltung wurde in den jüdischen Gemeinden Badens durch die Verordnung vom 15. Mai 1833 eingeführt. Der Synagogenrat war durch die selbständigen Mitglieder der Gemeinde auf sechs Jahre zu wählen, wobei wie im Gemeinderat die Hälfte seiner Angehörigen alle drei Jahre neu gewählt wurde[19]. Die sieben Synagogenräte hatten die Aufgabe, die Gemeinde zu verwalten und die Gemeindebeamten anzustellen. Ihre Zahl wurde im Jahre 1883 auf neun erhöht, und 1887 wurde eine Gemeindevertretung eingeführt, die sich aus den neun Synagogenräten und 36 weiteren Mitgliedern zusammensetzte. Letztere wurden in Urwahl von den selbständigen Gemeindeangehörigen gewählt. Im Jahre 1895 trat erstmals eine israelitische Landessynode aus Vertretern der badischen Gemeinden in Karlsruhe zusammen. Diese wurden auch unmittelbar gewählt. Aus Mannheim wurden drei liberale und ein orthodoxer Repräsentant entsandt.

In den Jahren 1840–1842 wurden der neue Hauptfriedhof und der jüdische Friedhof nebeneinander jenseits des Neckars angelegt, auch ein Zeichen dafür, daß die jüdische Gemeinde in die Gesamtheit der Stadt einbezogen war. Von 1842 bis 1844 wurde das jüdische Krankenhaus in E 5,9 völlig umgebaut. Zum Zwecke der Beschaffung der notwendigen Geldmittel war schon 1830 der »Israelitische Hospitalfond« gegründet worden, dessen Zinserträgnisse für den Umbau des Krankenhauses verwendet werden sollten[20]. Im Erdgeschoß des Krankenhauses wurde die Schranne entfernt und dafür ein Speisesaal eingerichtet, das 1. Obergeschoß enthielt die Krankenzimmer und das 2. Obergeschoß war für die Pfründner bestimmt[21].

Die Reformbewegung in der Gemeinde erhielt einen kräftigen Auftrieb, als der 1854 neu berufene Rabbiner Moses Präger (1817–1861) sein Amt antrat. Seine erste Aufgabe war, sich um den aus Raumgründen erforderlichen Neubau der Synagoge zu bemühen. Der bei dieser Gelegenheit beabsichtigte Einbau einer Orgel erregte den Widerspruch von orthodoxen Mitgliedern der Gemeinde, die sich an das Ministerium des Innern wandten, das die Angelegenheit an den Oberrat der Israeliten weitergab. Nach Einholung verschiedener Gutachten von Rabbinern lehnte der Oberrat die Eingabe mit der Begründung ab, *daß man vom religiongesetzlichen Standpunkte aus gegen die beabsichtigte Einführung der Orgel nichts zu erinnern habe, daß man jedoch wünschen müsse, daß von dieser neuen Einrichtung nur ein solcher Gebrauch gemacht werde, daß hierdurch ein etwaiger Zwiespalt unter den dortigen israelitischen Gemeindegliedern vermieden werde*[22]. Die neue Hauptsynagoge wurde anstelle der alten auf derem bisherigen Standort in F 2 errichtet und am 29. Juni 1855 eingeweiht. Sie war ein dreischiffiger Bau im frühromanischen Rundbogenstil, in dem damals zahlreiche Synagogen in Deutschland erbaut wurden. Dies war ein Ausdruck der Zeit der Assimilation. Die jüdischen Gotteshäuser sollten den christlichen entsprechen[23].

---

18 Vgl. H. ADLER S. 5.
19 REG.BL. 10.6.1833, S. 131 ff. Der bei einer ungeraden Zahl von Synagogenratsmitgliedern übrig Bleibende wurde auf sechs Jahre gewählt.
20 Vgl. S. FELSENTHAL (1926).
21 Vgl. S. FELSENTHAL (1925) S. 5.
22 Zit. nach B. ROSENTHAL (1927) S. 363.
23 Vgl. V. KELLER (1982).

Am Tag vor der Einweihung beschenkte der Synagogenrat die jüdischen Armen und ließ auch für ihre evangelischen und katholischen Schicksalsgenossen je 300 fl überweisen. Beim Festgottesdienst wirkte zum ersten Mal neben dem Kinderchor der neugegründete Synagogenchor aus Männern und Frauen mit. Aus ihm ging ein Jahr später ein Männergesangverein hervor, der sich seit 1858 »Liederkranz« nannte und der in späteren Jahren eine bedeutende Rolle im Mannheimer Musikleben spielen sollte.

Mit der Einführung der Orgel im Gottesdienst war auch eine Änderung der Gebete verbunden. Noch in demselben Jahr 1855 legte Rabbiner Präger dem Karlsruher Oberrat der Israeliten einen Entwurf eines neuen Gebetbuches für Werktage und Sabbate vor. Im Vorwort führte er aus, er sei von dem Grundsatz ausgegangen, daß das deutsche Element Vertretung finden müsse, um das religiöse Bewußtsein derer zu wecken, welchen die hebräische Sprache fremd geworden sei. Das Gebetbuch wurde vom Oberrat mit der Auflage genehmigt, einige weggelassene Gebete als Anhang wieder aufzunehmen. Präger entwarf bald darauf auch eine neue Gebetsordnung für die hohen Festtage, die jedoch vom Oberrat zurückgewiesen wurde, weil sie Gebete abschaffen wollte, die durch viele Jahrhunderte religiöse Bedeutung gehabt hatten. Der Oberrat schloß sein Schreiben mit dem Satz: *Man erwartet daher um so mehr, daß er (Präger) künftig hierin mehr Achtung für bestehende religiöse Bräuche und Einrichtungen an den Tag legen werde, da man sich sonst veranlaßt sehen würde, beim Großherzoglichen Ministerium seine Enthebung von dem Stadtrabbinat Mannheim in Antrag zu bringen*[24]. Die Mannheimer Gemeinde stellte sich jedoch einmütig hinter ihren Rabbiner und wies die Vorwürfe des Oberrats zurück, die endlich im Jahre 1860 auch von diesem zurückgenommen wurden. So war der Konflikt zwischen der Mannheimer liberalen Gemeinde und dem konservativen Oberrat der Israeliten gerade noch vor dem frühen Tode von Präger im Jahre 1861 aus der Welt geschafft worden. Die Persönlichkeit Prägers würdigt Prof. Moses, der als Zionist nicht zum liberalen Judentum gehörte, im Jahre 1930 wie folgt: *Wie immer man sich auch aus eigenem jüdischen Empfinden heraus zu der religiösen Reformbewegung, die in Präger einen eifervollen Vertreter fand, stellen mag, die dokumentarisch belegte Geschichte jener Epoche lehrt, daß Präger von den edelsten Absichten zur Hebung des religiösen Lebens in seiner Gemeinde beseelt und von einer heiligen Begeisterung für die unvergänglichen Werte des Judentums erfüllt war*[25].

Eine Spaltung der Gemeinde wie an anderen Orten wurde in Mannheim dadurch verhindert, daß in der Klaus-Synagoge in F 1, 2 der Gottesdienst in althergebrachter Weise abgehalten wurde. Die Klaus-Stiftung war durch Verfügung des Ministeriums des Innern vom 13. Oktober 1818 dem Direktorium des Neckarkreises in Mannheim unterstellt worden[26]. Im Jahre 1870 wurde nach Auflösung der jüdischen Elementarschule in ihren Räumen eine hebräische Schule eingerichtet. Das Gebäude der Klaus-Stiftung wurde in den Jahren 1886–1888 umgebaut, wobei die Synagoge vergrößert und neue Räume für die hebräische Schule geschaffen wurden. Die Stiftung erhielt 1891 neue Statuten, wodurch sie dem Synagogenrat an-

---

24 Zit. nach B. Rosenthal (1927) S. 366.
25 J. Moses. Zur Biographie von Moses s. S. 127f.
26 Vgl. I. Unna Bd. 2, S. 33.

stelle des Direktoriums des Neckarkreises unterstellt wurde[27]. Außerdem wurde neben der Förderung des Thorastudiums die Unterhaltung der hebräischen Schule als Aufgabe der Stiftung ausdrücklich festgelegt. Die Bedeutung der Schule für die Gemeinde war dadurch gewachsen, daß die hebräische Sprache nach dem Lehrplan für den Religionsunterricht für die öffentlichen Schulen von 1881 nicht mehr Pflichtfach war. So wurde die Klaus-Stiftung zum Mittelpunkt des orthodoxen Teils der Gemeinde.

Im Jahre 1856 bestieg der 30jährige Großherzog Friedrich I. (1826–1907) den Thron, der aus innerer Überzeugung die liberalen Ideen seiner Zeit vertrat. Mit der Osterbotschaft vom 7. April 1860 stieß er die Tore für eine freiheitliche Entwicklung seines Landes weit auf. Sein Innenminister August Lamey (1816–1896) bereitete das Gesetz[28] vor, das zur vollen staatsbürgerlichen Gleichberechtigung der Juden in Baden und damit auch zu ihrer Teilhabe an Gewerbe- und Niederlassungsfreiheit führen sollte. *Gewerbefreiheit, Freizügigkeit und Judenemanzipation ... bildeten eine innere Einheit, in der sich der Wille zu erkennen gab, eine liberale Gesellschaftsordnung aufzubauen, die dem einzelnen unter dem Schutz des Rechtsstaates die Möglichkeit zur vollen Entfaltung seiner Kräfte bot*[29]. Die badischen Juden brachten ihren Dank für diese in ganz Deutschland vorbildliche Gesetzgebung dadurch zum Ausdruck, daß sie am 29. Oktober 1862 eine Stiftung *zur Unterstützung bedrängter Volksschul- und Religionslehrer ohne Unterschied des Bekenntnisses* errichteten, deren Protektorat der Großherzog übernahm und ihr den Namen »Friedrich Stiftung« verlieh[30].

Die Gewerbe- und Niederlassungsfreiheit führte dazu, daß die jüdischen Bürger vom Lande, wo sie sich mangels Grundbesitzes nur ärmlich als umherziehende Händler ernähren konnten, in die Städte abwanderten, wo sie sich im Einzel- und Großhandel als erfolgreiche Kaufleute bewährten. In der zweiten Generation besuchten sie Gymnasien und Universitäten, um als Akademiker in die bildungsbürgerlich geprägte Oberschicht aufrücken zu können. In den freien Berufen des Arztes und Rechtsanwalts brachten sie es zu großem Ansehen, während der Staatsdienst sich ihnen nur teilweise öffnete. Der Großherzog hatte zwar 1868 den jüdischen Durlacher Rechtsanwalt Moritz Ellstätter (1827–1905) zum Finanzminister ernannt, aber die staatliche Verwaltung lehnte die Übernahme von Juden ab. Ebenso konnten sie nicht Staatsanwälte werden; dagegen wurden jüdische Richter eingestellt und konnten bis zu den höchsten Stellen aufsteigen wie der Mannheimer Landgerichtspräsident Nathan Stein[31]. Auch im höheren Schuldienst und an den beiden Landesuniversitäten finden wir jüdische Lehrkräfte und Professoren wie die Staatsrechtler Georg Jellinek (1851–1911) in Heidelberg und Heinrich Rosin (1855–1927) in Freiburg. In den Stadtverwaltungen und Handelskammern kamen jüdische Juristen zum Zuge wie der Syndikus der Stadt Mannheim Ludwig Landmann[32] und der Syndikus der Mannheimer Handelskammer Arthur Blaustein[33]. Die

---

27 Vgl. ebd. S. 54 ff.
28 Gesetz die bürgerliche Gleichstellung der Israeliten betr. Reg.Bl. 7. 10. 1862, S. 450 ff.
29 R. Rürup S. 73.
30 Vgl. K. O. Watzinger (1962) S. 26.
31 Zur Biographie s. S. 137.
32 Zur Biographie s. S. 115 f.
33 Zur Biographie s. S. 83 f.

hervorgehobene gesellschaftliche Stellung eines Akademikers im deutschen Kaiserreich war jedoch erst ganz erreicht, wenn man auch zum Reserveoffizier befördert war. Während im Deutsch-Französischen Krieg 1870/71 noch etwa 100 jüdische Offiziere in den Armeen der deutschen Länder dienten, wurde im preußischen Heer seit den achtziger Jahren des 19. Jhs. kein Jude mehr zum Offizier oder Reserveoffizier ernannt[34]. Dasselbe galt auch in Baden, seit die badischen Truppen im Jahre 1870 ein Bestandteil des preußischen Heeres geworden waren. Bei der sozialen Bedeutung, die dem Militär im Kaiserreich zukam, war diese Zurücksetzung neben der Fernhaltung aus der Staatsverwaltung ein weiteres Zeichen dafür, daß die Emanzipation der Juden zwar rechtlich vollzogen, aber noch nicht gesellschaftlich vollendet war.

In Mannheim war der Weg zur sozialen Gleichberechtigung deshalb leichter, weil die Juden in keinem Getto leben mußten. Daß es dabei auch zu vielen Auseinandersetzungen aus religiösen und wirtschaftlichen Gründen kam, zeigte die Entwicklung in der kurpfälzischen Zeit. Im 19. Jh. trugen vor allem die in der weltoffenen Handelsstadt vertretenen liberalen Ideen zur vollen Anerkennung des jüdischen Mitbürgers bei. Nur so kann die erstaunliche Tatsache erklärt werden, daß schon im Jahre 1871 Moritz Lenel, der an dem Glauben seiner Väter festhielt, zum Präsidenten der Handelskammer und damit zum Repräsentanten der Mannheimer Kaufmannschaft gewählt wurde[35].

Zur menschlichen Annäherung führte auch die Institution der Gemeinschaftsschule, die in Baden zuerst in Mannheim am 12. Mai 1870 eingeführt wurde. Bei dem vorher erforderlichen Plebiszit hatten sich alle 322 Abstimmenden der jüdischen Gemeinde für die Neuerung ausgesprochen, auch wenn damit die 1816 begründete jüdische Elementarschule nach 50jähriger erfolgreicher Tätigkeit geschlossen werden mußte. Die jüdischen Eltern ließen sich dabei von der Überzeugung leiten, daß Vorurteile gegen Andersgläubige am ehesten überwunden würden, wenn die Kinder gemeinsam in die Schule gingen und ganz selbstverständlich miteinander aufwüchsen. Andererseits war der Verlust für das religiöse Leben nicht zu übersehen, da die Kinder nicht mehr so intensiv in das jüdische Geistesleben eingeführt werden konnten. Deshalb wurde gleichzeitig mit der Schließung der bisherigen Lehranstalt eine hebräische Schule in der Klaus-Stiftung eingerichtet. Auch wurde es für die jüdischen Kinder schwerer, den Sabbat einzuhalten, obwohl der Oberschulrat in liberalem Geist anordnete, daß ihnen die Zeit zur Teilnahme am Gottesdienst freigegeben werden solle. Aber selbst orthodoxe Eltern nahmen davon Abstand, weil sie ein Zurückbleiben ihrer Kinder in der Schule befürchteten. Daher wurde in Mannheim am Samstagnachmittag ein Jugendgottesdienst mit Chorgesang der Kinder und einer ihrem Verständnis angepaßten Ansprache des Rabbiners oder Lehrers abgehalten.

Die Mitglieder der Gemeinde unternahmen überdies große Anstrengungen, um den Bildungswillen der Jugendlichen zu fördern. Schon 1833 war der »Israelische Studienverein« gegründet worden, um Schüler der Oberstufe der Gymnasien und

---
34 Vgl. R. Vogel S. 37.
35 Zu M. Lenel s. S. 116f.

Studenten zu fördern. Ihrer Zeit voraus war die Bestimmung, daß auch Mädchen, »welche sich dem Lehrfach widmen wollen oder sonst eine höhere Ausbildung zum Zwecke des künftigen Berufs anstreben«, Stipendien erhalten konnten. Der Verein, der 1891 über 227 Mitglieder verfügte, verteilte in diesem Jahr an 24 Petenten Stipendien in Höhe von 4200 Mark. In demselben Jahr erhielt er auch Körperschaftsrechte zuerkannt[36].

Der wachsende Wohlstand der Gemeinde ermöglichte es, die in früherer Zeit geschaffenen sozialen Einrichtungen auszubauen. Der 1775 gegründete Krankenunterstützungsverein für Männer war 1888 auf 520 Mitglieder und ein Vermögen von ca. 230 000 Mark angewachsen, der Krankenunterstützungsverein für Frauen von 1816 hatte 1888 ein Vermögen von ca. 180 000 Mark und 542 Mitglieder. In demselben Jahr schlossen sich die beiden Vereine mit der 1798 gegründeten Verwaltungsbruderschaft zur Pflege von kranken Kindern zur »Vereinigten Verwaltung der israelitischen Krankenunterstützungsvereine« zusammen, der 1889 Körperschaftsrechte verliehen wurden[37]. Der 1857 auf Initiative von Rabbiner Präger gegründete »Verein zur Erziehung armer Waisen und Kinder dürftiger Eltern israelitischer Konfession in Mannheim« hatte 30 Jahre später 590 Mitglieder und ein Vermögen von ca. 200 000 Mark. Im Jahre 1889 erhielt er Körperschaftsrechte, so daß er Grundeigentum erwerben konnte. Das in R 7 errichtete Waisenhaus wurde am 6. Mai 1893 eingeweiht und konnte 25 männliche Zöglinge aufnehmen[38].

Der »Verein für Kinderpflege« wurde im Jahre 1869 gegründet, um die Kinder armer Familien – ohne Rücksicht auf die Konfession – durch Errichtung einer Kleinkinderschule und Überlassung von Schulmaterialien und Kleidungsstücken zu unterstützen. Der Verein hatte 1886 schon 379 Mitglieder und erwarb später das Haus Elfenstr. 7, in dem bis zu 250 noch nicht schulpflichtige Kinder Raum fanden[39].

Das gesellschaftliche Leben der Gemeinde spielte sich vor allem in der »Ressourcegesellschaft« und dem »Liederkranz« ab, aber auch in den Freimaurerlogen, von deren Mitgliedern kein christliches Glaubensbekenntnis verlangt wurde. Schon 1853 trat als erster Jude der Tabakhändler Julius Hirschhorn der Loge »Carl zur Eintracht« bei, wo er 1878 sein 25jähriges Jubiläum feiern konnte. In dem Verzeichnis der Logenbrüder stehen viele bekannte jüdische Namen, z. B. die Kaufleute Salomon Mayer-Dinkel (1819–1898) und Bernhard Herschel und die Rechtsanwälte Isidor Rosenfeld (1850–1928) und Max Hachenburg[40]. Im Jahre 1874 wurde die zum Old-Fellow-Orden gehörende Badenia-Loge gegründet, von der sich 1877 die Spinoza-Loge abspaltete, die überwiegend jüdische Mitglieder hatte[41]. Ihr trat 1907 sogar der Mannheimer Stadtrabbiner Gustav Oppenheim (1862–1939) bei, der von 1908 bis 1913 und von 1923 bis 1926 das Amt des Obermeisters versah. Es ist kennzeichnend für den liberalen Geist der Mannheimer Gemeinde, daß der

---

36 Vgl. GLA 235/18635.
37 Vgl. GLA 230/20333.
38 Vgl. GLA 230/18404 und S. BILLIGHEIMER.
39 Vgl. GLA 235/18214.
40 Vgl. J. WALDKIRCH. Zu B. Herschel s. S. 100f.; zu M. Hachenburg s. S. 95ff.
41 Vgl. FESTSCHRIFT SPINOZA-LOGE S. 52.

Stadtrabbiner eine führende Stelle in einer Loge einnahm, deren Namensträger einst aus der jüdischen Gemeinde in Amsterdam ausgestoßen worden war.

Mit der Verkündung der Gewerbe- und Niederlassungsfreiheit im Jahre 1862 setzte eine starke jüdische Zuwanderung vom Lande in die aufblühende Handelsstadt Mannheim ein, so daß sich die Zahl der jüdischen Bürger von 1855 bis 1875 mehr als verdoppelte und ihr Anteil an der Einwohnerschaft von 6,7 % auf 8,3 % anstieg, womit der höchste Prozentsatz im 19. und 20. Jh. erreicht wurde.

Jahr	Einwohner insgesamt	Juden	Anteil der Juden in %
1830	19 178	1 383	7,2
1855	25 688	1 717	6,7
1875	46 433	3 853	8,3
1895	91 119	4 768	5,2
1910	193 928	6 474	3,3

Tabelle 1: Die Entwicklung der jüdischen Bevölkerung Mannheims von 1830 bis 1910

Als Mannheim im Kaiserreich durch Zuwanderung von Arbeitskräften vom Lande zur Großstadt heranwuchs, ging trotz weiteren Anstiegs der absoluten Zahl der Anteil der Juden an der Stadtbevölkerung um mehr als die Hälfte zurück. Dieser relative Rückgang wurde 1897 bzw. 1899 durch die Eingemeindung der Arbeitergemeinden Käfertal und Neckarau, die kaum jüdische Einwohner hatten, noch verstärkt. Der Verlust von Glaubensgenossen durch Mischehen spielte im 19. Jh. noch keine Rolle; bei der Volkszählung 1910 waren von 923 jüdischen Männern nur 17 mit Nichtjüdinnen verheiratet[43].

Über die berufliche Stellung der jüdischen Bevölkerung gibt die Volkszählung von 1895 Auskunft: *Mehr als die Hälfte aller erwerbstätigen Israeliten arbeiteten in selbständiger Stellung, von den Evangelischen war das nur einem Fünftel, von den Katholiken nicht einmal diesem vergönnt. Zum höheren Hilfspersonal, also den wissenschaftlich, kaufmännisch oder technisch gebildeten nicht leitenden Personen in Verwaltung, Bureau oder Kontor gehörten 23,9 % der erwerbstätigen Israeliten, aber nur 13,2 % der Evangelischen und 12,3 % der Katholiken*[44]. Auch aus den Stadtteilen, in denen vornehmlich Juden wohnten, können wir auf deren soziale Stellung schließen. Im Jahre 1910 waren 15,4 % der Einwohner der Oststadt jüdisch, während Arbeitervororte wie Neckarau oder Sandhofen nur 0,3 % bzw. 0,2 % jüdische Einwohner hatten. Entsprechendes ergibt sich aus den Schülerzahlen des Gymnasiums.

---

42 Quellen: VERWALTUNGSBERICHT MANNHEIM für 1907, S. 8; AMTLICHE KREISBESCHREIBUNG Bd. 3, S. 213.
43 Vgl. F. WALTER (1907) Bd. 3, S. 453.
44 Ebd. S. 452.

Jahr	Schüler insgesamt	Juden	Anteil der Juden an den Schülern in %	Anteil der Juden an der Bevölkerung in %
1855	273	17	6,2	6,7
1875	301	85	28,3	8,3
1895	552	99	18	5,2
1910	520	69	13	3,4

Tabelle 2: Die Entwicklung der Schülerzahlen des Mannheimer Gymnasiums von 1855 bis 1910[45]

Während 1855 der Prozentsatz der jüdischen Schüler noch etwas unter dem der jüdischen Bevölkerung Mannheims lag, schnellte er 1875 auf das Dreieinhalbfache dieses Werts empor. Dieses Verhältnis blieb bis 1910 gewahrt, auch wenn der prozentuale Anteil der jüdischen Schüler entsprechend dem Anteil der jüdischen Bevölkerung abnahm. Diese Zusammensetzung der Schüler des Gymnasiums ist ein weiterer Hinweis darauf, daß die Mannheimer Juden überwiegend der Mittel- und Oberschicht angehörten. Der Rückgang der gesamten Schülerzahl des Gymnasiums nach 1895 war die Folge davon, daß inzwischen andere höhere Schulen entstanden waren.

Die große Anzahl der selbständigen jüdischen Kaufleute hatte einen wesentlichen Anteil an dem wirtschaftlichen Aufstieg Mannheims in der zweiten Hälfte des 19. Jh.s. Im Mittelpunkt standen die beiden Bankhäuser Hohenemser und Ladenburg, die durch ihre großzügige Kreditgewährung alle Teile der Mannheimer Wirtschaft förderten. Gustaf Jacob faßt seine Untersuchungen über das Bankhaus Ladenburg wie folgt zusammen: *Die Geschichte des Bankhauses Ladenburg bleibt verwoben mit der Wirtschaftsgeschichte der Stadt im 19. Jahrhundert. Wolf Hayum Ladenburg begann den Grundstein zu der Entfaltung des Bankhauses zu legen, sein Sohn Seligmann und vor allem sein Enkel Carl Ladenburg haben den Aufstieg Mannheims zur Großstadt nicht nur erlebt, sondern lebendig mitgestaltet*[46].

In der Mitte des 19. Jh.s war der Großhandel der maßgebende Mannheimer Wirtschaftszweig, der eine leistungsfähige Schiffahrt benötigte. Im Jahre 1842 schlossen sich 30 Schiffseigner und 87 Kaufleute unter Führung der Handelskammer zusammen, um die »Mannheimer Dampfschleppschiffahrtsgesellschaft« zu gründen. Dazu

Abb. 10: Warenhaus Hermann Schmoller & Co in P 1, 8–12, Foto um 1910.
Die Firmengründung erfolgte 1891 in D 3, 11 1/4. 1904 entstand der Neubau in P 1, 8–10, der 1909 bis P 1, 12 erweitert wurde. An dieser Entwicklung zeigt sich Mannheims damaliger sprunghafter Aufstieg und seine Funktion als Einkaufszentrum der Region. – Bildsammlung, Nr. 1691.

Abb. 11: Produktenbörse in E 4, 12–16, Foto 1902.
Der Handelsmann (Landesprodukte) Raphael Hirsch (1809–1880) war einer der Initiatoren des 1862 gegründeten Mannheimer Börsenvereins. Sein Sohn Emil Hirsch (1840–1918), Großkaufmann und Ehemann der Berta Hirsch, machte sich um die Errichtung des Börsengebäudes verdient. Es wurde in den Jahren 1900–1902 erbaut und steht noch heute. – Bildsammlung, Nr. 15172.

---

45 Quelle: H. PROBST.
46 G. JACOB (1971) S. 37. Zu den Biographien der Genannten s. S. 109 ff.

geben[4]. Am 7. April 1933 war das »Gesetz zur Wiederherstellung des Berufsbeamtentums« erlassen worden, das im Widerspruch zu seinem Namen die Entlassung jüdischer und politisch nicht genehmer Beamten ermöglichte. Aufgrund dieses Gesetzes wurde Stadtsyndikus Cahn-Garnier, der schon seit 16. März 1933 beurlaubt war, zur Ruhe gesetzt; ein Jahr später folgte Beigeordneter Jonas Loeb, der schon vor dem Ersten Weltkrieg Beamter war. Die jüdischen Richter wurden auch jetzt oder, wenn sie Weltkriegsteilnehmer waren, im Laufe der beiden nächsten Jahre entlassen. Jüdischen Ärzten und Zahnärzten wurde in den folgenden Wochen die Kassenzulassung entzogen.

In dieser Notzeit bewährten sich die von der jüdischen Gemeinde in besseren Zeiten geschaffenen Einrichtungen wie das Wohlfahrtsamt und das Lehrhaus. Die Gemeinde richtete für ihre Mitglieder, die vielfach auch in der freien Wirtschaft ihre Stellung verloren hatten, Beratungsstellen aller Art ein: für Rechts-, Wirtschafts- und Ausbildungsprobleme sowie für Fragen der Berufsumschichtung[5]. Kurz danach schuf die Gemeinde eine Akademikerhilfe, die in drei Gruppen eingeteilt war: 1. für Ärzte und Zahnärzte, 2. für Rechtsanwälte und Justizbeamte, 3. für Lehrer und Künstler. Außerdem wurde land- und hauswirtschaftliche Ausbildung außerhalb Mannheims vermittelt[6].

Das Lehrhaus, das von dem aus dem Schuldienst entlassenen Prof. Billigheimer geleitet wurde, richtete neue Lehrangebote in Hebräisch, Englisch und Französisch ein, wobei auch die Stellung der Juden im Ausland behandelt wurde. Dazu traten praktische Kurse in Stenographie und Schreibmaschine, Koch-, Näh- und Handfertigkeitskurse[7]. Im Jahre 1934 wurde dem Lehrhaus eine »Schule der Jugend« angegliedert, um den vielfach dem Judentum entfremdeten jungen Menschen den Zugang zu den traditionellen religiösen Werten zu vermitteln. Dazu wurden Bibel- und Palästinakunde, Hebräisch und Geschichte unterrichtet[8].

Da alle jüdischen Vereine mannigfachen Schwierigkeiten ausgesetzt waren, wurde eine »Arbeitsgemeinschaft der jüdischen Vereinigungen Mannheims« gegründet. Ihre Mitteilungen, die sie nicht mehr selbst herausgeben konnten, wurden im »Israelitischen Gemeindeblatt« veröffentlicht, das ab Februar 1934 zweimal monatlich erschien und an Umfang erheblich zunahm.

Die vorbildlichen Einrichtungen der Gemeinde veranlaßten auch viele Juden aus der Pfalz, sich in Mannheim Rat und Hilfe zu holen. Da die Gemeinde diesen Ansturm kaum mehr verkraften konnte, richtete Jugendrabbiner Grünewald *Ein Wort an die Pfalz*[9], worin er erklärte, es bestehe die Gefahr, daß die Mannheimer Gemeinde den in sie gesetzten Erwartungen nicht mehr nachkommen könne. Die Pfalz müsse sich selbst einen Vorort schaffen, wo alle dort notwendigen Maßnahmen koordiniert würden. Die Mannheimer Gemeinde war zum Zentrum der ganzen Region geworden, wie es Fliedner beschreibt: *Eine assimilierte und in der Stadt hoch angesehene Führungsschicht, die jedoch nicht gewillt war, sich vom Glauben ihrer Väter*

---

4 Vgl. H. Meyer, Nationaltheater S. 55.
5 Vgl. IGB 16. 5. 1933, S. 12.
6 Vgl. IGB 22. 6. 1933, S. 15.
7 Vgl. IGB 28. 7. 1933, S. 16. Zu S. Billigheimer s. S. 81 f.
8 Vgl. IGB 14. 5. 1934, S. 13.
9 IGB 22. 6. 1933, S. 8.

Abb. 12: Schmuckblatt mit den Stiftungen der Familie Hirsch, Druck 1912.
Anna Hirsch geb. Strauss (1813–1887), Witwe des Raphael Hirsch, und ihre Kinder errichteten 1881 die Raphael-Hirsch-Witwen- und Waisen-Stiftung und 1903 die Raphael-Hirsch-Stipendien-Stiftung. Das Stiftungskapital, dessen Zinsen für die Zwecke der Stiftungen verwandt wurden, belief sich 1912 auf 96 000 Mark. – Friedrich Walter, Die der Stadt Mannheim übergebenen größeren Stiftungen, 1912

Abb. 13: Eingang zum Herschelbad Bauaufnahme vom 4. 6. 1921.
Bernhard Herschel vermachte 1905 der Stadt testamentarisch 500 000 Mark zur Errichtung eines Hallenbades. Der Bau, das damals größte Bad in Deutschland, entstand in den Jahren 1912 bis 1916. 1943 wurde er durch Bomben schwer getroffen. Zwischen 1945 und 1961 wurde das Herschelbad stufenweise wiederaufgebaut. – Hochbauamt, Zugang 5/1966 Nr. 1514

gehörten außer den Bankhäusern Hohenemser und Ladenburg die Firmen Darmstädter, Hirschhorn, Gebr. Mayer, Nauen, Nöther u. a.[47]. Bei der schnellen technischen Entwicklung waren die 1842 angeschafften Schiffe schon 20 Jahre später überholt, so daß die Gesellschaft im Jahre 1862 umgegründet wurde, um zur Großschiffahrt überzugehen. Der neue Verwaltungsrat setzte sich unter Vorsitz von Heinrich Diffené aus sieben Mitgliedern zusammen, zu denen die drei Juden Joseph Hohenemser, Seligmann Ladenburg und Moritz Lenel gehörten[48].

Für den Großhandel war nicht nur der Transport, sondern auch die Lagerung von Handelsgütern wichtig. Dafür wurde am 23. März 1865 die »Mannheimer Lagerhausgesellschaft« gegründet, deren Zweck die *Erbauung und Vermittlung von Lagerräumen für Kaufmannsgüter, insbesondere für Petroleum, Terpentinöl und ähnliche Stoffe*[49] war. Zu den 24 Gründungsfirmen, die 250 Namensaktien zu 200 Gulden übernahmen, gehörten Bopp und Dinkelspiel, Herschel und Engelsmann, Jacob Hirsch und Söhne, Julius Jordan, F. A. Nauen u. a.

Gegen Ende des 19. Jh.s wurden die Mannheimer Getreidegroßhändler, die bisher Einkaufsagenten einheimischer Ernten waren, zu Großimporteuren ausländischer Bodenerzeugnisse. Der Inhaber der weltbekannten Getreidefirma Jacob Hirsch und Söhne, Emil Hirsch (1840–1918), war Vorsitzender der Mannheimer Produktenbörse von 1871 bis 1916, wobei ihm die Errichtung des prächtigen Börsengebäudes im Jahre 1902 zu verdanken ist. Im Tabakgroßhandel genoß die Firma Carl Leoni Weltruf; sie besaß eigene Plantagen in Mexiko und Niederlassungen in Amsterdam, London, Brasilien und den USA. Aus den großen Tabakhäusern Herschel, Enthoven und Co. und Julius Hirschhorn gingen die bekannten jüdischen Stadträte Bernhard Herschel und Fritz Hirschhorn hervor[50].

Im wirtschaftlichen Aufschwung nach 1871 gründeten jüdische Unternehmer Fabriken der Lebensmittel-, Möbel-, Schuh- und Textilbranche. Hervorgehoben sei die 1873 gegründete Rheinische Hartgummiwarenfabrik, die von den Brüdern Lenel und Friedrich Bensinger betrieben wurde. Ihr folgte im Jahre 1885 die Fabrik wasserdichter Wäsche Lenel, Bensinger und Co.[51]. Um die Jahrhundertwende wurde Mannheim zur Einkaufsstadt für Pfalz und Odenwald, wobei die jüdischen Fachgeschäfte des Einzelhandels ebenso gern aufgesucht wurden wie die neu entstandenen Kaufhäuser Kander, Rothschild und Wronker[52].

---

47 Vgl. A. BLAUSTEIN, Handelskammer S. 91 f.
48 Vgl. GLA 276/640.
49 GLA 267/II, Mannheim 3543.
50 Zu den beiden letzteren s. S. 100 f. und S. 103 f.
51 Vgl. F. WALTER (1952) S. 30.
52 Vgl. G. JACOB (1953). Eine zusammenfassende Darstellung des jüdischen Anteils am Mannheimer Wirtschaftsleben wird sich angesichts der schlechten Quellenlage kaum verwirklichen lassen. Daher bezeichnet G. JACOB (1971) seine Untersuchung über das Bankhaus Ladenburg als Versuch: *Dieser Versuch ist schwierig genug, hat sich doch bisher nicht eine einzige Bilanz oder ein Geschäftsbericht auffinden lassen* (S. 20). Dieses Problem gilt allgemein für die Forschung über den jüdischen Anteil am deutschen Wirtschaftsleben, wie auch M. RICHARZ Bd. 2, S. 25 feststellt: *Doch der jüdische Unternehmer konnte einen kleinen Alleinbetrieb unterhalten oder 100 Angestellte haben – darüber sagt die Statistik ebensowenig wie über Kapital und Umsatz des Unternehmens. Hier zeigen sich die methodischen Probleme, die sich einstellen, wenn man den realen Anteil der Juden an der deutschen Wirtschaft erforschen will, was eine bisher ungelöste Aufgabe ist.* Aber auch wenn wir über

Auch im politischen Leben konnte sich das jüdische Element entfalten, seit Hermann Ladenburg (1791–1862) im Jahre 1836 als erster Jude in den Kleinen Bürgerausschuß und Elias Eller 1848 in den Gemeinderat gewählt wurden[53]. Schon im Jahre 1838 hatte Jacob Bensheimer (1807–1863) eine Verlagsbuchhandlung gegründet, die im Laufe des 19. Jh.s zu einem der maßgebenden deutschen rechts- und staatswissenschaftlichen Verlage heranwuchs. Im Jahre 1876 übernahmen die Brüder Bensheimer die 1856 entstandene »Neue Badische Landeszeitung«, die als Sprachrohr des Mannheimer demokratischen Bürgertums weit ins Land hinaus wirkte. Eine Charakterisierung des Blattes für diese Zeit lesen wir in der Festausgabe zum 75jährigen Jubiläum im Jahre 1930: *Sie fordert in unverminderter Schärfe gegen die herrschenden Nationalliberalen demokratische Reformen, dabei hält sie in echter Demokratie mit der beginnenden Arbeiterbewegung freundliche Fühlung und steht dem Kulturkampf mit Ablehnung gegenüber*[54]. Julius Bensheimer, der seine beiden früh verstorbenen Brüder überlebte, war die Seele des Unternehmens und gleichzeitig als Mitglied der Fortschrittlichen Volkspartei zwölf Jahre im Bürgerausschuß[55]. In Mannheim stand die breite Mittelschicht der Gewerbetreibenden und Kaufleute bei den Demokraten, denen auch die Mehrzahl der jüdischen Geschäftsleute ihre Stimme gaben. Unter den drei Demokraten, die 1871 als Vertreter Mannheims in den badischen Landtag einzogen, befand sich Elias Eller, der tragischerweise schon ein Jahr später verstorben ist. Im Jahre 1875 wurde der jüdische Kaufmann Friedrich Schneider (1843–1885), der 1865 dem »Demokratischen Verein« beigetreten war, in den Landtag gewählt[56]. Im Jahre 1878 wurde der aus Worms zugewanderte jüdische Kaufmann Wilhelm Fulda (1839–1910) als Demokrat Mitglied des Mannheimer Bürgerausschusses und rückte später zum stellvertretenden Obmann des Stadtverordnetenvorstandes auf. Fulda war auch Mitglied der Theaterkommission, Mitbegründer des Vereins für Volksbildung und zweiter Vorsitzender des Verkehrsvereins[57]. Zu Beginn des 20. Jh.s gehörten die Mannheimer jüdischen Rechtsanwälte Max Jeselsohn und Sally Stern zu den führenden Persönlichkeiten der Demokraten[58].

Das jüdische Großbürgertum bekannte sich ebenso wie das christliche zu den Nationalliberalen. Unter den Vorstandsmitgliedern des am 28. Juni 1869 gegründeten »Nationalliberalen Vereins Mannheim« finden wir die Juden Leopold Ladenburg, Isidor Lindmann und August Hohenemser (1834–1914)[59]. Letzterer gehörte seit 1877 auch zum Mannheimer Parteiausschuß ebenso wie Carl Ladenburg, Viktor Lenel und Gustav Mayer-Dinkel[60]. Im Bürgerausschuß war die Familie Ladenburg

---

keine exakten Daten verfügen, wird uns die Bedeutung der Juden im Mannheimer Wirtschaftsleben bewußt, wenn wir die Namen jüdischer Kaufleute und Unternehmer immer wieder bei den verschiedensten wirtschaftlichen Aktivitäten antreffen.
53 Dazu im einzelnen S. 86f.
54 A. RAPP.
55 Zu J. Bensheimer s. S. 79f.
56 Vgl. E. HAMBURGER S. 333.
57 Vgl. StA MANNHEIM, S 1/3026.
58 Zu M. Jeselsohn und S. Stern s. S. 108f. und S. 138f.
59 Vgl. StA MANNHEIM, Zug. 11/1974. Zu L. Ladenburg und I. Lindmann s. S. 112f. und S. 123.
60 Zu den Genannten s. S. 113f., S. 117ff. und S. 126f.

mehrfach vertreten, auch mit Carl Ladenburg, der überdies in zwei Perioden dem Landtag angehörte. Der Inhaber der 1839 gegründeten Gebrüder Mayer Zigarrenfabriken, Emil Mayer (1848–1910), war von 1905 bis 1908 Mitglied des Landtags und von 1893 bis 1910 Stadtverordneter[61]. Die nationalliberalen Stadtverordneten Viktor Darmstädter[62], August Hohenemser und Emil Mayer traten zum Christentum über, wobei die Gründe für den Glaubenswechsel wohl vorwiegend nationale waren, um damit die gewollte Integration in das deutsche Volk auch nach außen hin sichtbar zu machen.

Um die Jahrhundertwende waren auch jüdische Bürger in der in Mannheim aufsteigenden Sozialdemokratie tätig. Der Kaufmann Albert Süßkind (1861–1915) war bis zu seinem Tode Stadtverordneter (seit 1896) und Landtagsabgeordneter (seit 1902)[63]. Der Kaufmann Josef Levi (1862–1933) war von 1903 bis 1919 Stadtverordneter und seither Stadtrat[64]. Der Kaufmann Julius Dreifuß (1879–1946) war von 1908 bis 1933 Stadtverordneter, von 1919 bis 1926 Vorsitzender der SPD-Fraktion und von 1927 bis 1933 Obmann des Stadtverordnetenvorstandes. Die über Mannheim herausragende Gestalt ist Ludwig Frank, der 1904 bis 1914 dem Bürgerausschuß angehörte[65].

Im Kaiserreich befanden sich unter den 96 Stadtverordneten und 24 Stadträten immer etwa 10% Juden. Dieser überproportionale Prozentsatz entsprach dem größeren jüdischen Anteil an der Mittel- und Oberschicht, auf den wir schon hingewiesen haben.

Am kulturellen Leben der Stadt nahmen die jüdischen Bürger in weit über das Gewöhnliche hinausgehendem Maße Anteil. Dies *beweisen die Listen der Theater- und Konzertabonnenten, die Mitgliederverzeichnisse der Kunst- und wissenschaftlichen Vereine*[66]. Über ihr Interesse am Theater schreibt der Intendant des Nationaltheaters, Carl Hagemann (1871–1945): *Die jüdischen Kreise Mannheims haben, ohne im einzelnen von mir umworben oder kunstpolitisch besonders berücksichtigt worden zu sein, von allem Anfang an zu meiner Sache gehalten*[67].

Im Mannheimer Musikleben spielte der »Liederkranz« eine führende Rolle und in vielen jüdischen Häusern wurde Hausmusik gepflegt. So hören wir etwa von Berta Geißmar (1892–1949), der langjährigen Sekretärin von Wilhelm Furtwängler, über ihren Vater, den Rechtsanwalt Leopold Geißmar (1863–1918): *Mein Vater war ein glänzender Verteidiger und hatte eine große Praxis, aber außerhalb des Büros durfte sein Beruf mit keinem Wort erwähnt werden. Er war ungewöhnlich musikalisch und spielte Geige und Bratsche mit einer Vollendung, die weit über das Maß des Dilettantismus hinausging. Solange er lebte, musizierte sein Quartett regelmäßig jede Woche mindestens einmal in unserem Hause. Aber um weiteren Kreisen den Zugang zur Tonkunst zu ermöglichen, gründete er den Konzertverein, um hervorragende Quartette in Mannheim gastieren zu lassen*[68]. Eng verbun-

---

61 Vgl. E. HAMBURGER S. 382.
62 Zur Biographie s. S. 85f.
63 Vgl. E. HAMBURGER S. 540.
64 Dazu auch S. 122f.
65 Zu L. Frank s. S. 89ff.
66 F. WALTER (1952) S. 40.
67 C. HAGEMANN S. 77.
68 B. GEISSMAR S. 16.

den mit Musikern seiner Zeit war auch Wilhelm Lindeck (1833-1911), der sich selbst im privaten Bereich musikalisch betätigte. Er war Sohn des hessischen Landesrabbiners Benedict Levi und war bei seiner Heirat mit einer katholischen Frau zum Katholizismus übergetreten; gleichzeitig hatte er seinen Namen in Lindeck geändert. Im Jahre 1868 kam er nach Mannheim und trat als Prokurist beim Bankhaus W. H. Ladenburg und Söhne ein. Lindeck kam durch seinen Bruder Hermann Levi (1839-1900) in Verbindung zu Johannes Brahms, dessen Finanzen Lindeck von 1872 bis 1882 verwaltete[69]. Hermann Levi selbst war nur vorübergehend im Jahre 1859 in Mannheim tätig und später Kapellmeister in Karlsruhe und München. Brahms verkehrte auch in dem Haus des Mannheimer Bankdirektors Felix Hecht, mit dem er einen langjährigen persönlichen Briefwechsel unterhielt[70]. Von 1872 bis 1874 bestand in Mannheim ein privates »Conservatorium für Musik« unter Leitung des aus Köln stammenden jüdischen Kapellmeisters Moritz Pohl (1839-1900). Nach Auflösung des Conservatoriums zog Pohl nach Heidelberg, von wo er 1886 nach Mannheim zurückkehrte. Im Jahre 1889 eröffnete er das Conservatorium wieder, das von 1891 an einen jährlichen städtischen Zuschuß von 2000 Mark erhielt[71]. Nach Pohls Tode im Jahre 1900 ist das Conservatorium 1903 eingegangen.

Die feste Verankerung der jüdischen Bürger in ihrer Heimatstadt zeigt sich auch darin, daß sie viele Stiftungen für soziale und kulturelle Zwecke errichtet haben. Die Stadt Mannheim veröffentlichte im Jahre 1913 eine Schrift über die ihr übergebenen größeren Stiftungen, die 47 weltliche Ortsstiftungen im Wert von ca. 8 Millionen Mark aufführt, von denen etwa die Hälfte von jüdischen Stiftern stammte. Bei den Stiftungen war jeweils bestimmt, daß die Erträgnisse ohne Rücksicht auf die Konfession verteilt werden sollten[72]. Aus der großen Anzahl von Stiftungen ragen vier als in Stein gehauene Zeugnisse echten Bürgersinns heraus: die Bernhard-Kahn-Lesehalle, die Kunsthalle, das Viktor-Lenel-Stift und das Herschelbad. Die Familie Kahn stiftete zur Erinnerung an Stadtrat Bernhard Kahn (1827-1905) 60 000 Mark zur Errichtung einer Bücherei, die in der Neckarstadt 1906 als erste Volksbücherei in Mannheim eröffnet wurde. Das Ehepaar Julius (1841-1895) und Henriette Aberle (1847-1901) stiftete durch Testament 200 000 Mark zur Errichtung einer Kunsthalle, die zum Stadtjubiläum 1907 ihre Pforten öffnete. Das Stiftungskapital war inzwischen auf 253 682 Mark angewachsen, so daß damit ein Drittel der Baukosten gedeckt werden konnte. Mannheim erhielt so eine Galerie moderner Kunst von internationalem Rang. Viktor Lenel stiftete zu seinem 70. Geburtstag am 18. Juni 1908 ein Kindererholungsheim in Neckargemünd, das 100 Kinder aufnehmen konnte. Das »Viktor-Lenel-Stift« wurde mit einem Bauaufwand von 147 162 Mark erstellt und am 15. Mai 1911 der Stadt übergeben. Bernhard Herschel vermachte der Stadt 500 000 Goldmark zur Errich-

---

69 Vgl. J. BRAHMS S. 12 ff.
70 Vgl. ebd. S. 20. Zu F. Hecht s. S. 97 f.
71 Vgl. VERWALTUNGSBERICHT DES STADTRATHES 1892-1894 Bd. 1, S. 368. Zum jüdischen Musikleben in Mannheim vgl. auch P. BOHLMANN.
72 Vgl. DIE DER STADT MANNHEIM ÜBERGEBENEN GRÖSSEREN STIFTUNGEN.

tung eines Hallenbades, das – durch den Ersten Weltkrieg verzögert – am 13. November 1920 eingeweiht wurde. Es war das erste Hallenbad der Stadt und blieb bis nach dem Zweiten Weltkrieg das einzige. Diese großen Stiftungen, die allen Mannheimern zugute kamen, beweisen die innere Verbindung der jüdischen Bürger mit ihrer Heimatstadt.

Die volle Einbeziehung in das städtische Leben führte zwangsläufig zu einer weitgehenden Assimilierung, die um die Jahrhundertwende eine Gegenbewegung auslöste, mit der eine Rückbesinnung auf das jüdische Erbe eingeleitet wurde. In der Satzung der im Todesjahr von August Lamey 1896 gegründeten »August-Lamey-Loge« heißt es: *Die August-Lamey-Loge hat den Zweck, die reinsten Grundsätze der Menschenliebe zur Geltung zu bringen, an den Kulturaufgaben unseres deutschen Vaterlandes tätig mitzuwirken, und durch die Pflege der unvergänglichen Ideale des Judentums deren Erhaltung und Kräftigung zu erstreben*[73]. In diesem Satz wird die Verbindung von Deutschtum und Judentum, die »deutsch-jüdische Symbiose« angesprochen, in der Liebe zum deutschen Vaterland und Festhalten an der jüdischen Tradition zu einem einmaligen geschichtlichen Phänomen geworden sind. In derselben Richtung, aber darüber hinaus von einem »jüdischen Volk« sprechend lesen wir in der Satzung der 1906 gegründeten »Jüdischen Frauenvereinigung«: *Der Verein erstrebt den Zusammenschluß jüdischer Frauen und Mädchen, die sich bewußt als Jüdinnen fühlen und an der Regeneration des jüdischen Volkes tätig Anteil nehmen wollen*[74].

Im Jahre 1900 entstand in Mannheim unter Leitung des 28jährigen Arztes Julius Moses ein zionistischer Kreis, der vor allem junge Akademiker anzog wie die Ärzte Dr. Felsenthal und Dr. Regensburger[75]. Kurz zuvor war der 25jährige Rabbiner Isak Unna[76] an die Klaus-Synagoge gekommen, wo er junge Menschen zu Diskussionsabenden sammelte, die auch mit dem zionistischen Kreis in Verbindung traten. Dieser erhielt überdies Zuzug von jüdischen Studenten aus Rußland, die an der Universität Heidelberg studierten.

Zu dieser Neubesinnung auf die unvergänglichen Werte des Judentums trug auch der Zustrom von Ostjuden bei, die nach den grausamen Progromen des Jahres 1903 von Rußland nach Deutschland und auch nach Mannheim geflohen waren. Hier bot sich ein reiches Betätigungsfeld für die »Jüdische Frauenvereinigung«, die am 4. Februar 1907 eine jüdische Kinderstube in K 7,12 eröffnete, die nach einer Erhöhung der Kinderzahl auf 80 im Jahre 1911 in eine größere Wohnung in G 7,20 umzog. Der Kinderstube wurde ein Kinderhort für die 6- bis 10jährigen angegliedert, und ab dem zehnten Lebensjahr ein Jugendhort in Zusammenarbeit mit dem Schwesternbund »Caritas« der »August-Lamey-Loge«. Die Hortkinder kamen nach der Schule zum Mittagessen und blieben, wenn sie nachmittags frei hatten, im Hort. Von 1908 bis 1915 wurden etwa 114 Kinder jährlich betreut[77]. Die Flüchtlinge griffen auch zur Selbsthilfe und gründeten 1907 den »Israelitischen Darlehensverein«, dessen Mitglieder Geschäftsinhaber werden konnten, die *im Falle vorüber-*

---

[73] VR XI, 32.
[74] VR III, 36.
[75] Vgl. R. STRAUS S. 100. Zu J. Moses s. S. 127 f.
[76] Zur Biographie s. S. 139 ff.
[77] Vgl. J. GOLDBERG S. 70.

gehender Bedürftigkeit ein unverzinsliches Darlehen im Höchstbetrag von 100 Mark erhalten können[78]. Der Verein wurde 1920 aufgelöst. Mehrere ostjüdische Vereine entstanden, um traditionelle Gottesdienste abzuhalten und die Mitglieder durch Vorträge über religiöse und praktische Fragen zu fördern. Um die religiöse Tradition auch bei der Jugend zu erhalten, wurde 1904 der »Verein zur Förderung des israelitischen Religionsunterrichts in Mannheim« gegründet, in dessen Satzung es heißt: *Sein Zweck ist, die Ausbildung der israelitischen Jugend in Mannheim nach den Grundsätzen der streng religiösen traditionellen Richtung zu ermöglichen*[79]. Der Verein hatte 67 Schüler im Jahre 1907 zu betreuen, von denen 13 vom Schulgeld befreit waren. Die Ostjuden blieben in diesen Vereinen, die zur Pflege ihrer Tradition entstanden waren, unter sich, aber sie wirkten insoweit auf ihre liberale jüdische Umwelt ein, als diese durch die stärkere Bindung der Ostjuden an die überlieferte Religion manche Anregungen erhielt.

Andererseits gab der Zustrom der Ostjuden dem Ende des 19. Jh.s aufgekommenen Antisemitismus rassischer Prägung weiteren Auftrieb; aber es sammelten sich dagegen auch Abwehrkräfte. Schon im Jahre 1893 war in Karlsruhe die »Vereinigung badischer Israeliten« gegründet worden, die sich 1908 als Landesverband Baden dem »Centralverein deutscher Staatsbürger jüdischen Glaubens« in Berlin anschloß, der auch in Mannheim viele Mitglieder gewann. So waren fruchtbare Ansätze zur Regeneration des deutschen Judentums geschaffen, als 1914 der Erste Weltkrieg ausbrach, der auch viele hoffnungsvolle junge Männer der Mannheimer jüdischen Gemeinde hinwegraffte. Unter den 549 badischen Juden, die im Ersten Weltkrieg fielen, waren 135 Mannheimer.

Der Zusammenbruch von 1918 und das damit verbundene Ende der volkstümlichen badischen Monarchie erschütterte die badischen Juden zutiefst, hatten sie doch durch die tolerante Haltung des großherzoglichen Hauses ein höheres Maß von Gleichberechtigung in Staat und Gesellschaft als in anderen deutschen Ländern erhalten. Die große Zeit des wirtschaftlichen und kulturellen Aufschwungs Mannheims, die durch die Folgen des Ersten Weltkrieges jäh abgebrochen wurde, war auch die Zeit der vollen Entfaltung des jüdischen Bürgertums, das zu einem untrennbaren Bestandteil der Stadt geworden war. Friedrich Walter faßt die Bedeutung des jüdischen Bevölkerungsteils für Mannheim in überzeugender Weise zusammen: *Trotz des geringen Anteils an der Gesamtbevölkerung (volkszählungsmäßig rund 3 Prozent) ist das Judentum aus dem Aufstieg dieser Stadt, aus ihrer Physiognomie nicht hinwegzudenken. Sein Unternehmungsgeist, seine der guten Mischung des Pfälzertums verwandte Beweglichkeit und Sensibilität, seine Aufgeschlossenheit, Heimatverbundenheit, sein Kunstsinn und seine Opferfreudigkeit haben im Zusammenwirken mit den christlichen Mitbürgern an der Pflege und Prägung des Stadtgeistes tätig mitgearbeitet*[80].

---

78 GLA 276/256.
79 VR II, 34.
80 F. Walter (1952) S. 23 f.

1.3. Die Zeit der Weimarer Republik (1919–1933)

Die demokratische Verfassung der Weimarer Republik führte zu einer völligen Trennung der Religionsgemeinschaften vom Staat, wodurch auch bisherige Mitwirkungsrechte der Regierung bei der Ernennung von Rabbinern und Mitgliedern des Oberrats der Israeliten wegfielen. Andererseits brachte die Not der Nachkriegszeit und die mangelnde Einsicht in die wirklichen Ursachen des verlorenen Krieges viele dazu, in den »Juden, Marxisten und Freimaurern« die Schuldigen zu erblicken. Gleichzeitig strömten jüdische Flüchtlinge aus Rußland und Polen in das von Krieg und Revolution erschütterte Deutschland, wo sie dem Antisemitismus weitere Nahrung gaben. Die jüdischen Gemeinden gaben sich alle Mühe, diesen Flüchtlingsstrom in geordnete Bahnen zu lenken. Das in Berlin gegründete Arbeiterfürsorgeamt der ostjüdischen Organisationen schuf 18 Regionalstellen in Deutschland, um die örtliche Ostjudenfürsorge nach einheitlichen Grundsätzen durchführen zu können[1]. Die einzige badische Arbeiterfürsorgestelle befand sich in Mannheim, deren doppelte Aufgabe es war, den Flüchtlingen, die in andere Länder strebten, Ausweise zu beschaffen und übergangsweise zu helfen und denen, die hier bleiben wollten, Arbeit zu vermitteln. Rosenthal berichtet: *Im Sommer (1921) waren über 150 Flüchtlinge bei Landwirten beschäftigt. Der Bürgermeister einer pfälzischen Landgemeinde erschien persönlich bei der Fürsorgestelle, um sich jüdische Landarbeiter zu holen, weil er mit den bereits vorhandenen außerordentlich zufrieden war*[2]. Diese vom Schicksal schwer getroffenen Menschen bewiesen durch die Tat, daß sie zu harter Arbeit fähig und willens waren.

Wie vor dem Krieg schufen sich die Flüchtlinge auch Selbsthilfeorganisationen. Am 23. März 1918 wurde der »Verein ostjüdischer Frauen« gegründet, der sich der Krankenfürsorge und Wöchnerinnenhilfe widmete und in Not geratene Familien unterstützte[3]. Im Jahre 1927, als der Verein 90 Mitglieder zählte, wurden 120 Familien bzw. Einzelpersonen unterstützt, wobei sich die Einnahmen des Vereins in diesem Jahr nur auf 1260 RM beliefen[4]. Diese durch die geringen Mittel begrenzte Hilfe konnte durch die »Jüdische Frauenvereinigung«, deren Mitglieder vielfach aus wohlhabenden Familien stammten, entsprechend ergänzt werden. Zur allgemeinen Interessenvertretung der Ostjuden war am 20. Oktober 1919 die »Vereinigung der Ostjuden in Mannheim« geschaffen worden[5]. Die Klaus-Synagoge erhielt durch die aus orthodoxer Tradition kommenden Ostjuden erheblichen Zuzug. Ostjüdische Dozenten und Studenten verstärkten die vom Rabbiner Unna geleitete Yeshiva, einer Schule zum Studium der Thora und anderer jüdischer Schriften. Viele Kinder traten zionistischen Jugendverbänden bei, die sich in der alten Gemeinde nur langsam durchsetzten. Zusammenfassend kann man feststellen, daß die zugewanderten Ostjuden zur Vertiefung des religiösen Lebens der Gemeinde beitrugen.

---

1 Vgl. S. ADLER-RUDEL (1959) S. 78.
2 B. ROSENTHAL (1927) S. 434.
3 Vgl. VR VI, 38.
4 Vgl. IGB 20. 4. 1928, S. 13.
5 Vgl. VR VII, 44.

Die antisemitische Propaganda der Nachkriegszeit richtete sich nicht nur gegen die Ostjuden, sondern verleumdete auch die alteingesessenen Juden als »Drückeberger« im Krieg. Zur Abwehr dieser Angriffe entstand der »Reichsbund jüdischer Frontsoldaten«, dessen Mannheimer Ortsgruppe am 8. Juni 1920 gegründet wurde. In der Satzung heißt es: *Der Verein bezweckt den Zusammenschluß der jüdischen Frontsoldaten Mannheims und Umgebung zur gemeinsamen Abwehr aller Angriffe, welche nachweisen wollen, daß die deutschen Juden die Pflicht zur Landesverteidigung nicht recht erfüllt haben*[6]. In der Vorhalle der Hauptsynagoge wurden am 20. März 1921 zwei Gedenktafeln für die 135 Söhne der Gemeinde eingeweiht, die ihr Leben für das Vaterland dahingegeben hatten. Als vor den Reichstagswahlen vom 3. Mai 1924 die antisemitische Hetze wieder auflebte, erließ der »Reichsbund jüdischer Frontsoldaten« einen Aufruf, der mit den Worten schloß: *Wir jüdischen Frontsoldaten aber, die wir im Kampfe um die deutsche Heimat mutig dem Tod ins Auge geschaut, stehen allen rohen Haßausbrüchen zum Trotze in nie wankender Treue zum deutschen Vaterland und seinem Schicksal*[7]. Ein entsprechender Aufruf des »Centralvereins deutscher Staatsbürger jüdischen Glaubens« wurde in den Zeitungen veröffentlicht und an allen Plakatsäulen angebracht[8].

Die Gemeinde beschränkte sich aber nicht nur auf die Abwehr verleumderischer Angriffe, sondern setzte die schon vor dem Krieg begonnene Rückbesinnung auf die eigene Tradition fort. So wurde 1920 der Hebräischunterricht als Pflichtfach des israelitischen Religionsunterrichts an allen Schulen wieder eingeführt. Daneben wurde die hebräische Schule der Lemle Moses Klaus-Stiftung weitergeführt und ausgebaut, um die Kenntnisse des Hebräischen zu erweitern und Bibelkunde zu unterrichten. Dazu wurde 1925 als hauptamtlicher Lehrer Rabbiner Chaim Lauer (1880–1945) aus Biel (Schweiz) berufen, der in Basel und am Rabbinerseminar in Berlin studiert hatte. Seit 1922 erschien monatlich das »Israelitische Gemeindeblatt«, das neben aktuellen Berichten viele historische Aufsätze enthielt, um damit den Mitgliedern der Gemeinde ein Bewußtsein der historischen Kontinuität zu geben. Im Jahre 1925 entstand ein Mittelpunkt für das Gemeindeleben durch den Ankauf einer Villa in M 6, die zu einem Gemeindehaus umgebaut wurde, in dem sich ein Sitzungssaal, eine Bibliothek mit Lesesaal und Räume für die Gemeindejugend und Vereine befanden. In demselben Jahr wurde Max Grünewald[9] zum Jugendrabbiner bestellt, um die junge Generation stärker in das Leben der Gemeinde einzubeziehen.

Der jüdische Bevölkerungsanteil Mannheims entwickelte sich von 1910 bis 1933 rückläufig.

---

6 VR VIII, 45.
7 Mannheimer General-Anzeiger Nr. 206 vom 3. 5. 1924.
8 Vgl. Mannheim in Plakaten S. 61.
9 Zur Biographie s. S. 93f.

Jahr	Einwohner insgesamt	Juden	Anteil der Juden in %
1910	193 928	6 474	3,3
1925	247 486	6 972	2,8
1933	275 162	6 402	2,3

Tabelle 3: Die Entwicklung der jüdischen Bevölkerung Mannheims von 1910 bis 1933

Die absolute Zahl war zwar bis 1925 durch Zuwanderung aus Osteuropa und vom Land sowie einen kleinen Geburtenüberschuß auf den höchsten Stand seit Bestehen der Gemeinde angewachsen, ging jedoch bis 1933 wieder etwa auf den Wert von 1910 zurück, was durch Sterbeüberschüsse, Mischehen und Abwanderungen seit der Wirtschaftskrise von 1929 verursacht war. Der relative Anteil sank in dem ganzen Zeitraum, zumal durch die Eingemeindungen von Orten, die kaum jüdische Einwohner hatten wie Friedrichsfeld, Rheinau, Sandhofen, Seckenheim und Wallstadt, die Einwohnerzahl der Stadt stark angewachsen war. Dazu kam, daß die jüdische Gemeinde seit 1926 einen jährlich zunehmenden Sterbeüberschuß zu verzeichnen hatte. Während 1925 noch 98 Geburten 87 Sterbefällen gegenüberstanden, sank die Geburtenzahl 1926 auf 82 ab, während die Sterbefälle auf 89 anstiegen. Im Jahre 1932 betrug das Verhältnis nur noch 26 Geburten gegenüber 92 Sterbefällen. Im Jahre 1933 machten die Kinder unter 15 Jahren bei der Gesamtbevölkerung 24%, bei den Juden aber nur 14,6% aus; dagegen waren 15,4% von ihnen, aber nur 5,9% aller Mannheimer über 60 Jahre alt[11].

Diese Entwicklung wurde von der Gemeinde mit Sorge beobachtet, die sie mit allen großstädtischen jüdischen Gemeinden in Deutschland teilte[12]. Die Ursache war zunächst die soziale Schichtung der jüdischen Bevölkerung, die überwiegend der Mittel- und Oberschicht angehörte, wo auch in christlichen Familien die Kinderzahl beschränkt war. Eine besonders negative Rolle für die Entwicklung der jüdischen Gemeinde spielte zusätzlich die zunehmende Zahl der Mischehen, wie sie in ganz Deutschland festzustellen war. Bei der Volkszählung 1925 kamen in Mannheim auf 2113 bestehende Ehen jüdischer Bürger nur 183 Mischehen (8,6%). Von den im Jahre 1925 geschlossenen 51 Ehen mit jüdischen Partnern waren 14 (27%) Mischehen; im Jahre 1928 machte ihr Anteil bereits 35% (16 von 46) aus[13]. In den 1925 bestehenden 183 Mischehen wurden 191 Kinder geboren, von denen nur ein Fünftel im jüdischen Glauben erzogen wurde, was dem allgemeinen Prozentsatz in Deutschland entsprach[14]. So trat für die Gemeinde ein doppelter Verlust durch die Mischehen ein: Es wurden aufgrund der überwiegenden Zugehörigkeit zu gehobenen Gesellschaftsschichten weniger Kinder geboren und nur ein geringer Teil

---

10 Quelle: AMTLICHE KREISBESCHREIBUNG Bd. 3, S. 214. Die nationalsozialistische Machtergreifung war für das Ergebnis der Volkszählung vom 16. 6. 1933 noch ohne Bedeutung, da bis zu diesem Zeitpunkt nur wenige politisch gefährdete Juden emigriert waren.
11 Vgl. S. BRUCHSALER S. 5.
12 Vgl. F. A. THEILHABER S. 31.
13 Vgl. H. ST. S. 8.
14 Vgl. F. A. THEILHABER S. 8.

dieser Kinder im jüdischen Glauben erzogen. Was die soziale Stellung der jüdischen Männer in den Mischehen betrifft, ist auffallend, daß sich 58 von 98 in gehobener kaufmännischer Position befanden. Dazu gibt der bereits angeführte Aufsatz im »Israelitischen Gemeindeblatt« eine für die damalige Zeitströmung einleuchtende Begründung: *Wenn die soziale Sicherheit erreicht ist, ist die Mischehe dann nur noch eine religiöse, aber keine soziale Mesalliance mehr. Im Gegenteil, mit der Propagierung der Mischehe als Heilmittel zur Lösung der Judenfrage wird man sie in vielen Kreisen als Aufstiegsmöglichkeit nach der anderen Seite hin empfinden*[15].

So brachte es die in der Weimarer Republik voll verwirklichte rechtliche und wachsende gesellschaftliche Gleichberechtigung auch mit sich, daß die Zahl der Mischehen zunahm und damit weniger Kinder im jüdischen Glauben erzogen wurden. Gleichzeitig verbesserten sich die sozialen Aufstiegsmöglichkeiten. Die Grundlage der Gemeinde bildete zwar wie früher die breite Schicht der Kaufleute und Unternehmer, aber die Zahl der Akademiker stieg an. Die Kinder, die um die Jahrhundertwende das Gymnasium besucht und studiert hatten, wuchsen jetzt in verantwortliche Positionen hinein. Dabei standen die freien Berufe nach wie vor im Vordergrund: Im Jahre 1933 waren in Mannheim etwa ein Drittel der Ärzte, ein Fünftel der Zahnärzte und etwa die Hälfte der Rechtsanwälte jüdischer Herkunft, wobei nur wenige aus der jüdischen Gemeinde ausgeschieden waren. Aber auch der Staatsdienst nahm jetzt Juden auf und die Zahl der jüdischen Richter wurde größer. Im Jahre 1933 waren in Mannheim 13 Richter jüdischer Herkunft, darunter der Landgerichtspräsident H. Wetzlar und drei Landgerichtsdirektoren[16]. Zur Stadtverwaltung kam 1919 der aus Straßburg stammende Landrichter Jonas Loeb (1879–1942) als Stadtrechtsrat (später Beigeordneter) für das Grundstückswesen. Im Jahre 1922 wurde der zum evangelischen Glauben übergetretene Mannheimer Arztsohn Fritz Cahn-Garnier[17] Stadtsyndikus. In den Städtischen Krankenanstalten war von 1910 bis zu seinem Tode 1928 der jüdische Mediziner und Chemiker Ernst Josef Lesser Vorstand des Zentrallaboratoriums; sein Nachfolger wurde Walter S. Loewe (1884–1963), der, gleichfalls jüdischer Abkunft, vorher Professor für Pharmakologie an der Universität Dorpat war[18]. Der Anteil der jüdischen Schüler an den höheren Schulen lag auch in der Weimarer Zeit um das Drei- bis Vierfache über dem jüdischen Bevölkerungsanteil. So hatte das Gymnasium im Schuljahr 1932/33 unter 475 Schülern 43 (9,1%), die Elisabethschule unter 586 Schülerinnen 51 (8,7%) jüdische[19].

Die Zusammensetzung der jüdischen Gemeindevertretung, die nach der Neuordnung des Gemeindewahlrechts am 4. Dezember 1927 gewählt wurde, war ein Spiegelbild der beruflichen Gliederung der jüdischen Gemeinde Mannheims. Die

---

15 H. St. S. 6.
16 Vgl. H. Marx. Zu H. Wetzlar s. S. 144 f.
17 Cahn-Garnier (1889–1949) wurde 1933 zwangsweise in den Ruhestand versetzt. Wegen seiner christlichen Ehefrau blieb er von der Deportation verschont. Sofort nach Kriegsende trat er sein Amt als Stadtsyndikus wieder an. Am 1.1.1946 wurde er Finanzminister des Landes Württemberg-Baden; am 1.2.1948 wählten ihn die Mannheimer bei der ersten Volkswahl zum Oberbürgermeister der Stadt. An einem Herzversagen starb er am 8.6.1949.
18 Vgl. I. A. Loewe. Zu E. J. Lesser s. S. 121 f.
19 Vgl. StA Mannheim D 9–3, I Schulen.

meisten der auf sechs Jahre gewählten 40 Gemeindevertreter waren Kaufleute oder Unternehmer, wozu vier Ärzte und vier Rechtsanwälte kamen[20]. Auch zwei Frauen gelangten erstmals in die Gemeindevertretung, während sie noch nicht in den Synagogenrat gewählt werden konnten. Der Vorsitzende des aus zehn Mitgliedern bestehenden Synagogenrats und damit zugleich der Gemeinde blieb Prof. Moses[21], der dieses Amt 1923 als Nachfolger von Max Goldschmidt übernommen hatte.

Die Inflationszeit 1922/23 führte zu einer Verarmung des Mittelstandes, dem viele Mitglieder der jüdischen Gemeinde angehörten. Während sie vor dem Krieg zu den Spendern für Wohlfahrtseinrichtungen gehörten, fanden sie sich jetzt mit innerem Widerstreben in der Rolle der Almosenempfänger. Ein auf Anregung des Schwesternbundes »Caritas« zusammengetretener Frauenausschuß sammelte Geld und Lebensmittel, um den Notleidenden zu helfen. Die im Krieg von dem »Verein zur Speisung ortsfremder israelitischer Armer« und der »Jüdischen Frauenvereinigung« eingerichtete rituelle Küche wurde nach dem Krieg als Mittelstandsküche weitergeführt. Außerdem richtete die »Jüdische Frauenvereinigung« eine Medizinalhilfe für verarmte Angehörige des Mittelstandes ein.

Bei dem Anwachsen der Notstände in der Nachkriegs- und Inflationszeit zeigte sich, daß die vielseitige Arbeit der Wohltätigkeitsvereine dringend einer Koordinierung bedurfte. So wurde am 1. Oktober 1926 das »Jüdische Wohlfahrts- und Jugendamt« geschaffen, das unter der umsichtigen Leitung von Mia Neter (1893 bis 1976) stand. In seinem ersten Jahresbericht äußert sich das Amt über seine Zusammenarbeit mit den freien Wohlfahrtsvereinigungen: *Da das neue Amt seine Aufgabe darin erblickte, die Vereinsarbeit nicht durch die Neuschaffung bereits vorhandener Fürsorgezweige zu unterbinden, sondern die Tätigkeit der Vereine in ihrer bisherigen Selbständigkeit zu erhalten, war sein Streben darauf gerichtet, die vereinsmäßig betriebene Wohlfahrtspflege in der Richtung der Konzentration auf ganz bestimmte Gebiete zu beeinflussen*[22]. Das Prinzip der Subsidiarität galt somit für das neu errichtete Amt, das auch schon den Grundsatz der Familienfürsorge einführte: *In erster Linie sind es die beamteten Kräfte, die diese häusliche Fürsorge ausüben, und zwar gestattet es die Größe des Wirkungskreises gerade noch, Innen- und Außenfürsorge so miteinander zu vereinigen, daß die büromäßige Behandlung des Einzelfalles und die häusliche Betreuung der gleichen Familie in der Hand einer Fürsorgekraft vereinigt werden konnte*[23]. Das Amt wurde vor allem von ehrenamtlichen Kräften getragen, so daß es mit drei beamteten Kräften auskam.

Im Frühjahr 1928 standen 228 Familien in seiner Fürsorge, davon 96 ausländische Familien. Da die Ausländer nach der damaligen Rechtslage nur sehr beschränkt öffentliche Fürsorge erhielten, mußte das jüdische Amt häufig die ganze Last allein tragen. Auch die Jugendfürsorge erstreckte sich hauptsächlich auf ausländische Jugendliche, auf die das Reichsjugendwohlfahrtsgesetz keine Anwendung fand. Diese – meist ostjüdischen – Jugendlichen lebten in dürftigen Wohnverhältnissen, so daß mehr als die Hälfte kein eigenes Bett hatte. Nach Ausbruch der Wirtschaftskrise stieg im Jahre 1930 die Gesamtzahl der vom jüdischen Wohlfahrtsamt betreu-

---

20 Vgl. IGB 16.12.1927, S. 12.
21 Zur Biographie s. S. 127f.
22 IGB 20.4.1928, S. 1.
23 IGB 20.4.1928, S. 5.

ten Familien auf 370 an und damit auf etwa ein Sechstel aller in Mannheim lebenden jüdischen Familien. Erschwerend wirkte sich jetzt die berufliche Zusammensetzung der Mitglieder der Gemeinde aus, die zum größten Teil aus Selbständigen bestand, die in der Krise mit ihrem Geschäft ihre Existenzgrundlage verloren. Während der arbeitslose Arbeitnehmer noch eine gewisse Sicherung in der Arbeitslosenunterstützung fand, fiel der Selbständige unmittelbar der Wohlfahrt zur Last. Besonders hart wurden die Jugendlichen aus diesen Familien betroffen: *Für die Jugendlichen entstehen durch die veränderte wirtschaftliche Lage des Elternhauses psychisch oftmals schwerwiegende Konflikte. Die Jugendlichen sind in einer äußerlich gesichert scheinenden Umgebung aufgewachsen. Die wirkliche soziale Situation kommt ihnen mit dem Eintritt ins erwerbsfähige Alter erst deutlich zum Bewußtsein. Es fehlen fast immer die Möglichkeiten, um sie beruflich einer Zeit und Geld kostenden Ausbildung zuzuführen oder sie in Geschäfte zu bringen, wo sie nach Absolvierung einer Lehre einigermaßen eine Aussicht auf eine Entwicklung haben*[24]. Es wurde daher die Einrichtung einer eigenen jüdischen Berufsberatung notwendig, die von dieser besonders schwierigen Lebenssituation ausging.

So wirkte das Wohlfahrtsamt mit den privaten jüdischen Vereinen zusammen, um gemeinsam in der schweren Wirtschaftskrise helfend einzugreifen. Daß dabei die überkommene Wohltätigkeitsarbeit der Vereine nicht eingeschränkt wurde, ergibt sich schon daraus, daß die betreffenden Vereine 1931 fast dieselbe Summe aufgewandt haben wie das Wohlfahrtsamt (62 700 RM gegenüber 65 564 RM)[25]. In einer Würdigung der Arbeit der freien Wohlfahrtsverbände schreibt Sozialbürgermeister Richard Böttger (1873–1957): *Die israelische Liebestätigkeit blickt auf eine vielhundertjährige Arbeit zurück. Durch die Zeitverhältnisse genötigt, hat auch sie zu einem organisatorischen Zusammenschluß gefunden, an deren Spitze eine von kluger und sachkundiger Hand geleitete Geschäftsstelle steht, die bereits auf sehr beachtliche Erfolge zurückblicken kann*[26].

Ebenso wie die Jugendlichen nahmen aber auch die hilfsbedürftigen Alten das jüdische Wohlfahrtsamt zunehmend in Anspruch, wobei sich die fortschreitende Überalterung der Gemeinde bemerkbar machte. So wurde die Einrichtung eines Altersheimes dringend, zumal der verarmte Mittelstand nicht mehr in der Lage war, für die Alten zu sorgen und sie innerhalb der Familie unterzubringen. Aufgrund einer großen finanziellen Anstrengung der Gemeinde wurde das neue Altersheim mit 52 Betten in 48 Zimmern erbaut und am 9. April 1931 eingeweiht[27].

Ein Jahr zuvor war ein Umbau der Klaus-Synagoge durchgeführt worden, wodurch die Platzzahl von 230 auf 500 erhöht wurde. Bei der Einweihung am 6. März 1930 knüpfte Stadtrabbiner Oppenheim an die Worte des Propheten Jeremia an: *Suchet das Wohl der Stadt und betet für sie zu Gott, denn in ihrem Wohl liegt auch euer Wohl* (Jer. 29, 7). In der damaligen Zeit des wiederaufkommenden Antisemitismus fügte er noch hinzu: *Andererseits möchten wir den Vertretern der öffentlichen Gewalten die Bitte mitgeben, diesen Bau in ihren Schutz zu nehmen, der heute in einer Zeit wilder Gärung und böswilliger Verhetzung gerade die jüdischen Weihestätten ganz besonders bedürfen*[28].

---

24 H. Eppstein S. 12.
25 Vgl. IGB 22. 9. 1932, S. 19.
26 R. Böttger (1930).
27 Vgl. IGB 27. 3. 1931 (Sonderausgabe), S. 2.
28 IGB 27. 3. 1930, S. 19.

Auf diese schwere ihr bevorstehende Zeit war die Gemeinde, solange noch mit geistigen Waffen gekämpft wurde, gut vorbereitet. Auf Initiative von Jugendrabbiner Grünewald war 1929 das Lehrhaus nach dem Frankfurter Vorbild errichtet worden. Es sollte der Besinnung der Gemeinde auf ihre geistigen und religiösen Grundlagen dienen und gleichzeitig den sozialen und religiösen Problemen der Zeit Rechnung tragen. Die Arbeitsweise sollte seminaristisch sein und durch öffentliche Vorträge ergänzt werden. Für das Lehrhaus wurde ein Kuratorium von 10 Mitgliedern berufen, dessen Leitung der Vorsitzende des Synagogenrats Prof. Moses übernahm, so daß die organisatorische Verbindung zur Gemeinde gesichert war[29]. Das Lehrhaus wurde vor allem von der in Bünden organisierten Jugend besucht. Jugendrabbiner Grünewald berichtet: *In den Kursen und Seminaren vollzieht sich das, was wir im guten Sinne als Zellenbildung bezeichnen, die Bildung eines Kerns, dessen Menschen ihre jüdische Haltung und Einstellung aus Gründen bestimmen wollen*[30]. Im Lehrhaus fand auch eine Begegnung mit dem Christentum statt, was damals noch ein einmaliger Vorgang war. Im Winter 1931/32 leitete der Heidelberger Stadtpfarrer Hermann Maas (1877–1970) seinen Vortrag über *Religion und Weltpolitik* mit den Worten Martin Bubers ein: *Leben heißt sich begegnen*, und fügte hinzu: *Ich bewundere die Größe Ihres Entschlusses, auch andere Religionen gerade in den wüstesten Zeiten des Hasses und der Verleumdung zu Worte kommen zu lassen. Für mich sind die Zäune zu Ihnen längst niedergerissen*[31].

So wurde das Lehrhaus zu einem geistigen Mittelpunkt der Gemeinde, der ihr in der späteren Zeit der Verfolgung einen inneren Halt geben sollte. Demselben Ziel diente die Jugendgemeinde, von der Jugendrabbiner Grünewald schreibt: *Die Jugendgemeinde umfaßt ihrem Begriff nach die gesamte Gemeindejugend. Damit unterscheidet sie sich grundsätzlich von allen jüdischen Jugendbünden und Vereinen, die einer gewissen Exklusivität nicht entraten können. Die Jugendgemeinde erkennt die Gemeinde als die Urzelle des jüdischen Lebens*[32]. Aktive Mitarbeiter fand die Jugendgemeinde vor allem in den Schülern der oberen Klassen, die sich in Arbeitsgemeinschaften literarischer und religionsphilosophischer Art zusammenfanden. Dazu gehörte aber auch die Mitwirkung im Jugendgottesdienst, wozu Grünewald bemerkt: *Nur der Jugendgottesdienst trägt seinen Namen mit Recht, in dem die Jugend vom Anfang bis zum Ende mitwirkt*[33]. In die Öffentlichkeit trat die Jugendgemeinde mit ihrem Sprechchor, der am 21. Mai 1928 ein »Requiem des Krieges« veranstaltete, in dem neben dem Propheten Jesaja moderne Dichter wie Bert Brecht, Ilja Ehrenburg und Kurt Tucholsky zu Worte kamen[34]. Nach sechs Jahren Jugendgemeinde kommt Grünewald zu einem positiven Ergebnis: *Vermöge dieser Dauer können wir mehr als irgendein Bund die Kontinuität unseres Jugendlebens in unserer Gemeinde garantieren. So geht auch ein persönlich verbindender Zug durch das bündische Leben, das den Austausch von persönlichen und sachlichen Erfahrungen erleichtert*[35]. Diese Aussage wird durch Berichte ehemaliger Angehöriger der

---

29 Vgl. Das Lehrhaus. Beilage zum IGB 1930, S. 1.
30 IGB 19. 5. 1931, S. 7.
31 IGB 18. 12. 1931, S. 8.
32 Die Jugendgemeinde. Beilage zum IGB 24. 11. 1925, S. 1.
33 Ebd. 25. 2. 1926, S. 1.
34 Vgl. ebd. 9. 5. 1928, S. 1.
35 IGB 4. 12. 1931, S. 13.

Bünde bestätigt, wonach bei bewußter Wahrung der Selbständigkeit der Bünde ein gutes Verhältnis zu der Jugendgemeinde bestand.

Schon vor dem Ersten Weltkrieg war in Mannheim eine vielfältige jüdische Jugendbewegung entstanden, die vor allem von zionistischen Gruppen getragen wurde[36]. Zu den zionistisch-sozialistischen Gruppen gehörten Haschomer Hatzair (Der junge Wächter) und Brith Haloim (Bund der Aufsteigenden), der sich in Mannheim »Jung-Jüdischer Wanderbund« nannte (JJWB). In der Beschreibung seiner Ziele heißt es: *Welches sind die Fundamente der neuen jüdischen Gemeinschaft? Der erste und entscheidende Faktor ist die freie Arbeit... Diese freie Arbeit bedeutet Zionismus, sie bedeutet Sozialismus. Zionismus und Sozialismus als untrennbare organische Einheit*[37]. Der JJWB stand unter dem Einfluß des deutschen Wandervogels, so daß Fahrten und Gesang im Mittelpunkt der Gruppenarbeit standen. Dabei wurden auch hebräische und jiddische Volkslieder gesungen, zumal überwiegend Jugendliche aus ostjüdischen Familien dem JJWB angehörten. Das Leben dieser jungen Menschen wurde zwar in den Formen der deutschen Jugendbewegung gestaltet, aber der Inhalt war zionistisch-sozialistisch bestimmt, so daß das Ziel die gemeinsame Aufbauarbeit im Kibbuz in Palästina war. Der Turn- und Sportverein »Bar Kochba«, der dem Makabi-Weltverband angehörte, war nicht nur ein Verein zur körperlichen Ertüchtigung, sondern strebte auch die geistige Erneuerung des jungen jüdischen Sportlers an. Die Vereinsaufgaben werden so beschrieben: *Nur in der Erfassung des ganzen Menschen kann der Makabi sein Ziel erblicken, und nur aus der Teilnahme an der Regenerationsbewegung unseres Volkes kann der Makabi seine Kraft schöpfen*[38].

Demgegenüber ist der Bund »Kameraden« mehr ein Kind seiner Zeit, der bewegten Jahre der Weimarer Republik, in der die gegensätzlichen Standpunkte aufeinanderprallten: *Deutschjüdisch umfaßt bei den Kameraden fast alle Richtungen des deutschen Judentums, von radikalen Assimilanten bis zu Zionisten (wenn auch die Assimilanten zahlreicher sind), von Gegnern jeder Religiosität bis zu religiös stark Gebundenen*[39]. Diese widerstrebenden Auffassungen wurden dadurch zusammengehalten, daß sich der Bund als eine Gemeinschaft im Sinne der deutschen Jugendbewegung fühlte. Die Mannheimer Gruppe unternahm große Fahrten in Deutschland und ins Ausland, die bis nach Ungarn und in die Hohe Tatra führten. Das geistige Leben war von den sozialistischen Ideen der Zeit beeinflußt, aber auch von der religiösen Erneuerungsbewegung, so daß man sich ebenso mit Karl Marx wie mit Martin Buber beschäftigte. Eine Jugendgruppe des »Centralvereins deutscher Staatsbürger jüdischen Glaubens« wurde erst 1930 im Abwehrkampf gegen den wachsenden Antisemitismus gegründet. Die Jugendlichen fühlten sich als Deutsche, die für volle gesellschaftliche Gleichberechtigung eintraten. Die Gruppe nahm sich auch sozialer Aufgaben an, indem sie z. B. im Jahre 1931 eine Sammlung für notleidende Mitglieder der Gemeinde durchführte. Zusammenfassend läßt sich feststellen, daß in Mannheim eine den Problemen der Zeit aufgeschlossene jüdische Jugendbewegung

---

[36] Eine Zusammenstellung findet sich in IGB 4. 12. 1931, S. 4–12. Darauf und auf die Berichte ehemaliger Mitglieder stützt sich die folgende Darstellung.
[37] IGB 4. 12. 1931, S. 7.
[38] Ebd. S. 5.
[39] Ebd. S. 11.

existierte, in der – im Gegensatz zu den Erwachsenen – die bewußt jüdischen Bünde die stärkeren waren.

Das gesellige Leben der erwachsenen Juden spielte sich auch in der Weimarer Zeit hauptsächlich in den eigenen geselligen Vereinen ab. Neben den Freimaurerlogen blieb die Ressourcegesellschaft ein Mittelpunkt des gesellschaftlichen Lebens der jüdischen Bevölkerung. Aus der Festschrift zu ihrem 100jährigen Bestehen im Jahre 1929 ersehen wir, daß ihre Bibliothek damals auf 6 400 Bände angewachsen war. Es findet sich aber auch folgender für die damalige Zeit kennzeichnender Satz: *Nachlassen der Geselligkeit, hervorgerufen durch die intensivere Arbeit infolge des verlorenen Krieges*[40].

Die Folgen des Ersten Weltkrieges trafen die Mannheimer Wirtschaft besonders hart, da durch die Abtretung Elsaß-Lothringens und des Saargebietes sowie durch die Besetzung der Pfalz wertvolles Hinterland verloren ging. Durch die Regulierung des Oberrheins hatte Mannheim schon vor dem Krieg seine Bedeutung als Umschlagplatz teilweise eingebüßt, und nach dem Krieg wurde der Hafen Straßburg von der französischen Regierung so stark ausgebaut, daß er 1928 schon fast den Mannheimer Umschlag erreichte. Der weltumspannende Großhandel Mannheims, der schon zu Anfang des Jahrhunderts Einbußen erlitten hatte, ging weiter zurück, wovon vor allem die Firmen des Getreide-, Hopfen- und Tabakhandels betroffen waren, die sich vorwiegend in jüdischer Hand befanden. Die 1908 von dem jüdischen Kaufmann Hermann Hecht[41] gegründete »Rhenania Schiffahrts- und Speditionsgesellschaft« verlor außer Schiffen noch ihre Speicher in Straßburg und Antwerpen. Der vielseitige jüdische Einzelhandel und die großen Warenhäuser von Kander, Schmoller und Wronker blühten nach der Inflation wieder auf; Michael Rothschild (1865–1943) baute 1929 sein Warenhaus großzügig um und erweiterte die Verkaufsfläche wesentlich. Rothschild war schon seit 1907 Vorsitzender des Einzelhandelsausschusses der Handelskammer und wurde 1920 zweiter Vizepräsident. In demselben Jahre wurde der Fabrikant Richard Lenel zum Präsidenten der Handelskammer gewählt[42].

Die schon anfangs des Jahrhunderts einsetzende Konzentration der Banken setzte sich nach Krieg und Inflation in beschleunigtem Tempo fort. Die Ladenburg-Bank hatte sich im Jahre 1905 mit der Berliner Disconto-Gesellschaft verbunden, wobei in der neugegründeten Süddeutschen Disconto-Gesellschaft noch 60% des Aktienkapitals in den Händen der Familie Ladenburg verblieben. Die Familie, die zunächst im Vorstand und später im Aufsichtsrat vertreten war, stellte auch bis zum Übergang auf die Deutsche Bank im Jahre 1929 den Aufsichtsratsvorsitzenden[43]. Im Jahre 1906 ging auch das 1894 gegründete Bankhaus Weil und Benjamin in der Süddeutschen Disconto-Gesellschaft auf, die beide Teilhaber in den Vorstand und später in den Aufsichtsrat aufnahm. Benno Weil (1862–1941) war seit 1919 Rechner der Handelskammer und erhielt 1922 den Ehrendoktor der philosophischen Fakul-

---

40 100 Jahre Ressourcegesellschaft.
41 Zur Biographie s. S. 98 ff.
42 Zu R. Lenel s. S. 119 ff.
43 Vgl. R. Haas S. 67 ff.

tät der Universität Heidelberg[44]. Das gleichfalls 1894 entstandene Bankhaus Marx und Goldschmidt, dessen Mitgründer Max Goldschmidt (1863–1926) von 1914 bis 1923 Vorsitzender der jüdischen Gemeinde war, konnte bis 1933 seine Selbständigkeit bewahren, mußte aber dann aufgrund der politischen Verhältnisse liquidieren. Die Hohenemser-Bank wurde 1919 von der Rheinischen Creditbank übernommen, wobei der Urenkel des Gründers, Joseph Hohenemser (1875–1925), bis zu seinem frühen Tode Vorstandsmitglied war. Im Jahre 1929 ging auch die Rheinische Creditbank in der Deutschen Bank auf, so daß die beiden größten Mannheimer Privatbanken auf diese Weise zusammenfanden.

So ging nach 1918 die Zeit des jüdischen Großbürgertums, das im 19. Jh. eine maßgebende Rolle im Leben der Stadt gespielt hatte, ihrem Ende zu, und im Bürgerausschuß finden wir weniger jüdische Großkaufleute als Rechtsanwälte. Dazu schreibt Oberbürgermeister Hermann Heimerich (1885–1963): *Unter den Stadtverordneten waren Lenel, Florian Waldeck, die Rechtsanwälte Hirschler und Jeselsohn, ferner Amtsgerichtsrat Wolfhard bemerkenswerte und einflußreiche Persönlichkeiten*[45]. Alle Genannten außer Johann Wolfhard (1879–1959) waren jüdischer Herkunft, wobei die Rechtsanwälte Hirschler, Jeselsohn und Waldeck Vorsitzende ihrer Fraktionen der SPD, der DDP bzw. der DVP waren[46]. Im übrigen war die Zahl der jüdischen Mitglieder des Bürgerausschusses von acht bis zehn vor 1918 auf fünf bis sieben zurückgegangen. Von den 1919 sieben Gewählten gehörten drei Stadtverordnete und ein Stadtrat der SPD, zwei Stadtverordnete der DDP und ein Stadtverordneter der Deutsch-Liberalen Partei an[47]. Von den 1930 gewählten Fünf gehörten zwei Stadtverordnete und ein Stadtrat der SPD, ein Stadtrat der DDP und ein Stadtverordneter der DVP an. Die Verminderung der Zahl der jüdischen Mitglieder entsprach dem Rückgang der Parteien, in denen vorzugsweise Juden vertreten waren; die SPD war von 1919 bis 1930 von 36 auf 25 und die DDP von 18 auf vier Sitze im Bürgerausschuß zurückgefallen[48].

Abb. 14: Kinder auf dem Balkon des Viktor-Lenel-Stifts, Foto o. D.
1908 stiftete Viktor Lenel zunächst 100 000 Mark zur Errichtung eines Kindererholungsheims bei Neckargemünd. 1911 erfolgte die Einweihung, wobei der Stifter die gesamten Kosten für das bezugsfertige Heim übernahm. Es war für Kinder im Alter von 6–14 Jahren bestimmt und sollte u. a. zur Kräftigung der Gesundheit in reiner Luft dienen. Dazu legten sich die Kinder auf die auf den Balkonen aufgestellten Liegestühle und wurden bei kühlem Wetter in Mäntel und Decken gehüllt. – Bildsammlung, Nr. 27288.

Abb. 15: Berhard-Kahn-Lesehalle, Lortzingstr. 13, Foto o. D.
Frau Emma Kahn geb. Eberstadt (1840–1906), Witwe des Stadtrats Bernhard Kahn (1827–1905), stiftete 1905 zum Andenken an ihren Mann dem Verein für Volksbildung 60 000 Mark zum Bau und Betrieb einer Lesehalle. Unter Wiederverwendung der reichen Steinmetzarbeiten des in O 4, 7 abgebrochenen Barockhauses wurde die Lesehalle 1905 bis 1906 errichtet. Im 2. Weltkrieg wurde sie zerstört. Auf dem Grundstück befindet sich heute die Bernhard-Kahn-Bücherei. – Bildsammlung, Nr. 8122.

---

44 Vgl. NMZ Nr. 358 vom 4. 8. 1932.
45 STA MANNHEIM, Nachlaß Heimerich, Zug. –/63, Nr. 70.
46 Zu den drei zuletzt Genannten s. S. 105 f., S. 108 f. und S. 142 ff.
47 Vgl. VERWALTUNGSBERICHT MANNHEIM für 1919/20 S. 21.
48 Vgl. AMTLICHE KREISBESCHREIBUNG Bd. 3, S. 61.

Abb. 16: Liste der Ehrengäste bei der 900-Jahrfeier der Synagoge in Worms am 3. 6. 1934.
In einer sich verdüsternden Zeit beging die jüdische Gemeinde in Worms diesen Tag. Aus Mannheim nahmen an der Feier Max Grünewald und Berthold Rosenthal teil. Die Gästeliste führt Leo Baeck an. – Stadtarchiv Worms, Neg. Nr. F 5691/22

Abb. 17: Krankenabteilung des KZ bzw. Arbeitshauses Kislau, Farbstiftzeichnung von Stefan Heymann um 1936/37.
Stefan Heymann wurde im Dritten Reich aus politischen und rassischen Gründen verfolgt und befand sich nachweisbar von 1936 bis 1938 im KZ Kislau. Von dort kam er über die KZ-Lager Dachau und Buchenwald 1942 nach Auschwitz, wo er als Schreiber in einem Krankenblock überlebte. – Widerstandsdokumentation, Nr. 1500

In der Mannheimer Presse blieb auch in der Weimarer Zeit die »Neue Badische Landeszeitung« das führende Organ. Nach dem Tode von Julius Bensheimer im Jahre 1917 übernahm dessen Neffe Heinrich Gütermann (1880–1963), der schon 1899 in den Verlag eingetreten war, die Leitung. Beim 75jährigen Jubiläum im Jahre 1930 waren 400 Angestellte bei der Zeitung beschäftigt, die an 250 Orten Badens und der Pfalz eigene Geschäftsstellen unterhielt[49]. Mit dem großen Aufschwung der Sozialdemokratie gewann auch deren Organ »Volksstimme« an Bedeutung, in deren Redaktion 1911 Heinrich Harpuder (1882–?) eingetreten war, der auf Anregung von Ludwig Frank von München nach Mannheim gekommen war. Er wurde 1928 Chefredakteur und sah seine Aufgabe darin, die »Volksstimme« durch literarische und populärwissenschaftliche Beiträge auf ein höheres Niveau zu heben[50]. Bei der kommunistischen »Arbeiterzeitung« war seit 1926 Stefan Heymann tätig, von 1929 bis 1931 als Chefredakteur[51]. Auch der städtische Pressereferent seit 1928, Johannes Höber (1905–1977), war jüdischer Herkunft; er hatte an der Denkschrift der Stadt, die am 26. September 1929 dem Reichsrat bei seinem Besuch in Mannheim überreicht wurde, mitgewirkt.

An dem kulturellen Leben der Stadt nahmen die jüdischen Mitbürger nach wie vor lebhaften Anteil. Der »Liederkranz« war ein untrennbarer Bestandteil des Mannheimer Musiklebens, besonders seit Max Sinzheimer[52] im Jahre 1919 Chordirigent geworden war. Beim Festkonzert zum 75jährigen Jubiläum am 18. Januar 1931 wurde unter seiner Leitung der »Lichtwanderer« von Hermann Gebner und »König David« von Arthur Honegger aufgeführt. Im überfüllten Musensaal sang der inzwischen auf 100 Sänger angewachsene Chor. Da der Jubiläumstag auch der 60. Jahrestag der Reichsgründung war, gedachte der »Liederkranz«-Vorsitzende, Gustav Hecht (1873–1961) auch dieses Ereignisses: *Auch die Liederkränzler gedenken in dieser feierlichen Stunde freudig und in innerer Bewegung des Tages der Reichsgründung und fühlen sich eins mit allen Volksgenossen deutscher Zunge!*[53]. Mit dem Kantor der jüdischen Gemeinde, Hugo Adler (1894–1955), arbeitete Sinzheimer eng zusammen; er leitete im Jahre 1930 die Aufführung der Lehrkantate »Licht und Volk«, die Adler mit Jugendrabbiner Grünewald nach Abschnitten aus der Geschichte der Makkabäer geschaffen hatte. Das Werk wurde mit 250 Mitwirkenden, einem Sing- und Sprechchor aufgeführt[54]. Adler, der jüdische Musik komponierte, war ein Schüler des österreichischen Juden Ernst Toch (1887–1964), der seit 1913 als Kompositionslehrer an der Mannheimer Hochschule für Musik wirkte[55]. Die »Bacchantinnen« des Euripides, zu denen Toch die Bühnenmusik geschrieben hatte, wurden 1926 im Mannheimer Nationaltheater aufgeführt[56]. Toch stand in freundschaftlicher Beziehung zu Herbert Tannenbaum (1892–1958), der 1920 in Mannheim ein

---

49 Vgl. StA Mannheim, S. 1/3454.
50 Vgl. StA Mannheim D 9–3, Harpuder.
51 Zu S. Heymann s. S. 101f.
52 Zur Biographie s. S. 135f.
53 NMZ Nr. 29 vom 19.1.1931.
54 Vgl. IGB 15.1.1931, S. 9.
55 Vgl. E. Müller von Asow. Toch ging 1929 nach Berlin, von wo er 1933 über Paris in die USA emigrierte. Dort wirkte er noch als erfolgreicher Komponist.
56 Vgl. Mannheim in Plakaten S. 72.

Kunsthaus gegründet hatte, das neben der Bildergalerie eine Abteilung für modernes Kunsthandwerk und Kinderspielzeug enthielt. Tannenbaum mußte 1937 sein weit über Mannheim hinaus bekanntes Kunsthaus aufgeben, worauf er über Holland nach USA emigrierte[57]. Am Nationaltheater waren bis 1933 anerkannte jüdische Künstler tätig, vor allem seit der Spielzeit 1930/31 der Generalmusikdirektor Joseph Rosenstock (geb. 1895)[58]. Nach seiner Entlassung 1933 wanderte er in die USA aus, wo er Chefdirigent der »New York City Opera« wurde.

Große Stiftungen wie zu Anfang des Jahrhunderts waren nach Krieg und Inflation nicht mehr möglich; um so erfreulicher war es, daß Otto Kahn, der Sohn des Stifters der »Bernhard-Kahn-Leshalle« sich im Jahre 1926 der Stiftung seines Vaters erinnerte, als der die Lesehalle verwaltende »Verein für Volksbildung« in großen finanziellen Schwierigkeiten war. Otto Kahn überwies aus New York eine Spende, um damit das Haus wieder herrichten zu lassen, und versprach einen jährlichen Betriebskostenzuschuß[59]. Im Jahre 1928 übernahm Paul Eppstein[60] die neu gegründete Volkshochschule, die unter seiner zupackenden Leitung in den schweren Jahren der Wirtschaftskrise große Bedeutung erlangte. Hier arbeiteten auch weitere jüdische Mitbürger an führender Stelle mit, z. B. Otto Selz[61]. An Stelle der exklusiven Salons des 19. Jhs. trat jetzt die Volksbildung, die breite Schichten ansprechen sollte. Die mit der Wirtschaftskrise verbundene Arbeitslosigkeit veranlaßte Eppstein, besondere Kurse für Arbeitslose einzurichten, um die unfreiwillige Freizeit fruchtbar zu verwenden. Hier wurde sinnvolle und zukunftsweisende Arbeit geleistet, die aber leider die Radikalisierung der notleidenden Massen nicht aufzuhalten vermochte.

Nach der für die Nationalsozialisten erfolgreichen Reichstagswahl vom September 1930 führte auch die Wahl zum Bürgerausschuß vom 16. November 1930 zu einer in Mannheim bisher noch nicht dagewesenen Stärkung der antidemokratischen Parteien, die zusammen ein Drittel der Sitze eroberten (KPD und NSDAP je 14 von 84 Sitzen). In diesem Bürgerausschuß kam es zum ersten Mal vor, daß ein NSDAP-Stadtverordneter den Fraktionsvorsitzenden der SPD, Franz Hirschler, als Juden beschimpfte. So nahm auf der rechten Seite der Antisemitismus zu, wenn er auch in Mannheim im wesentlichen von außen hereingetragen wurde. Zum letzten Mal bäumten sich alle demokratischen Kräfte in Deutschland auf, als Hitler bei der Reichspräsidentenwahl 1932 gegen Hindenburg antrat. Auch in Mannheim fanden sich alle aufrechten Demokraten zusammen, um ohne Unterschied von Partei oder Konfession für Hindenburg einzutreten, In dem Wahlaufruf des überparteilichen Hindenburgausschusses vom 5. März 1932 heißt es: *Die Unterzeichneten, die sich zusammengefunden haben, ohne Rücksicht auf Parteizugehörigkeit oder sonstige Bindungen, rufen zu seiner Wiederwahl auf, einig im Gefühl der Verantwortung dieser Entscheidung.* Unter dem Aufruf finden sich u. a. folgende Namen: Prälat Josef Bauer, Rudolf Engelhorn, Vorsitzender des Verbands des Einzelhandels, Verleger Heinrich

---

57 Vgl. RHEIN-NECKAR-ZEITUNG, Mannheim Nr. 235 vom 11. 10. 1958.
58 Vgl. H. MEYER, Nationaltheater S. 37 ff. und S. 55.
59 Vgl. NMZ Nr. 109 vom 6. 3. 1926.
60 Zur Biographie s. S. 88 f.
61 Zur Biographie s. S. 133 ff.

Gütermann, Rechtsanwalt Dr. Max Hachenburg, Richard Lenel, Präsident der Handelskammer, Intendant Herbert Maisch, Kirchenrat Karl Maier, Stadtrabbiner Dr. Gustav Oppenheim, Oberbürgermeister Dr. Hermann Heimerich, Wilhelm Vögele, Vizepräsident der Handelskammer, Dr. Hermann Wetzlar, Landgerichtspräsident[62]. Nach dem Mannheimer Ergebnis wäre eine zweite Wahl nicht notwendig geworden, da Hindenburg mit 94 031 Stimmen mehr als die absolute Mehrheit erhielt, während Hitler mit 35 243 Stimmen weit zurückblieb. Da Hindenburg aber im Reich die absolute Mehrheit knapp verfehlt hatte, mußte am 10. April 1932 ein zweiter Wahlgang durchgeführt werden. Dazu erließ der dem Hindenburgausschuß angeschlossene Frauenausschuß in Mannheim am 6. April 1932 einen weiteren Aufruf für den amtierenden Reichspräsidenten, den u. a. unterzeichnet haben: Alice Bensheimer, Marie Engelhorn, Anneliese Heimerich, Anna Ladenburg, Milly Lenel, Hildegard Vögele, Bertha Waldeck, Therese Wetzlar[63]. Auch die Frauen, denen die Weimarer Republik zum ersten Mal das Wahlrecht gegeben hatte, warnten vor dem Feinde dieser Republik, unabhängig davon, ob sie der christlichen oder jüdischen Konfession angehörten. Niemand wäre es damals in Mannheim eingefallen nachzuzählen, wieviele der Unterzeichner Christen oder Juden waren. Hindenburg siegte als letzter Rettungsanker der Weimarer Republik am 10. April 1932, aber schon neun Monate später, am 30. Januar 1933 ernannte er Hitler zum Reichskanzler, der in wenigen Wochen die Republik zerstörte.

Bei einem Rückblick auf die 14 Jahre der Weimarer Republik zeigt sich, daß Mannheim durch seine geographische Lage besonders schwer unter den Kriegsfolgen zu leiden hatte. Aber es wurden dadurch auch Entwicklungen verstärkt, die schon seit der Jahrhundertwende eingesetzt hatten. Der Rückgang des Großhandels und die Konzentration in der Wirtschaft, insbesondere im Bankwesen, trafen vor allem die jüdischen Großkaufleute und Bankiers, die so viel zur Blütezeit Mannheims in der zweiten Hälfte des 19. Jhs. beigetragen hatten. Außerdem wurden in der Inflationszeit 1922/23 und der Wirtschaftskrise seit 1929 viele selbständige Existenzen, die in der jüdischen Gemeinde maßgebend waren, ausgelöscht. Um so erstaunlicher ist es, daß gerade in der Weimarer Zeit führende Kommunalpolitiker aus dem jüdischen Bevölkerungsteil kamen, was eine enge Verbundenheit mit der Heimatstadt zeigt. Sie waren Mitbürger, ohne daß man nach ihrem Glaubensbekenntnis fragte.

Dieses selbstverständliche Zusammenleben brachte auch Gefahren für die jüdische Gemeinde, die nicht mehr wie im Mittelalter der einzige Rückhalt für den heimatlosen und verfolgten Juden war. Deshalb mehrten sich die Austritte, die teilweise auch zu Übertritten zum Christentum führten. Und wie durch das gemeinsame Leben von Kind an in der Gemeinschaftsschule die Mischehen zwischen Evangelischen und Katholiken zunahmen, wurden auch Mischehen zwischen Christen und Juden häufiger, wobei die Kinder meistens in der im Land herrschenden christlichen Konfession erzogen wurden. Gegenüber diesen durch die Emanzipation und die daraus folgende Assimilierung entstandenen Verlusten setzte zu Beginn des

---

62 Vgl. NMZ Nr. 110 vom 5. 3. 1932.
63 Vgl. NMZ Nr. 158 vom 6. 4. 1932.

Jahrhunderts eine Regenerationsbewegung ein, die ihren stärksten Ausdruck im Zionismus fand. Aber auch in nichtzionistischen Kreisen begann eine Rückbesinnung auf die jüdische Religion, die in Mannheim in den Jugendbünden, der Jugendgemeinde und vor allem dem Lehrhaus ihren Ausdruck fand. So ist die Zahl der Gemeindeglieder zwar bis 1933 zurückgegangen, aber die Gemeinde stand in ihrer inneren Kraft gestärkt da.

Wenn in Mannheim trotz der Not der Wirtschaftskrise der Antisemitismus kein größeres Ausmaß annahm, ist es auf den liberalen Charakter der weltoffenen Handelsstadt zurückzuführen, die seit Anbeginn Glaubensverfolgte aus aller Herren Länder aufgenommen und im Laufe des 19. Jh.s ein gutes Verhältnis zu ihren jüdischen Mitbürgern gefunden hatte. *Das geschilderte gute Verhältnis beruhte einmal auf der Tradition der Stadt Mannheim, in der nach dem Dreißigjährigen Krieg von Kurfürst Karl Ludwig Bürger verschiedenster Konfessionen angesiedelt und vom Landesherrn zur Toleranz angehalten wurden; zum anderen auf der Struktur der jüdischen Bevölkerung selbst. Im Gegensatz zur Nachbarstadt Heidelberg verfügte das Mannheimer Judentum über einen verhältnismäßig starken Mittelstand, dessen Arbeitseifer der Anschuldigung der Antisemiten, es handle sich bei den jüdischen Mitbürgern um eine schmarotzende Oberschicht, den Nährboden entzog. Außerdem stellten die Juden einen auch zahlenmäßig nennenswerten Anteil an der Bürgerschaft, so daß jeder Mannheimer mit Juden in Berührung kam und sich somit keine Vorurteile aus Unkenntnis festsetzen konnten*[64].

1.4. Die Zeit unter der NS-Diktatur (1933–1945)

Schon eine Woche nach der Reichstagswahl vom 5. März 1933 begann in Mannheim die erste Boykottaktion gegen jüdische Geschäfte. Am Nachmittag des 13. März 1933 wurden die Inhaber von Mitgliedern der SA-Standarte 171 veranlaßt, ihre Geschäfte zu schließen, und SA-Männer warfen die Kunden aus den Geschäften heraus[1]. In den folgenden Wochen fanden noch kleinere Übergriffe statt, bis die Reichsleitung der NSDAP den Beginn des offiziellen Boykotts auf den 1. April 1933, 10 Uhr festsetzte. Die SA bezog Posten vor den Geschäften, kennzeichnete sie mit einem gelben Fleck und hinderte Kunden am Betreten der Läden, die meistens ihre Tore schlossen. Schon am 14. März 1933 war der Fabrikant Carl Renninger (1881–1951) als kommissarischer Oberbürgermeister eingesetzt worden, der als eingefleischter Antisemit sofort allen Dienststellen der Stadtverwaltung jede Auftragserteilung an jüdische Firmen verbot. Gleichzeitig wurde den Bediensteten der Stadt »empfohlen«, ihren Bedarf beim »deutschen« Einzelhandel zu decken[2]. Am 7. April 1933 wurden acht jüdische Dozenten der Handelshochschule, darunter Prof. Otto Selz beurlaubt[3]. Am 10. April 1933 mußten acht jüdische Künstler des Nationaltheaters mit Generalmusikdirektor Joseph Rosenstock ihre Tätigkeit auf-

---

64 H.-J. FLIEDNER, Judenverfolgung Bd. 1, S. 29.
1 Vgl. H.-J. FLIEDNER, Judenverfolgung Bd. 1, S. 112 ff.
2 Vgl. ebd. S. 115 ff.
3 Vgl. ebd. Bd. 2, Nr. 57.

abzuwenden, gab der Gemeinde zudem einen Halt, so daß sie in den Jahren nach 1933 nicht nur als zahlenmäßig bedeutendste Gemeinde des Landes Baden auftreten konnte, sondern daß sie auch aufgrund ihrer Leistungsfähigkeit eine Mittelpunktfunktion über die Landesgrenzen hinaus erfüllen konnte. Ihre Ausstrahlung für das Judentum erinnerte an die Hauptstadtfunktion Mannheims in der ehemaligen Kurpfalz[10].

Die vielseitigen Aufgaben der Mannheimer jüdischen Gemeinde verlangten eine Zusammenfassung der Kräfte. Nach der Zurruhesetzung von Rabbiner Oppenheim zum 30. Juni 1933 und einer nur einjährigen Tätigkeit von Rabbiner Heinrich Lemle aus Frankfurt war Grünewald der einzige Rabbiner an der Hauptsynagoge. Der Vorsitzende der Gemeinde, Prof. Moses, war im März 1934 nach Palästina ausgewandert und war noch nicht ersetzt. Im Dezember 1934 wählte die Gemeindevertretung Grünewald in den Synagogenrat, dessen Vorsitzender er wurde, während es sonst nicht üblich war, daß Rabbiner Gemeindevorsitzende wurden. Aber in der Zeit der Verfolgung scharte sich die Gemeinde um ihren geistlichen Leiter, der sich in den fast zehn Jahren seiner bisherigen Tätigkeit in der Gemeinde voll bewährt hatte.

Frühzeitig erkannte Grünewald, daß eine eigene jüdische Schule aufgebaut werden mußte. Schon zu Ostern 1934 wurde für die schulpflichtig werdenden Kinder eine Sonderklasse mit einer Knabenabteilung von 32 und einer Mädchenabteilung von 30 Kindern eingerichtet, die Hauptlehrer Baruch Stahl (1876–1942) übernahm. Nach einem Schulbesuch berichtete das Stadtschulamt an das Kultusministerium: *Der erfahrene Lehrer arbeitet mit anerkennenswertem Erfolg*[11]. Zu Ostern 1936 wurde in dem städtischen Schulgebäude in K 2 eine achtklassige jüdische Volksschule mit 454 Schülern eröffnet, deren Leiter Baruch Stahl wurde, der aber als jüdischer Ruhestandsbeamter nicht zum Rektor befördert wurde[12]. Im Sommer 1936 traten etwa 100 Schüler aus den höheren Lehranstalten in die jüdische Volksschule über[13]. Für diese galt zwar der offizielle Lehrplan, aber es wurde eine gewisse Freizügigkeit in der Auswahl des Stoffes und der Lehrmittel gewährt. Das erwies sich schon deshalb als notwendig, weil der neue von der nationalsozialistischen Rassenlehre beeinflußte Lehrplan von der jüdischen Schule nicht übernommen werden konnte. So hatte das Stadtschulamt angeordnet: *Aus völkischen Gründen wird in der jüdischen Sonderklasse nicht die Neuausgabe, sondern die bisherige Auflage der Goebelbecker'schen Fibel »Das Jahr voller Freude« benützt*[14]. Über den Lehrplan hinaus durfte die Gemeinde auf eigene Kosten einen zusätzlichen Unterricht in jüdischen Fächern und Englisch einrichten. Zu der seelischen Bedeutung der jüdischen Schule für Eltern und Kinder schreibt Grünewald: *Wir hoffen, daß die Schule Stetigkeit und Ruhe auch vielen Eltern geben wird. Sie dürfen jetzt das Gefühl haben, daß ihre Kinder seelisch ungebrochen in ihrer eigenen Welt Kindheit und Jugend erleben im festen und auch festlichen Rythmus des jüdischen Jahres und daß sie zugleich das unentbehrliche Rüstzeug für ihre Zukunft schaffen*[15].

---

10 H.-J. FLIEDNER, Judenverfolgung Bd. 1, S. 30.
11 Zit. nach ebd. S. 82.
12 Vgl. ebd. S. 85 ff.
13 Vgl. IGB 9. 9. 1936, S. 24.
14 Zit. nach H.-J. FLIEDNER, Judenverfolgung Bd. 2, S. 145.
15 IGB 10. 6. 1936, S. 2.

An Ostern 1936 wurde ein freiwilliges 9. Schuljahr eingeführt, das als jüdische Aufbauschule bezeichnet und allein von der Gemeinde finanziert wurde. Deshalb konnten auch Jugendliche von außerhalb Badens aufgenommen werden, so daß von den 38 Schülern 10 aus Ludwigshafen kamen. In der Auswahl des Unterrichtsstoffes hatte die Gemeinde freie Hand. Da die 9. Klasse der Vertiefung des jüdischen Wissens und der Vorbereitung der Auswanderung dienen sollte, waren sieben Stunden für Hebräisch, Bibel- und Palästinakunde und fünf Stunden für Englisch vorgesehen. Nach dem ersten Schuljahr (1936/37) berichtete der Leiter der Aufbauschule Kurt Berg (1910–1960): *Nach anfänglichen Schwierigkeiten, die sich hauptsächlich aus der großen Verschiedenheit der Vorbildung und Herkunft der Schüler und Schülerinnen ergaben, gelang es doch in zäher Kleinarbeit, die bewußt auf äußere Schaustellungen und Darbietungen verzichtete, der 9. Klasse eine gewisse Einheitlichkeit zu geben.* Aufgabe der Schule sei es, *den Charakter zu stählen, daß der junge Mensch in allen Lebenslagen Ja zu sagen vermag zu seinem Geschick, was er nur kann, wenn er sich verbunden weiß mit dem eingeborenen Genius seines Volkes und den höchsten Geistesgütern der Menschheit*[16]. Die Vermittlung der *höchsten Geistesgüter der Menschheit* war damals in der staatlichen Schule nur noch insoweit möglich, als die Dichter und Philosophen »arischen Blutes« waren und nicht die »Rasse zersetzende« Werke verfaßt hatten. Damit wurden große Werke der Weltliteratur aus der Schule verbannt, während die jüdische Schule dieses Kulturgut weiterpflegen konnte. Für die Mannheimer jüdische Schule galt dasselbe, was wir von der Berliner »Theodor-Herzl-Schule« lesen: *Die jüdische Schule kann es sich auch leisten, die Werke solcher Schriftsteller in den Unterricht hineinzunehmen, die in Deutschland verfemt und gelegentlich öffentlich verbrannt werden ... hier bleibt die Tradition der Zeit vor 1933 erhalten*[17]. In der jüdischen Schule konnte der Geist des Humanismus weiterleben, der in der öffentlichen Schule dem Ungeist der Rassenlehre weichen mußte.

Nach der Auswanderung von Rabbiner J. Unna im September 1935 wurde die von ihm im Hause der Klaus-Stiftung gegründete »Yeshiva« von Rabbiner Lauer fortgeführt. Hier konnten junge Menschen ein Jahr lang die Thora studieren. Es wurden aber auch einzelne Kurse über die Bibel, Mischna und Talmud, in Hebräisch, Englisch und Geschichte gehalten[18].

Die »Nürnberger Gesetze« vom 15. September 1935 beraubten die Juden des Staatsbürgerrechts, womit das Stadium der in Gesetzesform gegossenen Rechtlosigkeit eingeleitet wurde. Eine unmittelbare Folge war, daß die Juden vom Winterhilfswerk des deutschen Volkes ausgeschlossen wurden. Daraufhin wurde im Winter 1935/36 eine jüdische Winterhilfe organisiert, die eng mit dem jüdischen Wohlfahrtsamt zusammenarbeitete. Werbung und Sammlung der Spenden war Aufgabe der Winterhilfe, während die Ausgabe der gesammelten Mittel in Händen des Wohlfahrtsamts lag. Im Winter 1935/36 wurden 830 Mitglieder der Gemeinde vom Wohlfahrtsamt betreut, wobei etwa die Hälfte der Spenden für Alte und Kranke durch Boten ins Haus gebracht wurden. In vielen Fällen haben jüdische Firmen dafür ihre Lieferwagen zur Verfügung gestellt. Insgesamt beteiligten sich

---

16 IGB 7. 4. 1937, S. 9 f.
17 H. GAERTNER, S. 339.
18 Vgl. IGB 9. 9. 1936, S. 18.

etwa 200 ehrenamtliche Helfer an der Arbeit der Winterhilfe. Die Leiterin des Wohlfahrtsamts schreibt dazu: *Es sind bisher unbekannte Fähigkeiten zum Vorschein gekommen und neue Maßstäbe für das, was man von einem Juden in dieser Zeit verlangen kann, angesprochen durch die gemeinsame Not.* Zum Schluß dieses Aufsatzes geht Mia Neter auf die schweren Aufgaben ein, vor die sich das Wohlfahrtsamt in Zukunft gestellt sah: *Die Versorgung der Alten, die von den auswandernden Jungen nicht mitgenommen werden können, sowohl materiell als auch rein pflegerisch. Wir müssen weiter denken an einen Mittelstand, der in einem immer weiteren Maße hilfsbedürftig wird und dessen Lebensgrundlagen neu zu ordnen sind nicht ohne Einsatz weitgehender Mittel der jüdischen Allgemeinheit; wir haben zu denken an die berufslos gewordenen, die nicht mehr jung genug sind für Umschichtung und Auswanderung, und nicht zuletzt an die Jugend, deren berufliche Versorgung sichergestellt werden muß*[19].

Die durch die »Nürnberger Gesetze« festgeschriebene Diskriminierung und die fortschreitende »Arisierung« der Wirtschaft, die den Juden ihre Erwerbsgrundlage nahm, führte seit dem Jahre 1936 zu einer verstärkten Auswanderung. Der »Hilfsverein der Juden in Deutschland« errichtete im Januar 1936 in Mannheim eine Beratungsstelle für Auswanderungsfragen, die auch für die Pfalz und Südhessen zuständig war. Bis Ende 1936 waren 1425 Mannheimer Juden emigriert, wobei diejenigen nicht erfaßt sind, die von Mannheim nach Orten innerhalb Deutschlands umzogen und von dort auswanderten. Insgesamt war die jüdische Bevölkerung Mannheims von 6402 Personen im Jahre 1933 um 1522 auf 4880 Ende 1936 abgesunken, wozu auch beitrug, daß der Sterbeüberschuß weiter anstieg, so daß 1936 auf 73 Sterbefälle nur 21 Geburten kamen. Die Ziele der Emigration hatten sich 1936 gegenüber den vorausgehenden Jahren erheblich verändert. Während von 1933 bis 1. September 1935 Palästina mit 257 Auswanderern (40%) an der Spitze stand und nur 50 (7,5%) in die USA gingen, rückten 1936 die USA mit 140 (30%) an die erste Stelle, während Palästina mit 81 (18%) noch die zweite Stelle einnahm[20]. Die bewußt zionistische Jugend hatte schon bald nach dem 30. Januar 1933 Palästina angesteuert, während 1936 die Auswanderung von selbständigen Kaufleuten zunahm, deren Verwandte schon vor dem Ersten Weltkrieg aus Baden und der Pfalz in die USA gezogen waren und ihnen die für ein Einreisevisum notwendige Bürgschaft für den Lebensunterhalt stellen und einen geschäftlichen Wiedereinstieg erleichtern konnten. Aber auch 1936 blieb die Auswanderung auf die Jüngeren beschränkt, die sich einen Neuanfang in der Fremde zutrauten. Von den bis zum 1. September 1935 Ausgewanderten waren 76% unter 40 Jahren, 1936 waren es noch 70%, während in der Gemeinde selbst die älteren Jahrgänge überwogen[21]. Zur Vorbereitung der Emigration war die Erlernung eines handwerklichen Berufs die beste Grundlage. Die Gemeinde richtete daher im Herbst 1936 in Neckarau eine Anlernwerkstätte ein, in der 35 Lehrlinge in zweieinhalb Jahren zu Schlossern oder Schreinern ausgebildet wurden. Von ihnen stammten 14 aus Mannheim und 21 aus Nordbaden und der Pfalz. Sie waren vom Besuch der Fortbil-

---

19 IGB 4. 3. 1936, S. 6.
20 Vgl. H.-J. FLIEDNER, Judenverfolgung Bd. 1, S. 101 ff.
21 Vgl. IGB 10. 5. 1937, S. 2.

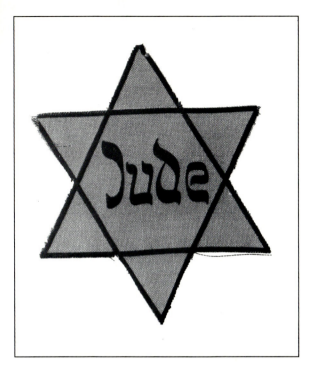

Abb. 18: Judenstern, Druck auf Stoff 1940. Seit den Privilegien von 1691 brauchten sich die Juden in Mannheim nicht mehr mit einem gelben Ring kennzeichnen. Im Rahmen der Entrechtung und Diskriminierung in der NS-Zeit waren die Juden ab 1.9.1940 gezwungen, den Judenstern sichtbar zu tragen. In der Empfangsbestätigung für den Judenstern verpflichtete man sich, ihn sorgfältig und pfleglich zu behandeln und beim Aufnähen auf das Kleidungsstück den über das Kennzeichen hinausragenden Stoffrand umzuschlagen. – Judendokumentation, Nr. 5, Blatt 21

Abb. 19: Abtransport der Juden in Ludwigshafen nach Gurs, Foto 22.10.1940.
Einen weiteren Schritt der Verfolgungsmaßnahmen während der NS-Diktatur bedeutete die rücksichtslos durchgeführte Zwangsdeportation der badischen und pfälzischen Juden nach Gurs am 22.10.1940. Durch die katastrophalen Lagerverhältnisse starben dort zahlreiche Juden. Einige konnten fliehen. Die meisten Überlebenden wurden ab Juli 1942 in Konzentrationslagern vernichtet. – Bildsammlung, Nr. 13150

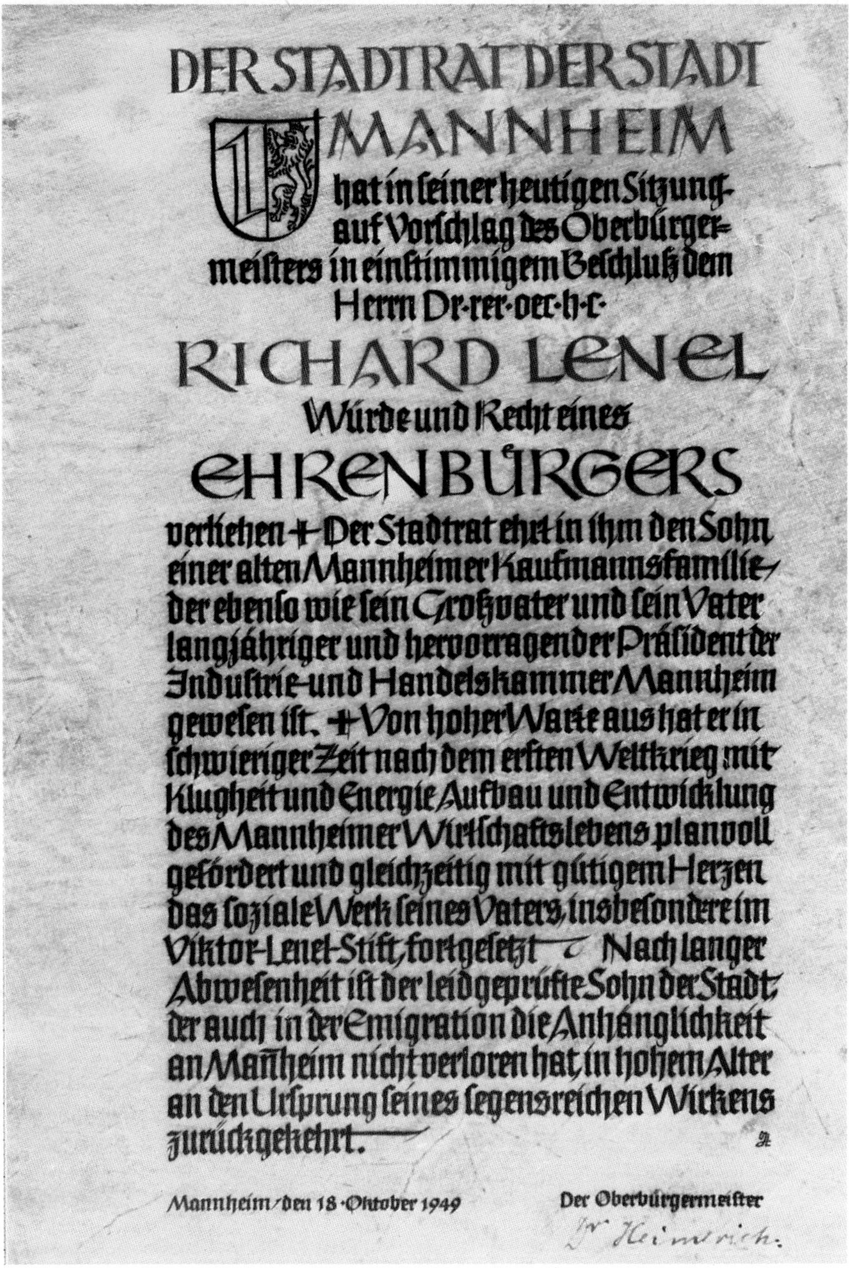

DER STADTRAT DER STADT
MANNHEIM
hat in seiner heutigen Sitzung auf Vorschlag des Oberbürgermeisters in einstimmigem Beschluß dem Herrn Dr. rer. oec. h. c.

RICHARD LENEL

Würde und Recht eines

EHRENBÜRGERS

verliehen + Der Stadtrat ehrt in ihm den Sohn einer alten Mannheimer Kaufmannsfamilie, der ebenso wie sein Großvater und sein Vater langjähriger und hervorragender Präsident der Industrie- und Handelskammer Mannheim gewesen ist. + Von hoher Warte aus hat er in schwieriger Zeit nach dem ersten Weltkrieg mit Klugheit und Energie Aufbau und Entwicklung des Mannheimer Wirtschaftslebens planvoll gefördert und gleichzeitig mit gütigem Herzen das soziale Werk seines Vaters, insbesondere im Viktor-Lenel-Stift, fortgesetzt. Nach langer Abwesenheit ist der leidgeprüfte Sohn der Stadt, der auch in der Emigration die Anhänglichkeit an Mannheim nicht verloren hat, in hohem Alter an den Ursprung seines segensreichen Wirkens zurückgekehrt.

Mannheim, den 18. Oktober 1949

Der Oberbürgermeister

Dr Heimerich

Abb. 20: Ehrenbürgerurkunde für Richard Lenel vom 18. 10. 1949.
Richard Lenel floh erst kurz vor Ausbruch des 2. Weltkriegs nach England, um wenigstens sein Leben zu retten. Trotz aller leidvollen Erfahrungen kehrte er 1949 wieder in seine Heimat zurück. Mit der Verleihung des Ehrenbürgerrechts erfuhren seine Verdienste und die seines Vaters und Großvaters sowie seine unverbrüchliche Treue zu seiner Geburtsstadt eine späte Anerkennung und Würdigung. – Nachlaß Richard Lenel, Zugang 18/1968, Nr. 11

dungsschule befreit und erhielten in der Anlernwerkstätte den notwendigen theoretischen Unterricht[22]. Im September 1938 entließ die Anlernwerkstätte in Neckarau ihre ersten Schüler. Bei der Abschlußfeier wurden die Arbeiten vorgezeigt, die als *gute Werkarbeit in gediegener geschmacklicher Ausführung* beurteilt wurden[23].
Im Herbst 1936 mußte auch das alte jüdische Krankenhaus in E 5 wegen des Neubaus des Technischen Rathauses abgebrochen werden. In dieser Zwangslage entschloß sich die Gemeinde, einen Teil des neuen Altersheims in der Collinistraße in ein Krankenhaus umzuwandeln. Der östliche Flügel wurde so umgebaut, daß in ihm 37 Betten und zwei Operationssäle untergebracht wurden. Dem Altersheim verblieben im Westflügel noch 25 Betten[24]. Zu derselben Zeit mußte auch der »Liederkranz« sein Haus in E 5, 4 aufgeben, doch gelang es ihm, in Q 2, 16 ein Gebäude zu erwerben, in dem ein neues Heim mit einem Konzert- und Theatersaal für 500 Personen entstand[25]. Gerade in der Zeit der Diskriminierung, in der die Juden – bisher die eifrigsten Theater- und Konzertbesucher – aus dem Kulturleben der Stadt ausgeschlossen waren, erfüllte der »Liederkranz« ein dringendes Bedürfnis. Er hatte sich am 26. Oktober 1935 mit dem »Jüdischen Kulturbund« zum »Liederkranz e. V. (Jüdischer Kulturbund)« vereinigt, um mit 800 Mitgliedern die vielseitige Kulturarbeit der Gemeinde zu gestalten[26]. Die Rückbesinnung auf jüdisches Kulturgut, die schon vor 1933 eingesetzt hatte, wurde unter der bewährten Leitung von Chordirigent Sinzheimer verstärkt fortgesetzt. Zur Chanuckahfeier 1933 wurde »Hanneros Hallolu« aufgeführt, das Kantor Adler nach einer chassidischen Melodie aus dem 18. Jh. komponiert hatte[27]. Im Mai 1934 wurde das Oratorium »Balak und Bilam« von Adler dargeboten, das von dem Propheten Bilak und dem heidnischen Fürsten Balak handelte[28]. Zum 80jährigen Jubiläum des »Liederkranzes« kam im März 1936 das Oratorium »Saul« von G. F. Händel zur Aufführung[29], dem im Frühjahr 1937 das Oratorium »Judith« von Mozart folgte, das zum ersten Mal in Mannheim in hebräischer Sprache gesungen wurde. Die Leistung des Chors war besonders hervorzuheben, da ihm viele Gemeindeglieder angehörten, die vor 1933 kaum mehr hebräisch konnten[30]. Auch auswärtige jüdische Chöre und Bühnen gastierten häufig in Mannheim. Im Herbst 1938 gab der Berliner Jüdische Kulturbund die neue Oper »Die Chaluzim« von Jakob Weinberg, die nicht mehr als eine Oper im traditionellen Sinn bezeichnet werden konnte, da nicht einzelne Sänger im Mittelpunkt standen, sondern der Chor des Kollektivs der Chaluzim. Der alten Generation in der ostjüdischen Kleinstadt wurde die Jugend in Palästina gegenübergestellt mit Tänzen und Volksliedern teils westlichen, teils hebräisch-arabischen Ursprungs[31].

---

22 Vgl. IGB 20. 5. 1936, S. 6.
23 Vgl. IGB 21. 9. 1938, S. 8.
24 Vgl. IGB 9. 9. 1936, S. 22 ff.
25 Vgl. IGB 23. 9. 1936, S. 6.
26 Vgl. H.-J. FLIEDNER, Judenverfolgung Bd. 1, S. 57 ff.
27 Vgl. IGB 11. 12. 1933, S. 18.
28 Vgl. IGB 14. 5. 1934, S. 25.
29 Vgl. IGB 1. 4. 1936, S. 9 f.
30 Vgl. IGB 19. 3. 1937, S. 7.
31 Vgl. IGB 21. 9. 1938, S. 4.

Ebenso zahlreich wie die kulturellen Veranstaltungen wurde auch das Lehrhaus besucht. Im Wintersemester 1937/38 hielten 22 Dozenten 57 Kurse für 550 Hörer ab, davon waren 36 Sprachkurse in Hebräisch, Englisch, Italienisch, Spanisch und Portugiesisch. Der Vorbereitung auf die Auswanderung dienten auch Lehrveranstaltungen in Mathematik für Handwerker und Techniker sowie über *Recht und Wirtschaft in Palästina und der Diaspora.* Das Lehrhaus vermittelte auch deutsches Kulturgut, das aus dem Lehrplan der staatlichen Schulen verschwunden war, z. B. in einem Seminar über *Heinrich Heine und die Romantik,* das Kurt Berg durchführte[32]. Im Wintersemester 1938/39 führte das Lehrhaus als neues Fach »Auswanderungskunde« ein. Zur Begründung lesen wir: *Die Aufnahme erfolgt einerseits im Hinblick auf die steigende Bedeutung des Auswanderungsproblems für die Angehörigen unserer Gemeinschaft, andererseits mit Rücksicht auf die vermehrten rechtlichen und wirtschaftlichen Schwierigkeiten, die mit der Durchführung der Auswanderungsabsicht verbunden sind*[33].

Für die Jugend war aber nicht nur die geistige, sondern auch die körperliche Ertüchtigung notwendig. Schon 1933 war zu dem »Turn- und Sportverein Bar Kochba« eine Sportgruppe des »Reichsbundes jüdischer Frontsoldaten« gegründet worden, in die vorwiegend Sportler eintraten, die vorher ganz selbstverständlich den allgemeinen Sportvereinen angehört hatten. Im Jahre 1936 hatte diese Sportgruppe 420 und der »Bar Kochba« 400 Mitglieder[34]. Die jüdische Schule, in der auch regelmäßig Sport getrieben wurde, veranstaltete am 18. September 1938 ein Sportfest der Klassen 5–9, an dem 200 Zuschauer teilnahmen[35].

Wenn man im Herbst 1938 auf die fünf Jahre zunehmender Ausschaltung der jüdischen Mitbürger aus dem öffentlichen, wirtschaftlichen und kulturellen Leben der Stadt zurückblickt, verdient es höchste Achtung, mit welcher Energie sich die Gemeinde eigene lebensfähige Einrichtungen für das ihr so unerwartet auferlegte Gettodasein geschaffen hat. Die Gemeinde war sich dessen bewußt, daß mit der fortschreitenden Verdrängung der Juden aus allen Zweigen der Wirtschaft, der sogenannten Arisierung, für die Jugend in Deutschland kein Fortkommen mehr war, so daß alles für die Vorbereitung der Auswanderung getan werden mußte. Dazu gehörte neben den praktischen Kenntnissen auch die seelische Widerstandskraft, die nur aus den religiösen Wurzeln des Judentums geschöpft werden konnte. Deshalb sorgte die Gemeinde auf allen Gebieten dafür, daß ihren Mitgliedern in Schule, Lehrhaus und »Liederkranz« ein jüdisches Bewußtsein vermittelt wurde. So war im Jahr 1938 die Hoffnung berechtigt, daß weiterhin eine geordnete Emigration der Jugend möglich sei und daß die Älteren von der Gemeinde körperlich und seelisch betreut werden könnten. Allerdings mehrten sich in diesem Jahre auch düstere Wetterzeichen am Horizont. Die »Verordnung über die Anmeldung der Vermögen von Juden« vom 26. April 1938 ließ einen Anschlag auf jüdischen Besitz befürchten. Kurz danach wurde den jüdischen Ärzten und Rechtsanwälten die Zulassung entzogen. Nur wenige durften unter den entehrenden Bezeichnungen »Behandler« für jüdische Patienten bzw. »Konsulenten« für gerichtliche Vertre-

---

32 Vgl. IGB Nr. 18, 1937, S. 8 (Datum fehlt).
33 IGB 7. 9. 1938, S. 5.
34 Vgl. IGB 9. 9. 1936, S. 32.
35 Vgl. IGB 7. 10. 1938, S. 6.

tung von Juden weiterhin tätig sein. Fünf jüdische Ärzte durften als »Behandler« im Mannheimer jüdischen Krankenhaus weiter praktizieren, das auch für Juden in der Umgebung der Stadt zur Verfügung stand[36].

Auch in Mannheim führte die Stadtverwaltung eine rücksichtslose Maßnahme gegen die jüdische Gemeinde durch. Sie veranlaßte die Räumung des ehrwürdigen Friedhofs in F 7, wobei der Gemeinde gestattet wurde, die Gebeine der 3586 Toten auszugraben und auf den neuen Friedhof zur Bestattung in einem Sammelgrab zu überführen. Zu Beginn dieser traurigen Arbeit hielt Rabbiner Lauer am 17. Juli 1938 eine Ansprache auf dem Friedhof F 7, in der er zunächst darauf hinwies, daß es nach dem jüdischen Religionsgesetz verboten wäre, die Ruhestätte der Toten anzutasten, daß man sich aber dem Verlangen der Stadtverwaltung beugen müßte. Der letzte Satz der Rede lautet: *Wie unsere Vorfahren, die hier bestattet sind, werden auch ihre Nachkommen von der Idee der Einheit Gottes und der Solidarität des jüdischen Volkes beseelt, und wie sie sind auch wir Zeugen unseres Glaubensbekenntnisses, das wir stets bis zu unserem letzten Atemzuge auf unseren Lippen tragen, und solange wir dieses Bekenntnis in unseren Herzen tragen, lebt das jüdische Volk weiter, wie in der Vergangenheit so auch in der Gegenwart und in aller Zukunft*[37]. Lauer war nach der Auswanderung von J. Unna im September 1935 der einzige Rabbiner der Klaus-Synagoge. An die Hauptsynagoge wurde nach dem Weggang von M. Grünewald im April 1938 der 28jährige Rabbiner Karl Richter aus Stettin berufen. Vorsitzender der Gemeinde wurde der bisherige Stellvertreter, Hauptlehrer i. R. Karl Stiefel (1881–1947).

Der erste Schlag im Herbst 1938 traf die polnischen Juden. Nach einer Verfügung des Staatssicherheitsdienstes Karlsruhe wurden in Mannheim – wie im ganzen Deutschen Reich – am 27. Oktober 1938 alle männlichen Juden polnischer Staatsangehörigkeit über 18 Jahren nach Polen abgeschoben[38]. In Mannheim wurden von dieser Aktion 75 Juden betroffen[39]. Da die polnische Regierung zunächst den Deportierten die Einreise verweigerte, lagerten sie auf freiem Feld im Niemandsland zwischen der deutschen und der polnischen Grenze. Unter den Unglücklichen befand sich auch das Ehepaar Gyrnszpan, dessen Sohn Herschel in Paris lebte. Aus Empörung über die Behandlung seiner Eltern erschoß er am 7. November Ernst von Rath, einen Diplomaten der deutschen Botschaft in Paris. Dieses Attentat nahmen die Nationalsozialisten zum erwünschten Anlaß zu den von oben angeordneten Pogromen vom 9./10. November 1938. Wie in ganz Deutschland wurden auch in Mannheim die Synagogen zerstört; die Hauptsynagoge, die Klaus-Synagoge, die Feudenheimer Synagoge und die Friedhofskapelle. Jüdische Geschäfte und Wohnungen wurden verwüstet, alle Männer zwischen 18 und 60 Jahren verhaftet und in Konzentrationslager verschleppt.

Rabbiner Lauer, der im Gebäude der Klaus-Stiftung wohnte, schildert in einem Brief aus Biel, wohin er als Schweizer hatte ausreisen dürfen, seine Erlebnisse am Morgen des 10. November: *Im gleichen Moment hörten wir ein heftiges Schlagen und Einbrechen der Haustür und der Synagoge, ein Sprengen und Krachen im Gotteshause, wo alles*

---

36 Vgl. ebd. S. 7.
37 StA Mannheim, Kl. Erw. Nr. 722.
38 Vgl. P. Sauer Nr. 286.
39 Ein gehässiger Bericht über dieses Ereignis findet sich in Hakenkreuzbanner, Mannheim, 29.10.1938. Vgl. H.-J. Fliedner, Judenverfolgung Bd. 1, S. 208.

kurz und klein zerschlagen wurde, selbst die Marmorplatten vor dem »Aron Kodesch« (Aufbewahrungsort der Thorarollen) *wurden gesprengt. Die Thorarollen herausgeschleift und verbrannt. Menschen (diese Bezeichnung ist falsch) gingen vorbei und lachten. Ich telefonierte an meinen Konsul, er versprach mir Hilfe, die kam nicht. Telefonierte mehrmals an die Polizei, die ebenfalls Hilfe versprach, aber vergebens. Endlich antwortete mir die Polizei, sie könne mich nicht schützen, sie habe nicht Leute genug, und ich müsse das Schicksal der anderen teilen. Unten im Hof waren die Einbrecher in Uniform. Wir konnten nicht aus dem Haus. Die Synagoge, das Schulzimmer etc. waren verwüstet. Auf der Straße sahen wir vor dem Laden des Herrn Oppenheimer Bücher und Thorarollen verbrennen*[40].

Rabbiner Richter entging nur dadurch der Verhaftung, daß er nicht auf der Liste der SA stand, da er erst im Frühjahr 1938 zugezogen war. Er war jetzt der einzige Rabbiner in Mannheim, bei dem alle Gemeindeglieder Rat und Hilfe suchten. Viele der Verschleppten kamen nicht mehr als Lebende in ihre Heimatstadt zurück. Rabbiner Richter berichtet: *Die ersten Särge kamen aus Dachau an mit den Überresten der im Lager Verstorbenen. Es wurde uns verboten, die Särge zu öffnen, und fast täglich hatten wir die traurige Pflicht, auf den Friedhof zu gehen, an der zerstörten Kapelle vorbei, um den Toten die letzte Ehre zu erweisen. Ich weiß nicht mehr, bei wievielen Beerdigungen ich als der einzige Rabbiner in Mannheim während des schweren Winters 1938/39 amtieren mußte. Nebst den Särgen aus Dachau erhielten wir auch Urnen mit der Asche der Toten aus Buchenwald. Viele Familien verloren einen Ehemann, einen Vater, einen Sohn, einen Bruder*[41].

Die ältere Generation, die bisher geglaubt hatte, noch einen friedlichen Lebensabend in ihrer Heimat verbringen zu können, sah sich jetzt auch zur Emigration gezwungen, zumal die Entlassungen aus dem KZ meist nur erfolgten, wenn die Auswanderung sichergestellt war. Richter schreibt: *Überall sah man Männer mit geschorenen Köpfen, die aus Dachau zurückgekommen waren, und große Lifts standen jeden Tag in den Straßen, um die Güter der Auswanderer zu empfangen*[42]. Die Leitung der jüdischen Gemeinde hatte im November 1938 der Kinderarzt Eugen Neter[43] übernommen, nachdem Karl Stiefel – von der Gestapo bedroht – den Vorsitz niederlegen mußte. Unter der tatkräftigen Führung von Neter versuchte die Gemeinde, sich einigermaßen zu konsolidieren. Die Gottesdienste wurden in einem notdürftig hergerichteten Raum der Klaus-Synagoge abgehalten. Die Schule in K2, die als städtisches Gebäude der Zerstörung entgangen war, öffnete ihre Pforten schon am 12. November wieder und konnte bis zum Juli 1939 dort bleiben. Dann siedelte sie in drei Lehrsäle der Klaus-Stiftung über, die für die durch die Auswanderung stark verminderte Schülerzahl ausreichten[44]. Die Leitung des Lehrhauses übernahm nach der Auswanderung von S. Billigheimer im März 1939 der bisherige Leiter der Aufbauschule, Kurt Berg. Neters besonderes Anliegen war es, den jungen Menschen gewisse handwerkliche Kenntnisse für ihre Auswanderung mitzugeben. Nach der Zerstörung der Anlernwerkstätte in Neckarau am 10. November gelang es ihm, neue Werkstätten für Elektriker, Mechaniker, Schneider, Schuhmacher und

---

40 Zit. nach H.-J. FLIEDNER Bd. 2, S. 334.
41 StA MANNHEIM, JD, Nr. 38.
42 Ebd.
43 Zur Biographie s. S. 131 f.
44 Vgl. H.-J. FLIEDNER, Judenverfolgung Bd. 1, S. 79.

Uhrmacher zu eröffnen, für die er geeignete jüdische Meister fand und unter größten Schwierigkeiten Material beschaffte[45]. Das jüdische Krankenhaus wurde schon in der Nacht vom 9./10. November die Zufluchtsstätte vieler Verfolgter aus der Pfalz, wo in Neustadt das jüdische Altersheim in Brand gesteckt worden war und an vielen Orten Pogrome stattgefunden hatten. Innerhalb weniger Stunden mußte das Krankenhaus 350 Schutzsuchende aufnehmen, was nur dadurch ermöglicht werden konnte, daß die Operationssäle und der Waschküchentrakt freigemacht wurden; nach zehn Tagen verwies die Stadtverwaltung die Flüchtlinge in die Pfalz zurück. Das Krankenhaus hatte auch danach mit großen Schwierigkeiten zu kämpfen, vor allem bei der Beschaffung von Lebensmitteln; so konnte der Brot- und Mehlhändler das Krankenhaus nur heimlich beliefern. Auch durfte das nichtjüdische Personal nicht mehr im Krankenhaus arbeiten, so daß die Oberin sich mit zum Teil ungeschultem Personal behelfen mußte[46].

Bei den Pogromen hatten viele ihren Haß gegen die Juden austoben können, aber es gab auch andere, die ihren jüdischen Mitbürgern zu helfen versuchten. Richter berichtet: *Um diese Zeit erhielten wir auch insgeheim Hilfe einiger christlicher Freunde, vor allem von Pfarrer Hermann Maas, einem wahren Helden ... Wir waren auch in der Lage, mit der Hilfe einiger befreundeter katholischer und evangelischer Geistlicher besonders bedrohten Menschen zu helfen, in die Schweiz oder nach Holland zu entkommen*[47].

Nach den Schreckensereignissen vom 9./10. November 1938 war aus der bisher noch geordneten Auswanderung eine Massenflucht geworden, um wenigstens das Leben zu retten. Soweit noch Vermögen vorhanden war, schrumpfte es immer mehr zusammen, indem nach der sogenannten Sühneleistung von einer Milliarde Mark, die im November 1938 den deutschen Juden auferlegt wurde, die Auswanderer noch mit einer Reichsfluchtsteuer und einer Auswandererabgabe belastet wurden, was nichts anderes als eine vom Staat angeordnete Beraubung darstellte. Schon bis Ende 1938 hatte die Auswanderung zugenommen; in den beiden Jahren 1937 und 1938 hatte etwa dieselbe Zahl Juden verlassen wie in den vier Jahren zuvor (1425 gegenüber 1458). Vom 1. Januar 1939 bis zum 20. Oktober 1940 folgten noch weitere 1044 Personen dem Flüchtlingsstrom, wobei nach Kriegsbeginn am 1. September 1939 kaum mehr eine Emigration möglich war. Demnach konnten in den ersten acht Monaten des Jahres 1939 noch etwa 1000 Verfolgte aus Mannheim entkommen[48]. Da immer noch eher Wohlhabende als Bedürftige die Ausreise ermöglichen konnten, verlor die Gemeinde gerade diejenigen, die bisher die Wohlfahrtsarbeit großzügig unterstützt hatten. Außerdem verließen die Führungskräfte in zunehmendem Maße die Gemeinde. Die umsichtige Leiterin des Wohlfahrtsamtes Mia Neter emigrierte im Februar 1939 nach Palästina und der Leiter des Lehrhauses Prof. Billigheimer im März 1939 nach Australien, dessen Nachfolger Kurt Berg im Mai 1940 in die USA. Dorthin ging auch Rabbiner Richter im April 1939 und dessen Nachfolger Frank Rosenthal (1911–1978) im März 1940. Die

---

45 Vgl. StA Mannheim D 9–5, 69.
46 H.-J. Fliedner, Judenverfolgung Bd. 2, Nr. 20.
47 StA Mannheim, JD, Nr. 38.
48 Vgl. H.-J. Fliedner, Judenverfolgung Bd. 1, S. 104.

Gemeinde, die zu dieser Zeit noch über 2000 Mitglieder hatte, stand jetzt ohne Rabbiner da.

Es war eine sterbende jüdische Gemeinde, die am Morgen des 22. Oktober 1940 völlig unvorbereitet die Deportation aus ihrer Heimat traf. Alle Mannheimer »Nichtarier« – außer den in Mischehe Lebenden und völlig Transportunfähigen 1972 Personen – wurden aus ihren Wohnungen und dem Krankenhaus geholt[49]. Über den Verlauf dieser Aktion im Krankenhaus berichtet der Leiter, der in Mischehe lebende Arzt Kurt Weigert (1881–1978): *Die Verschleppung wurde in Mannheim mit Härte durchgeführt. Einem Krankenhauspatienten mußte ich zum Transport den für ihn nötigen Dauerkatheter entfernen ... Im israelitischen Krankenhaus herrschte ein Chaos. Mindestens drei Viertel der Kranken und der Alterspensionäre waren verschleppt. Dr. Neter, Vorstand der Kultusgemeinde, war freiwillig mitgegangen, ebenso die Oberin Schwester Pauline Maier, sogar entgegen dem Befehl der Gestapo, die erst nachgab, als die Oberin darauf beharrte, bei ihren Kranken zu bleiben. Von den anderen zehn Schwestern blieb nur eine, in Mischehe verheiratete, verschont, vom jüdischen Verwaltungs-, Wirtschafts- und Küchenpersonal niemand. Die Küchenvorräte, insbesondere Butter, waren geplündert*[50].

In dem Lagebericht der Staatsanwaltschaft vom 6. November 1940 wurden acht Selbsttötungen am 22. Oktober 1940 registriert[51]. In dem Bericht des Chefs der Sicherheitspolizei und des Staatssicherheitsdienstes in Karlsruhe lesen wir: *Die Abschiebung der Juden ist in allen Orten Badens und der Pfalz reibungslos und ohne Zwischenfälle abgewickelt worden. Der Vorgang der Aktion selbst wurde von der Bevölkerung kaum wahrgenommen*[52]. Über das Verhalten der Bevölkerung schreibt Neter: *Es war sehr verschieden von dem im November 1938, die Bevölkerung verhielt sich ernst und ablehnend*[53]. Aber Beistand für die Verfolgten war selten; doch soll ein Fall erwähnt werden. Unter den Verhafteten befand sich die zur Christengemeinschaft übergetretene Maria Krehbiel-Darmstädter (1892–1943). Über ihre letzten Stunden in Mannheim berichtet Irmgard Herrmann: *Ich begleitete Maria gegen 12 Uhr zum Schloß, wohin sie sich gleichzeitig mit den Bewohnern des Hauses M 7, 17, alles Juden, zu begeben hatte. Ihr Gepäck bestand aus einem großen Rucksack, einer übervollen Tasche und einem rosafarbenen, gefüllten Kissenbezug, den ich, neben ihr gehend, trug. Schon dieser kleine von Polizisten eskortierte Zug bot ein erschütterndes Bild: Achtzigjährige, Kranke, Leute, die kaum mehr gehen konnten, waren dabei und schleppten sich ab. Frau Krehbiel war als einzige von jemand nicht hierher Gehörenden begleitet, und ich spürte ihre Dankbarkeit*[54].

Neter übergab die Geschäfte der jüdischen Gemeinde dem in Mischehe lebenden Hermann Hauser (1900–1966). Dieser nahm sich des Restes der Gemeinde an, der sich – soweit er nicht in Mischehe lebte – im jüdischen Krankenhaus befand. Es gelang ihm, im Februar 1941 die Wiedereröffnung des Schulunterrichtes für etwa 30 Kinder, darunter 22 aus Mannheim, zu erreichen. Der Unterricht wurde bis zur Schließung aller jüdischen Schulen am 30. Juni 1942 in B 7,2 abgehalten[55]. Das

---

49 StA Mannheim, JD, Nr. 61.
50 Zit. nach H.-J. Fliedner, Judenverfolgung Bd. 2, S. 45.
51 Vgl. ebd. Nr. 36.
52 Zit. nach P. Sauer S. 10.
53 Zit. nach H.-J. Fliedner, Judenverfolgung Bd. 2, S. 79.
54 M. Krehbiel-Darmstädter S. 18.
55 Vgl. H.-J. Fliedner, Judenverfolgung Bd. 2, Nr. 78 und Nr. 79.

Krankenhaus wurde von Dr. Weigert in Zusammenarbeit mit der einzigen noch verbliebenen Schwester, der in Mischehe lebenden Johanna Gödelmann (1909 bis 1975) mit größten Schwierigkeiten weitergeführt. Da die jüdischen Schwestern deportiert waren und nichtjüdische nicht beschäftigt werden durften, mußte man sich mit ungelerntem Hilfspersonal begnügen. Die geringeren Lebensmittelzuteilungen für »Nichtarier« konnten nur durch Umgehung von Bestimmungen und Entgegenkommen von Lieferanten etwas verbessert werden. Dasselbe galt für Verbandmaterial und Arzneimittel, wobei ein Mannheimer Apotheker dem Krankenhaus half[56]. Nach der Beschlagnahme des jüdischen Krankenhauses durch den Reichsführer SS am 24. Dezember 1941 und seiner Verlegung in das Gebäude B 7, 3 wurde es noch schwieriger, zumal nur noch kleinere Eingriffe in dem ehemaligen Badezimmer des Hauses vorgenommen werden konnten; Operationen konnten im Städtischen Krankenhaus dann vorgenommen werden, wenn sich verständnisvolle Ärzte über entgegenstehende Bestimmungen hinwegsetzten[57]. Das Haus B 7, 3 wurde Ende 1942 geschlossen.
Am 24. April 1942 wurden 32 und am 21. August 1942 noch 69 Juden in den Osten verschleppt, von wo sie nicht mehr zurückkehrten. Danach waren nur noch Juden in Mannheim, die in Mischehe lebten. Sie wurden zum Arbeitseinsatz herangezogen; z. B. hatte eine Kolonne auf der Friesenheimer Insel den Müll auf brauchbares Material zu durchsuchen, dabei wurden am 5. September 1944 mangels ausreichender Deckung neun Juden durch Fliegerbomben getötet. Beim letzten Transport im Februar 1945 nach Theresienstadt wurden noch 49 in Mischehe lebende Juden deportiert, die nach der Befreiung bis auf zwei wieder in ihre Heimat zurückkehrten[58]. Die am 22. Oktober 1940 nach Gurs bei Pau am Rand der Pyrenäen Verschleppten trafen dort völlig unzulängliche Verhältnisse an, da die französische Vichy-Regierung mit der Überstellung von über 6000 badischen und pfälzischen Juden in keiner Weise gerechnet hatte. Über die trostlosen Zustände im Lager Gurs unterrichtet der eingehende Bericht Neters[59] und das Buch von Hanna Schramm, die sich bei Ankunft der Deportierten schon im Lager befand[60]. So starben im Lager Gurs 149 Mannheimer Juden, wozu noch 98 Todesfälle in den Außenlagern von Gurs kamen. Es gelang nur wenigen, meist jüngeren Menschen, aus dem Lager zu entkommen und in Frankreich unterzutauchen oder über die Grenze nach Spanien oder der Schweiz zu fliehen. Die Überlebenden des Lagers Gurs und der Außenlager wurden vom August 1942 an in den Osten verschleppt und dort in den Gaskammern ermordet. Man wird davon ausgehen müssen, daß nahezu 2000 jüdische Bürger Mannheims dem Rassenwahn zum Opfer gefallen sind.
Überblickt man den letzten Zeitraum der einst so blühenden jüdischen Gemeinde Mannheims von 1933 bis 1940, in der sie von Jahr zu Jahr sich steigernde Entrechtung und Verfolgung zu ertragen hatte, so kann man es nur bewundern, wie sie sich in dieser Notzeit bewährt hat. Im Rahmen der immer mehr sich verengenden

---

56 Vgl. ders. (1978) S. 32.
57 Vgl. ders., Judenverfolgung Bd. 2, Nr. 21.
58 Vgl. ebd.
59 Vgl. ebd. Nr. 38.
60 Vgl. H. Schramm S. 61 ff.

Möglichkeiten hat sie auf sozialem, kulturellem und religiösem Gebiet alles getan, um – auch in dem verordneten Gettodasein – das Gemeindeleben zu erhalten. Auf ihre zukunftweisenden Leistungen bei dem Aufbau der eigenen jüdischen Schule hat Fliedner besonders hingewiesen[61]. Die Mannheimer jüdische Gemeinde stand auch nicht allein, sondern in der Gemeinschaft mit ihren deutschen Schwestergemeinden, die in der »Reichsvereinigung der Juden in Deutschland« zusammengefaßt waren. Diese Periode der jüdischen Selbsthilfe gerät leicht in Vergessenheit, so daß sie hier mit einem auch für Mannheim gültigen Satz von Robert Weltsch (1891–1982) abschließend gewürdigt werden soll: *Es war eine seltsame Zeit, wo mitten in der feindlichen und barbarischen Umgebung Inseln menschlicher Wärme und zielbewußten Handelns entstanden, wo in jüdischen Schulen und Jugendklubs Kinder sich glücklich fühlten, erfüllt mit Lebensmut und mit Begeisterung für menschliche Werte und für das Judentum zugleich, wo zwischen den gemeinsam Betroffenen und gemeinsam Handelnden ein menschlicher Zusammenhang war wie nie zuvor*[62].

---

61 Vgl. H.-J. FLIEDNER, Judenverfolgung Bd. 1, S. 232 f.
62 Zit. nach S. ADLER-RUDEL (1974) S. XIV.

2. Biographien

Der 2. Teil enthält Biographien von 52 jüdischen Persönlichkeiten, die im wirtschaftlichen, politischen, sozialen oder kulturellen Leben der Stadt Mannheim besonders hervorgetreten sind. Den einzelnen Biographien ist ein Überblick über Herkunft und Verwandtschaftsverhältnisse vorangestellt; am Ende werden Werk, Sekundärliteratur sowie einschlägige Archivalien nachgewiesen[1].
Aus Mannheim stammt knapp die Hälfte der 52 Ausgewählten (23), während die übrigen vorwiegend aus Nordbaden, Südhessen und der Rheinpfalz kommen, was der allgemeinen Zuwanderung aus dem Rhein-Neckar-Raum entspricht. Sie sind meist in der zweiten Hälfte des 19. Jhs. geboren und haben ihre Tätigkeit in Mannheim um die Jahrhundertwende ausgeübt. Von den 27 Akademikern hatte die Hälfte (14) an der nächstgelegenen Universität in Heidelberg studiert, die auch stark von den liberalen Ideen der Zeit erfüllt war. Die meisten widmeten sich dem Studium der Rechtswissenschaft (14) oder der Medizin (5), wobei sie vorwiegend in die freien Berufe des Arztes oder des Anwaltes strebten, zumal ihnen der Staatsdienst noch weitgehend verschlossen war. Daß jedoch immerhin zwei Juristen Richter in höchster Stellung wurden (Stein, Wetzlar), ist Ausdruck der Tatsache, daß Baden *die größte Anzahl jüdischer Richter*[2] hatte und ihnen auch Aufstiegsmöglichkeiten gab. Wenn in der folgenden Darstellung 14 Juristen, aber nur fünf Mediziner erscheinen, liegt der Grund nicht darin, daß es in Mannheim weniger jüdische Ärzte als Rechtsanwälte und Richter gab, sondern daß jene nach der Natur ihres Berufes seltener in der Öffentlichkeit hervortreten als diese.
Die Väter der 52 Ausgewählten waren überwiegend Kaufleute, aber auch Lehrer oder Rabbiner, von denen aber nur einer an einer Universität studiert hatte. Daraus geht hervor, von welchem Bildungswillen die jüdische Jugend erfüllt war, nachdem ihr der Zugang zum akademischen Studium eröffnet war. Dazu schreibt Monika Richarz: *Auffallend viele Söhne jüdischer Unternehmer zeigten schöngeistiges oder wissenschaftliches Interesse, studierten und traten in akademische Berufe über. Keineswegs war Wohlhabenheit die Voraussetzung für ein akademisches Studium, bezogen doch auch junge Männer vom Lande oder aus wirtschaftlich beengten Verhältnissen ... die Universität. Der Andrang von Juden zu den Hochschulen entsprang ebenso ihrem Willen zum Aufstieg ins Bildungsbürgertum wie der Tatsache, daß viele bereits in dieser Schicht aufgewachsen waren oder aber die kaufmännische Tradition ihrer Familie bewußt verlassen wollten*[3].
Daß unter den Biographien nur fünf Jüdinnen vertreten sind, entspricht der noch

---
1 Der formale Aufbau der Biographien folgt damit weitgehend der NDB.
2 P. PULZER S. 169.
3 M. RICHARZ Bd. 2, S. 32.

geringen öffentlichen Tätigkeit der Frauen bis zum Beginn unseres Jahrhunderts. Sie waren alle in sozialer Arbeit hauptberuflich oder ehrenamtlich tätig, wobei ihr Wirkungskreis über ihre Glaubensgenossen auf die ganze Bevölkerung hinausgriff. Im kommunalpolitischen Leben als Stadtverordnete oder Stadträte haben sich 16 der hier behandelten jüdischen Persönlichkeiten engagiert, davon sieben bei den Nationalliberalen bzw. der Deutschen Volkspartei, sechs bei der Fortschrittlichen Volkspartei bzw. der Deutschen Demokratischen Partei und drei bei den Sozialdemokraten. Dabei bestimmte die soziale Stellung im bürgerlichen Leben im wesentlichen die Zugehörigkeit zu den Parteien. So finden wir die Unternehmer, Großkaufleute und Bankiers bei den Nationalliberalen, die mittleren Kaufleute bei den Demokraten und einen Kaufmann bei den Sozialdemokraten. Die sieben Rechtsanwälte, deren Beruf eine gute Voraussetzung für die Tätigkeit im öffentlichen Leben war, verteilen sich auf alle drei Fraktionen, wobei die Demokraten mit drei Anwälten an der Spitze stehen.

In religiöser Hinsicht waren die dargestellten Persönlichkeiten in ihrer großen Mehrheit ebenso wie die christlichen Bürger Mannheims liberal. Nur sieben sind aus der jüdischen Gemeinde ausgetreten, davon drei im Zusammenhang mit der Heirat einer christlichen Frau. Die religiöse Spannweite reicht von einem Vertreter des gesetzestreuen Judentums (Unna) bis zu einem Anhänger des Kommunismus, der das Reich Gottes schon auf Erden verwirklichen wollte (Heymann). Zusammenfassend läßt sich feststellen, daß sich die jüdischen Mannheimer in ihren politischen und religiösen Auffassungen nicht grundsätzlich von ihren christlichen Mitbürgern unterschieden, so daß alle Voraussetzungen für ihre Integration erfüllt waren. Die für Christen und Juden so fruchtbare Zeit der deutsch-jüdischen Symbiose am Ende des 19. und zu Beginn des 20. Jh.s wird in den Lebensbildern dieser um Mannheim verdienten Persönlichkeiten besonders deutlich.

Appel, Julius, geb. 25. 6. 1881 Homburg v. d. H., gest. 20. 6. 1952 Mannheim.

V Maier, Rabbiner; *M* Anna Willstätter; ∞ Köln 1921 Rosa Hofmann (1895–1974); 2 *S*.

Appel lebte in seiner Kindheit von 1887 bis 1894 in Mannheim, wo sein Vater Stadtrabbiner war, ab 1894 in Karlsruhe. Er studierte Rechtswissenschaft in Heidelberg, München und Freiburg, wo er 1905 an der rechts- und staatswissenschaftlichen Fakultät promovierte. Seine erste Anstellung als Notar fand er in Neckarbischofsheim. 1914 rückte er als Kriegsfreiwilliger ins Feld und blieb bis 1918 draußen. Im Jahre 1919 wurde er als Notar nach Mannheim versetzt.

Hier war Appel auch in der jüdischen Gemeinde als Mitglied des Synagogenrates und des Kuratoriums des Lehrhauses aktiv. Viele Jahre war er Präsident der August-Lamey-Loge und Vorsitzender der Liberal-Jüdischen Vereinigung Mannheims. Sein besonderes Anliegen war die Erneuerung des Gottesdienstes durch stärkere Mitwirkung der Gemeinde. Dazu schreibt er in der Festausgabe des »Israelischen Gemeindeblatts« zum 75jährigen Jubiläum der Hauptsynagoge: *Der geordnete Gemeindegesang, von dem erfahrungsgemäß eine mächtige Wirkung auf das religiöse*

Gemüt ausgeht, müßte, hebräisch und deutsch, mit oder ohne Orgel, in ganz anderem, verstärktem Maße gepflegt werden wie bisher ... Der moderne Prediger darf nicht daran vorbeigehen, daß für viele, insbesondere junge Menschen, die Religion nur etwas bedeutet, wenn sie in Beziehung gesetzt wird zum täglichen Leben, seinen großen Fragestellungen und seinen kleinen irdischen Erlebnissen[1].

Am 19. Oktober 1934 wurde Appel das Ehrenkreuz für Frontkämpfer *im Namen des Führers und Reichskanzlers* verliehen; als Kriegsteilnehmer konnte er sein Amt noch bis Ende 1935 weiterführen. Bei den Pogromen vom 10. November 1938 wurde seine Wohnung demoliert, Schmuck und Bargeld gestohlen, Bücher verbrannt und er selbst nach Dachau verschleppt. In der Folge war auch er gezwungen, am 3. Januar 1939 in die USA auszuwandern, wo sich sein älterer Sohn schon befand. Seine Frau und seinen jüngeren Sohn sah er erst nach dem Krieg wieder. In den USA brachte sich Appel nur mühsam durch, z. B. war er zeitweise als Wärter in einer Heilanstalt tätig.

Nach dem Krieg ist er bei einem Besuch Mannheims unerwartet verstorben und wurde auf dem Mannheimer jüdischen Friedhof beigesetzt. In einem Kondolenzschreiben des Mannheimer Landgerichtspräsidenten Max Silberstein (1897–1966) heißt es: *Er war einer der großen in der Notariatsgeneration Appel, Schilling, Kellner, in einer Ära, in der der Ruf des Notariats Mannheim als richtunggebender Behörde gefestigt und die Bedeutung dieses so wichtigen und verantwortungsvollen Zweiges der Rechtspflege klar herausgestellt wurde ... Aufrichtigkeit und Lauterkeit kennzeichnen das Leben und das dienstliche Wirken dieses verdienstvollen Juristen, abgeklärte Weisheit und gütiger Humor halfen ihm, schwere Schicksale, die ihn unbilligerweise trafen, mit der Mannhaftigkeit zu ertragen, die wir an ihm stets bewunderten.*[2]

1 IGB 23. 6. 1930, S. 14.
2 StA Mannheim D 9–3, 37 Nr. 8. Max Silberstein wurde am 3. 4. 1897 in Mannheim geboren und 1931 Landgerichtsrat am Mannheimer Landgericht. Da er evangelischer Christ jüdischer Herkunft war, wurde er 1933 entlassen und emigrierte nach Frankreich. 1946–1955 war er Landgerichtspräsident in Mannheim und 1955–1966 Oberlandesgerichtspräsident in Karlsruhe. Am 28. 4. 1966 wurde ihm der Ehrenring der Stadt Mannheim verliehen, und am 4. 9. 1966 ist er in Mannheim gestorben.

W Der Vollzug der Freiheitsstrafen in Baden. Karlsruhe 1905 (Diss. Freiburg i. Br.).
A StA Mannheim, D 9–3, 37.

Bensheimer, Julius, geb. 22. 1. 1850 Mannheim, gest. 12. 4. 1917 Mannheim.

V Jakob (1807–1863), Buchhändler und Verleger; M Lore Sohn; ∞ Mannheim 1885 Alice Coblenz; (s. S. 80 f.); 1 S.

Bensheimer rückte nach Besuch des Gymnasiums als Einjähriger zum Militär ein und nahm als roter Dragoner am Deutsch-Französischen Krieg 1870/71 teil. Seine Ausbildung als Buchhändler erhielt er in der Straßburger Filiale des väterlichen Verlags. Im Jahre 1875 trat er in die Mannheimer Vereinsdruckerei ein, deren sämtliche Aktien er mit seinen beiden älteren Brüdern Sigmund und Albert im Jahre 1876 übernahm. Gleichzeitig wurde er Leiter des technischen Betriebs, während seine Brüder sich in kaufmännischen Bereich und Verlag teilten. Nach deren frühem Tod übernahm er 1906 die gesamte Leitung, wobei er durch seinen 26jährigen Neffen Heinrich Gütermann unterstützt wurde. Nachdem dieser 1914 eingezogen wurde, lag die Verantwortung in den schweren Kriegsjahren allein auf seinen Schultern, so daß ihn 1917 der Tod hinwegraffte[1]. Auf dem Mannheimer jüdischen Friedhof wurde er beigesetzt.

In den 40 Jahren seiner Tätigkeit war der Bensheimer-Verlag zu einem der bedeutendsten juristischen Fachverlage in Deutschland herangewachsen. Im Jahre 1880 hatte er die Herausgabe der badischen Justizgesetze übernommen und seit 1908 eine Sammlung deutscher Gesetze veröffentlicht, die 1927 schon 128 Bände umfaßte. Berühmte Juristen wie Düringer, Hachenburg, Heinsheimer waren Autoren des Verlags. Aber nicht nur juristische Literatur wurde verlegt, sondern auch pädagogische und Schulbücher und Hans Glücksteins Mundartdichtungen[2].

Als Herausgeber der bewußt demokratischen und weit über Mannheim verbreiteten »Neuen Badischen Landeszeitung« war Bensheimer auch im öffentlichen Leben tätig. Seit 1905 gehörte er als Mitglied der Fortschrittlichen Volkspartei dem Bürgerausschuß an und seit 1912 war er Mitglied des Stadtverordnetenvorstandes. Er war Vorsitzender der Mannheimer Ortsgruppe des Deutschen Zeitungsverlegervereins und Mitbegründer der August-Lamey-Loge, deren Vorsitz er mehrere Jahre inne hatte. Im Synagogenrat, dem Bensheimer ebenfalls angehörte, wurde er 1910 zum stellvertretenden Vorsitzenden gewählt.

1 StA Mannheim, S1/1578.
2 W. Bergdolt S. 179.

Bensheimer, Alice, geb. 6.5.1864 Bingen a. Rh., gest. 20.3.1935 Mannheim.

V Zacharias Coblenz, Weinhändler; *M* Emilie Meyer; ∞ Mannheim 1885 Julius Bensheimer (s. S. 79f.); 1 *S*.

Alice Bensheimer gründete 1896 den Frauenbund »Caritas«, der als Schwesternvereinigung der August-Lamey-Loge entstand. Seine Aufgabe war die Unterstützung von Witwen und Waisen, die Erziehung von armen Kindern und die Zuweisung von Arbeit an Arme, um sie vom Bettel abzuhalten[1]. Im Jahre 1899 wurde Alice Bensheimer Armenpflegerin und Mitglied der städtischen Armen- und Jugendamtskommission. Auf ihre Anregung wurde 1909 der Jugendfürsorgeausschuß gebildet, dessen Hauptaufgabe die Jugendgerichtshilfe war, bis diese 1923 auf das Jugendgericht überging. Im Ersten Weltkrieg leitete Alice Bensheimer die Zentrale für Kriegsfürsorge und nach dem Krieg die 1922 gegründete Mannheimer Notgemeinschaft, in der alle freien Wohlfahrtsverbände zusammengefaßt waren. Alice Bensheimer war auch im Vorstand des Bundes Deutscher Frauenvereine, dessen Schriftführerin sie seit 1904 war. Im Badischen Frauenbund gehörte sie dem Ausschuß zur Bekämpfung der Tuberkulose an.

Alice Bensheimer setzte sich besonders dafür ein, daß Frauen in den Gemeinden stärker zur Mitarbeit herangezogen werden sollten, wozu ihnen aber auch das erforderliche Rüstzeug vermittelt werden müßte: *Wir Frauen haben daher das größte Interesse an der Einführung von Bürgerkunde in den Schulen, und wir sollten keine Gelegenheit vorübergehen lassen, unsere Kenntnisse in Rechtsfragen zu vertiefen. Es ist grundfalsch, die Vereinsarbeit zu unterschätzen, wie das jetzt manche Frauen tun. Sie ist die beste Vorbereitung zur sozialen Arbeit im Dienst der Gemeinde*[2]. Alice Bensheimer gehörte der Fortschrittlichen Volkspartei und nach dem Ersten Weltkrieg der Deutschen Demokratischen Partei an, in der sie im weiteren Vorstand der Mannheimer Ortsgruppe war. Als es um die Erhaltung der Demokratie ging, unterzeichnete sie mit bekannten Mannheimer Frauen am 6.. April 1932 den Aufruf zur Wiederwahl Hindenburgs. Auf dem Mannheimer jüdischen Friedhof ruht sie an der Seite ihres schon 1917 verstorbenen Mannes.

1 F. WALTER (1907) Bd. 3, S. 480.
2 A. BENSHEIMER S. 195.

A StA MANNHEIM, S1/2484 und D 9–5.

Billigheimer, S a m u e l, geb. 3. 8. 1889 Feudenheim, gest. 17. 5. 1983 Melbourne (Australien).

V Karl (1864–1931), Religionslehrer; *M* Karoline Hess (1869–1943); ∞ Mannheim 1921 Gertrud Feitler (geb. 1896, lebt 1984 in Melbourne, Australien); 2 *S*.

Billigheimer legte 1907 das Abitur am Gymnasium in Mannheim ab und studierte Latein, Englisch, Französisch und Philosophie an der Universität Heidelberg, wo er 1911 an der philosophischen Fakultät promovierte. Im Jahre 1912 trat er in Mannheim in den badischen Schuldienst ein, wo er zuerst an der Elisabethschule und ab 1. Januar 1914 an der Lessingschule verwendet wurde. Als nicht kriegsdienstverwendungsfähig meldete er sich 1914 freiwillig zum Militärdolmetscherdienst, den er bis 1918 im Kriegsgefangenenlager Sennelager ableistete. Nach dem Ersten Weltkrieg unterrichtete er weiter an der Lessingschule, wo er neben seinen studierten Fächern noch Deutsch, Geschichte und Erdkunde übernahm. Über diesen vielseitigen Lehrauftrag hinaus wurde ihm im Jahre 1925 die Ausgestaltung der Schul- und Landheimfeste übertragen, wobei er Theateraufführungen und Sprechchöre einstudierte. Im Jahre 1931 trug der Sprechchor unter seiner Leitung zum Andenken an die im Ersten Weltkrieg Gefallenen das »Requiem« von Hebbel vor. Billigheimer gehörte dem Philologenverband und der Deutschen Demokratischen Partei an. Er veröffentlichte Aufsätze philosophischen und pädagogischen Inhalts in Fachzeitschriften und berichtete über Fachkongresse in der »Neuen Badischen Landeszeitung«. In der jüdischen Gemeinde war er Mitglied des Synagogenrats und der Landessynagoge und seit 1931 Vorsitzender der Liberal-Jüdischen Vereinigung Mannheims.
Im Mai 1933 wurde Billigheimer vom Dienst beurlaubt. Sein Gesuch auf Aufhebung der Beurlaubung legte der Schulleiter dem badischen Ministerium des Kultus und Unterrichts vor und bestätigte, daß Billigheimer *nach Fleiß, Befähigung*

und Leistung über dem Durchschnitt stehe, fügte aber als vorsichtiger Beamter hinzu: *Das endgültige Urteil darüber, ob das Maß »hervorragender« Bewährung im Sinne der 3. Durchführungsverordnung zum Reichsgesetz zur Wiederherstellung des Berufsbeamtentums vom 7. April 1933 im Falle des Professors Dr. Billigheimer erreicht sei, möchte ich dem Unterrichtsministerium überlassen.* Demgegenüber gab der Rektor des Friedrichgymnasiums in Freiburg, der von 1922 bis 1930 Leiter der Lessingschule gewesen war, ein uneingeschränktes positives Urteil ab: *Er hat sich ferner über das Maß des normalerweise zu verlangenden hinaus der Schule zur Verfügung gestellt. Er hat in privaten Lesekränzchen die Schüler um sich gesammelt, hat in langen Jahren die Feste der Schule nach ihrem deklamatorischen und z. T. auch nach ihrem musikalischen Teil vorbereitet und zu gutem Gelingen geführt (z. B. durch Einüben von Sprechchören), und es ist fast sein ausschließliches Verdienst, wenn die Feste, die der Erwerbung und Finanzierung des Landheims der Lessingschule dienen sollten, ein gewisses künstlerisches Gepräge erhielten und weithin Anklang fanden*[1].

Trotz der guten Beurteilungen wurde Billigheimer nicht wieder eingestellt. Den größten Nutzen aus diesem erzwungenen Abschied zog die jüdische Gemeinde, der sich Billigheimer als Leiter des Lehrhauses zur Verfügung stellte. Dazu schreibt Rabbiner Grünewald am 15. März 1938: *Nach dem Umbruch hat Dr. Billigheimer die Gesamtleitung des jüdischen Lehrhauses übernommen. Es ist ihm allein zuzuschreiben, daß das jüdische Lehrhaus zu einem wirksamen Instrument innerhalb der pädagogischen Bestrebungen geworden ist. Er hat während dieser Zeit eine große Kunst zu organisieren bewiesen, er hat Gründlichkeit mit der Anpassung an das von der Zeit Geforderte vereinigt. Während dieser Jahre stand er als pädagogischer Anreger und Berater in einem dauernden Kontakt mit der Lehrerschaft und mit der Jugend. Über den engeren Rahmen des Lehrhauses hinaus hat er an der Gestaltung der Lern- und Freizeit der Jugend durch Einrichtung von Kursen, von gemeinsamen Freitagabendfeiern, von künstlerischen Aufführungen entscheidend mitgewirkt. Unter seiner Leitung ist das Lehrhaus aufgeblüht*[2]. Bei den Pogromen vom 10. November 1938 wurde auch er nach Dachau verschleppt. Im März 1939 wanderte er nach Australien aus, wo er über 20 Jahre an einer Grammar School Deutsch, Französisch und Latein unterrichtete und in vielen Aufsätzen und Vorträgen Themen deutscher und jüdischer Geistesgeschichte behandelte. Für seine Verdienste um die Vermittlung deutscher Kultur wurde ihm am 27. Oktober 1970 das Große Verdienstkreuz der Bundesrepublik Deutschland verliehen.

1 Alle Zitate StA Mannheim D 9–3 Billigheimer.
2 Zit. nach H.-J. Fliedner, Judenverfolgung Bd. 2, S. 150.

W Das religiöse Leben Sully Prudhommes genetisch dargestellt. Freiburg i. Br. 1911 (Diss. Heidelberg); Karl Billigheimer. In: MH, 1972, H. 1, S. 38 ff.
A StA Mannheim D 9–3 Billigheimer.

Blaustein, Arthur, geb. 4.9.1878 Stolp (Pommern), gest. 30.4.1942 Baden-Baden.

V Bernhard, Kaufmann; *M* Minna Lewin; ∞ Mannheim 1907 Elisabeth Hitze de Waal (1884–1942); 1 *S,* 1 *T.*

Blaustein studierte nach Ablegung des Abiturs in Stolp von 1898 an Rechtswissenschaft, Nationalökonomie und Geschichte in Berlin, Leipzig und Heidelberg, wo er 1903 an der philosophischen Fakultät promovierte. Am 1. Mai 1904 trat er als wissenschaftlicher Hilfsarbeiter bei der Handelskammer Mannheim ein und wurde 1908 zum Syndikus berufen. Vor seiner Heirat mit der katholischen Elisabeth Hitze trat Blaustein zur evangelischen Kirche über. In schwerer Kriegs- und Nachkriegszeit hat Blaustein seine großen organisatorischen Fähigkeiten in den Dienst der Mannheimer Wirtschaft gestellt. Zum Nutzen Mannheims war er in vielen überörtlichen Gremien tätig. Von Anfang seiner Tätigkeit an war er Geschäftsführer des badischen Industrie- und Handelstages und seit 1917 Geschäftsführer der neugegründeten Vereinigung südwestdeutscher Handelskammern. Er war stellvertretender Vorsitzender des Mannheimer Verkehrsvereins und Mitglied des Fahrplanausschusses des Deutschen Industrie- und Handelstages. An der Fortbildung der Kaufleute nahm Blaustein regen Anteil, so daß er seit der Gründung der Handelshochschule im Jahre 1907 dort lehrte und 1923 zum Honorarprofessor ernannt wurde.

Neben seinen beruflichen Aufgaben entfaltete er eine umfangreiche schriftstellerische Tätigkeit, die sich mit den vielfältigen Problemen Mannheims und des Rhein-Neckar-Raumes befaßte. Nach dem Ersten Weltkrieg beschäftigte ihn vor allem die Grenzlage Mannheims, die durch den Verlust Elsaß-Lothringens und die Besetzung der Pfalz hervorgerufen war. Er befürwortete engere Beziehungen zwischen Mannheim und Ludwigshafen und darüber hinaus einen Zusammenschluß des Wirtschaftsgebietes Baden-Pfalz. Nach dem Ende der einjährigen französischen Besetzung eines Teils Mannheims im Herbst 1924 gab er die Schrift »Das befreite Mannheim« heraus, in deren abschließendem Aufsatz er die Gründung einer Gesellschaft vorschlägt, die eine Wiederbelebung der Akademie Karl Theodors von 1763 und der kurpfälzisch-deutschen Gesellschaft von 1775 darstellen sollte. Dazu schreibt er: *Die kurpfälzisch-deutsche Gesellschaft hätte durch gegenseitigen Gedankenaustausch und durch gegenseitige Hilfe, durch häufigere Zusammenkünfte, insbesondere auch mit in Berlin, Karlsruhe, München politisch maßgebenden Kreisen eine engere Fühlung herbeizuführen. In ihr würden alle Probleme wirtschaftlicher, kultureller Art, alle Zukunftspläne vorbesprochen und Wege gesucht werden, Schäden zu beheben und gemeinsame Aufgaben zu erfüllen*[1]. Leider ist diese Gesellschaft nie entstanden, aber die Gedanken Blausteins gingen in eine zukunftweisende Richtung, die nach dem Zweiten Weltkrieg mit der Gründung des Raumordnungsverbandes Rhein-Neckar eingeschlagen wurde.

Die auf das Ende der Inflation 1922/23 folgenden Jahre des wirtschaftlichen Wiederaufstiegs Deutschlands und damit auch Mannheims waren die Zeitspanne, in der Blaustein – als 50jähriger auf dem Höhepunkt seines Schaffens stehend – sich voll entfalten konnte. Im Jahre 1926 fand die Handelskammer in dem umgebauten

Gebäude L 1,2 eine angemessene Unterkunft. Bei der Einweihung sprachen der Präsident Richard Lenel und der Geschäftsführer. Blaustein sagte: *Die Aufgabe der Kammern ist es insbesondere auch, den Geist des Großkaufmanns der Vergangenheit in unserer verbürokratisierten Zeit zu pflegen und wieder aufleben zu lassen. Solchem Geist ist auch die Initiative zu diesem Bau, solcher Energie die Fertigstellung in kurzer Frist zu verdanken*[2]. Im Jahre 1928 wurde das 200jährige Jubiläum der Kammer gefeiert. Dazu gab Blaustein das Sammelwerk »Die Handelskammer Mannheim und ihre Vorläufer 1728–1928« heraus. Im Jahre darauf konnte Blaustein sein 25jähriges Dienstjubiläum begehen. Dazu schreibt die »Neue Mannheimer Zeitung«: *Heute gilt noch sein ganzes Wirken der inneren Gesundung und der Durchsetzung der Anerkennung der besonderen Aufgaben des oberrheinischen Wirtschaftsgebiets im deutschen Wirtschaftskörper, und in dieser Beziehung findet die Idee des Zusammenschlusses des Wirtschaftsgebietes Baden-Pfalz,* »*die Schlüsselstellung der Neugliederung Deutschlands*«, *in ihm ihren eifrigsten Vorkämpfer*[3].
Gleichzeitig mit dem Rücktritt des Präsidenten Lenel ließ sich Blaustein von der Handelskammer am 27. März 1933 beurlauben; am 7. April 1933 wurde er von seiner Lehrtätigkeit an der Handelshochschule beurlaubt. Im Juli 1934 übersiedelte er mit seiner Familie nach Baden-Baden. Eine großzügige Regelung seiner Pension durch die Handelskammer bewahrte ihn zwar vor materieller Not, aber die zunehmende Vereinsamung bedrückte die Eheleute schwer. Frau Blaustein, die als Leiterin des Vereins für Mutterschutz eine segensreiche Tätigkeit in Mannheim entfaltet hatte, starb gebrochenen Herzens am 2. April 1942[4]. Blaustein folgte seiner Frau aus eigenem Entschluß, zumal er durch ihren Tod den Schutz gegen die Deportation verloren hatte. In Baden-Baden fanden die Eheleute ein gemeinsames Grab.

1   A. BLAUSTEIN (1924) S. 85.
2   NEUE BADISCHE LANDESZEITUNG Nr. 642 vom 18. 12. 1926.
3   NMZ Nr. 199 vom 30. 4. 1929.
4   Vgl. R. BÖTTGER (1954) S. 8.

W   Die Entstehung der gewerkschaftlichen Arbeiterbewegung im deutschen Sattlergewerbe. Tübingen 1902 (Diss. Heidelberg); Hg: Das befreite Mannheim. Rechenschaftsbericht und Zukunftsprogramm. Mannheim 1924; Hg.: Die Handelskammer Mannheim und ihre Vorläufer 1728–1928, Mannheim o. J. (1928).
L   BadB NF 1, S. 60 ff.
A   StA MANNHEIM, S 1/2843; S 2/18–3; S 2/1477.

Cahen, Gustav, geb. 6. 7. 1871 Saarlouis, gest. 24. 6. 1956 New York.

V Moses, Kaufmann; M Barbara Lonsbach; ∞ Heidelberg 1898 Alice Reis (1875–1959); 2 T.

Cahen besuchte das Gymnasium in Metz und studierte Medizin in Würzburg, wo er vor allem bei Prof. Röntgen hörte, Berlin und Heidelberg, wo er Mitbegründer der jüdischen Verbindung »Badenia« (später »Bavaria«) war. Im Jahre 1896 legte er das medizinische Staatsexamen in Heidelberg ab und promovierte an der medizinischen Fakultät der Universität Würzburg. Nach einer Assistenzzeit in Heidelberg und Köln siedelte Cahen 1899 nach Mannheim über, wo er mit Dr. Fulda die orthopädische Heilanstalt in M 7,23 übernahm, die 1888 eröffnet worden war. Die Anstalt genoß großes Ansehen und wurde aufgrund der steigenden Zahl der Unfallverletzten mehrfach erweitert. Im Ersten Weltkrieg war Cahen als Stabsarzt in Ludwigshafen und später in Germersheim eingesetzt. Dort war der Schutz gegen Röntgenbestrahlungen so unzureichend, daß er sich schwere Verbrennungen an beiden Händen zuzog und an einer Hand drei und an der anderen Hand zwei Finger verlor[1]. Da er seinen ärztlichen Beruf nicht mehr ausüben konnte, wurde er am 15. Februar 1919 zum geschäftsführenden Arzt der »Gesellschaft der Ärzte in Mannheim« gewählt. In dieser Funktion war er mit vier weiteren Medizinern Mitglied des Vertrags- und Zulassungsausschusses in Karlsruhe, wo er die Sache seiner Standeskollegen mit großem Einsatz führte und das Kriegsbeil zwischen Krankenkassen und Ärzten begrub. Cahen war auch in der jüdischen Gemeinde tätig und gehörte von 1920-1935 der Gemeindevertretung an.

Im Jahre 1933 wurde er entlassen und zog zwei Jahre später mit seiner Frau zu seiner in Hamburg verheirateten Tochter, die 1940 mit ihrer Familie in die USA auswanderte. Kurz vor Kriegseintritt der USA konnte diese ihren Eltern, die am 17. April 1941 über Portugal und Kuba ins amerikanische Exil kamen, noch ein Einreisevisum beschaffen. In der Familie ihrer Tochter verbrachten Dr. Cahen und seine Frau einen friedlichen Lebensabend. Zum 60. Geburtstag Cahens am 4. Juli 1931 hatte die »Neue Mannheimer Zeitung« geschrieben: *Erfüllt von wahrer Leidenschaft um die Mission des Arztes in der Volksgesundheitspflege hat Dr. Cahen in diesem letzten Jahrzehnt Großes geleistet und geschaffen für den badischen Ärztestand. Mit hervorragendem Geschick leitet er die Verhandlungen zwischen Ärzten und den Exponenten der Sozialversicherung und ist ein treuer Sachwalter ärztlicher sozialer Einrichtungen, so der Versorgungskasse für badische Ärzte (Alters-, Invaliditäts- und Hinterbliebenenfürsorge), bei deren Gründung er in vorderster Linie beteiligt war*[2].

1 Mitteilung der Tochter GERDA OPPENHEIMER, Hallandale (Florida, USA), an den Verfasser vom 6. 10. 1982.
2 NMZ Nr. 304 vom 4. 7. 1931.

W Beiträge zur Histologie des primären Lungencarcinoms. Diss. Würzburg 1896.
L P. S. MEYER; CHRONIK DER ÄRZTE MANNHEIMS S. 170 und S. 305 f.; BHDE 1 S. 106.
A StA MANNHEIM, S 1/2045; Kl. Erw., Nr. 275, Bl. 57.

Darmstädter, Viktor, geb. 11. 8. 1858 Mannheim, gest. 30. 11. 1923 Mannheim.

V Jonas, Großkaufmann; M Marianne Mehler; ∞ Mannheim 1893 Alice Leoni (1873-1956), ∞ 2) Mannheim 1927 Friedrich Walter (1870-1956); 1 T.

Darmstädter studierte nach Besuch des Gymnasiums Rechtswissenschaft in Heidelberg, brach aber das Studium ab, um in das väterliche Geschäft, die 1785 gegründete Tuchgroßhandlung Josef Darmstädter & Söhne, einzutreten. Nach Ableistung seiner Militärdienstzeit als Einjähriger und einem dreijährigen Aufenthalt in England und Frankreich wurde er 1883 Teilhaber im väterlichen Geschäft. Darmstädter trat auch im öffentlichen Leben hervor, besonders durch die auf seine Initiative erfolgte Gründung des Verkehrsvereins im Jahre 1906. Als dessen 1. Vorsitzender betrieb er mit Eifer die Vorbereitungen auf die Veranstaltungen zum 300jährigen Stadtjubiläum des Jahres 1907. Ebenfalls 1907 wurde er als Vorstandsmitglied der Nationalliberalen in den Bürgerausschuß gewählt und zog ein Jahr später als Nachfolger des verstorbenen Fritz Hirschhorn in den Stadtrat ein, wo er sich vor allem für die Bewilligung der notwendigen Mittel für die Arbeit des Verkehrsvereins einsetzte. Diese wurden auf seinen Antrag im Jahre 1908 von 3000 auf 5000 Mark erhöht, damit der Verkehrsverein die Werbung für den neu entstandenen Industriehafen übernehmen konnte[1]. Darmstädter trat im Stadtrat auch für die sozialen Belange der Kaufmannschaft ein. Seinem Vorschlag zur Errichtung einer öffentlichen Schreibstube für stellenlose Kaufleute, die er in Basel kennengelernt hatte, entsprach der Stadtrat[2].

Im Jahre 1913 wurde das väterliche Geschäft aufgelöst, so daß der 55jährige tatkräftige Mann seine ganze Arbeitskraft dem Verkehrsverein widmen konnte. Über seine örtliche Tätigkeit hinaus war er Vorstandsmitglied des Badischen Verkehrsverbandes und des Rheinischen Verkehrsvereins, außerdem Mitglied des Badischen Landeseisenbahnrates. Dort versuchte er mit Nachdruck die durch die Grenzlage ungünstigen Eisenbahnverbindungen, die für Mannheims Wirtschaft sehr nachteilig waren, zu verbessern. Im Jahre 1919 verzichtete er auf eine ihm sichere Wiederwahl als Stadtrat, um sich ganz dem Wiederaufbau des Verkehrsvereins nach dem Krieg widmen zu können. Er erlebte noch zu seiner Freude, daß die Mitgliederzahl in den schweren Nachkriegsjahren von 954 (1921) auf 1200 (1922) anstieg[3]. Aber seine Gesundheit war so angegriffen, daß er nach 17jähriger erfolgreicher Arbeit den Vorsitz des Verkehrsvereins am 30. Juni 1923 niederlegen mußte. Zum Ehrenvorsitzenden ernannt, ist er schon am 30. November 1923 unerwartet verstorben. Da er 1903 mit seiner Ehefrau zur evangelischen Kirche übergetreten war, fand er auf dem Mannheimer Hauptfriedhof seine letzte Ruhestätte. Der Generalanzeiger schloß seinen Nachruf mit folgenden Worten: *In allen Kreisen der Mannheimer Bürgerschaft und weit über die Stadtgrenzen hinaus wird das schnelle Hinscheiden des bekannten und hochgeschätzten Mitbürgers, der sich schon zu Lebzeiten durch sein gemeinnütziges Wirken ein bleibendes Denkmal gesetzt hatte, aufrichtiges Mitgefühl und herzliche Teilnahme hervorrufen*[4].

1 Vgl. STADTRATSPROTOKOLL Nr. 3280 vom 23. 4. 1908.
2 Vgl. STADTRATSPROTOKOLL Nr. 10357 vom 4. 11. 1908.
3 Vgl. MANNHEIMER GENERAL-ANZEIGER Nr. 396 vom 30. 6. 1923.
4 Vgl. ebd. Nr. 556 vom 3. 12. 1923.

A STA MANNHEIM, S 1/1585.

Eller, Elias, geb. 24. 1. 1813 Mannheim , gest. 12. 8. 1872 Mannheim.

V Marx, Handelsmann; *M* Maria Lieber; ∞ Mannheim 1843 Henriette Marx (1824–?); 4 *S,* 1 *T.*

Eller studierte nach Besuch des Lyceums in Mannheim seit Herbst 1830 Rechtswissenschaft in Heidelberg und München und wurde 1842 zum Obergerichtsadvokaten in Mannheim ernannt. Im Jahre 1845 wurde er in den Bürgerausschuß gewählt. Seine Wahl in den Gemeinderat am 16. August 1848 wurde für ungültig erklärt, da nach § 13 der Gemeindeordnung nur Christen Mitglied des Gemeinderats werden durften. Nach der Verwerfung des Rekurses durch das Innenministerium wandte sich die Stadt Mannheim an das Staatsministerium, das die Wahl durch Verfügung vom 19. Februar 1849 als gültig erklärte, da nach Art. 16 der Frankfurter Reichsverfassung der Genuß der bürgerlichen und staatsbürgerlichen Rechte durch das religiöse Bekenntnis weder bedingt noch beschränkt seien[1]. So konnte Eller in den Gemeinderat eintreten, der aber nach der Niederschlagung der Revolution im Herbst 1849 nicht mehr zusammentrat. In den am 19. Dezember 1851 neugewählten Gemeiderat kam Eller nicht, da dieser von den liberal-konservativen Kräften bestimmt war; erst 1862 wurde Eller wieder in den großen Bürgerausschuß gewählt.

Eller bewährte sich in der Revolutionszeit als Verteidiger in politischen Prozessen. Mit Lorenz Brentano vertrat er den wegen Hochverrats angeklagten Redakteur Grohe von der Mannheimer »Abendzeitung«, der am 1. September 1848 vom Hofgericht in Mannheim freigesprochen wurde[2]. Im Sommer 1849 wurde Eller selbst verhaftet und des Hochverrats angeklagt. Gegen das freisprechende Urteil legte der Staatsanwalt Berufung ein, die im Oktober 1850 vom Oberhofgericht in Karlsruhe verworfen wurde[3]. In den folgenden Jahren der Reaktion trat Eller nach außen nicht hervor, doch sein Interesse an Bildungsfragen bewies er dadurch, daß er dem am 22. November 1860 gegründeten »Komité zur Errichtung einer Töchterschule« beitrat, die am 18. Mai 1863 als privates Institut eröffnet wurde[4]. Auch an überörtlichen Tagungen nahm er teil, so an der Demokratischen Tagung in Darmstadt am 18. September 1865[5].

Im Jahre 1869 gehörte Eller dem provisorischen Zentralausschuß für die Bildung einer Wahlreformliga an, die allgemeine, direkte und geheime Wahlen forderte. In einer vom Demokratischen Verein am 11. März 1869 einberufenen Volksversammlung begründete Eller die Adresse an den Großherzog, die der Ausschuß entworfen hatte. Anhaltenden Beifall erhielt er für den Satz: *Das Volk erkenne, daß man nicht durch die Einheit zur Freiheit komme, darum schreibe es die Freiheit zuerst auf seine Fahne und begehre ein in Freiheit geeinigtes deutsches Vaterland*[6]. Durch das Vertrauen seiner Mitbürger wurde Eller am 2. Dezember 1870 wieder in den Gemeinderat und am 12. Oktober 1871 in den Landtag gewählt. Kaum ein Jahr später riß ihn der Tod aus seiner rastlosen politischen Arbeit. Auf dem Mannheimer jüdischen Friedhof fand er seine letzte Ruhestätte.

1 Vgl. GLA 233/18457.
2 Vgl. F. WALTER (1907) Bd. 2, S. 353.
3 Vgl. ebd., S. 405.
4 Vgl. ebd., S. 480.
5 Vgl. R. WEBER S. 222.
6 Vgl. J. SCHADT (1977) S. 64.

A Mitteilung des UA HEIDELBERG an den Verfasser vom 3. 6. 1982.

Eppstein, Paul, geb. 4.3.1902 Ludwigshafen a. Rh., gest. 27.9.1944 KZ Theresienstadt.

V Isidor, Kaufmann; *M* Johanna Scharff; ∞ Ludwigshafen a. Rh. 1930 Dr. Hedwig Strauß (1903–1944).

Eppstein kam schon als Kind nach Mannheim, wo er 1920 an der Oberrealschule das Abitur ablegte. Von 1920–1924 studierte er Rechts- und Staatswissenschaft, Volkswirtschaft, Philosophie und Soziologie an der Universität Heidelberg und promovierte dort 1924 an der philosophischen Fakultät. Am 1. Mai 1924 wurde er Assistent am Volkswirtschaftlichen Seminar der Handelshochschule Mannheim, wo er sich 1929 bei Prof. Altmann habilitierte und zum Privatdozenten ernannt wurde.

Im Jahre 1928 hatte er die Leitung der Mannheimer Volkshochschule übernommen, über deren Ziel er folgendes schreibt: *Es besteht in der Vermittlung sachlich bestimmten Wissens in möglichster Vertiefung, in der Schaffung eines Meinungsaustausches über weltanschaulich umstrittene Probleme, schließlich in der Stärkung einer über alle Spannungen hinaustragenden Gemeinschaftsbildung der Hörer. So gesehen umfaßt die Volkshochschule die Erwachsenenbildung vom elementaren Unterricht (in schulischer und seminaristischer Form) bis zur Orientierung über die in der Zeit um Gestaltung ringenden Tendenzen*[1]. In der Zeit der wachsenden Arbeitslosigkeit nach 1929, als schon ein Drittel der Hörer seine Stelle verloren hatte, rief Eppstein eine Notschule mit Fach- und Sprachkursen ins Leben, die durch Filmvorführungen sowie künstlerisch-gymnastische und sportliche Veranstaltungen ergänzt wurden. Es ging ihm darum, die unfreiwillige Freizeit der Erwachsenen sinnvoll zu verwenden, wobei die öffentliche Hand mit den freien Verbänden zusammenarbeiten sollte: *Diesem Bedürfnis zu entsprechen ist in erster Linie Aufgabe des Staates und der Städte. Sie haben die objektiven Möglichkeiten darzubieten, die dann von den Erwerbslosen freiwillig ergriffen werden können ... Wie in der sozialen Fürsorge ein Kreislauf der Eliten in Beruf und Ehrenamt festgestellt worden ist, so kann auch in der Erwerbslosenhilfe eine fruchtbare Spannung und Ergänzung amtlicher, schulmäßig aufgebauter und ehrenamtlicher, von Verbänden selbst getragener Fortbildungsarbeit erfolgen, namentlich dann, wenn diese Arbeit des vorübergehenden Charakters einer »Winterhilfe« entkleidet und als dauernder Bestandteil des öffentlichen Bildungswesens anerkannt wird*[2]. Eppstein war nicht nur ein Theoretiker der Sozialhilfe, sondern er wollte auch selbst dazu beitragen, die soziale Not zu lindern: *Fast jede Woche einmal ließ Dr. Eppstein das Auto in der Max-Joseph-Straße parken und ging zwei große, mit Strümpfchen, Kleidchen und Lebensmitteln vollgestopfte Taschen in jeder Hand zu den Spelzengärtlern*[3]. Seine Frau war nach Beendigung ihres Studiums in Heidelberg die engste Mitarbeiterin von Mia Neter, der Leiterin des jüdischen Wohlfahrtsamtes.

Grünewald schreibt über Eppstein: *Er war aus den Schulen der großen Soziologen Deutschlands hervorgegangen, von vielseitiger und gründlicher Bildung, einfallsreich und schöpferisch. Er half uns in der Schaffung von Sprechchören, in der musikalischen Gestaltung. Er entwarf Programme für unsere Arbeitstagungen, die von Vertretern anderer Jugendorganisationen außerhalb Mannheims beschickt wurden. Seine Vorträge, Ergebnisse gewissenhaften*

Denkens, sind mir in lebhafter Erinnerung. Aus der Mitarbeit entwickelte sich Freundschaft, in der er, wie ich glaube, nicht nur Gebender, sondern auch Empfangender war. Der Weg ins Judentum fing damals für ihn an und damit auch in seiner Persönlichkeitsbildung der Weg vom Abstrakten zum Konkreten, zu echter und nicht nur hingeträumter Gemeinschaft. In der Zeit, in der ich ihn kennenlernte, gehörte er zu den besten Hoffnungen der jungen Generation[4].

Am 7. April 1933 wurde Eppstein als Privatdozent beurlaubt und Mitte Juni 1933 mußte er auch die Leitung der Volkshochschule abgeben. Im Jahre 1934 ging er als Vorstandsmitglied der Reichsvertretung der deutschen Juden nach Berlin, wo er die Auswanderungsstelle leitete. Seine Frau folgte ihm in die Reichshauptstadt als Leiterin der Kinder- und Jugend-Alijah, durch die noch viele Kinder ins Ausland in Sicherheit gebracht wurden. Paul und Hedwig Eppstein selbst verzichteten auf eine mögliche Auswanderung, um anderen den Weg ins rettende Exil zu ebnen. Im Januar 1943 wurden sie ins KZ Theresienstadt deportiert, wo Eppstein als »Judenältester« eingesetzt wurde, der die unlösbare Aufgabe erfüllen sollte, die rigorosen Anordnungen der Lagerleitung durchzuführen und sich doch für die Häftlinge einzusetzen. Hans Günther Adler hat sich in seinem umfassenden Werk über das KZ Theresienstadt kritisch über das Verhalten Eppsteins geäußert, wobei er aber einschränkend bemerkt: ... *das letzte Urteil steht uns nicht zu*[5]. Am 27. September 1944 wurde Eppstein aus nicht mehr zu klärenden Gründen auf der Kleinen Festung von Theresienstadt erschossen und seine Frau anschließend nach Auschwitz deportiert, wo sie umgekommen ist. Zur Erinnerung an ihren verdienten Leiter hat die Mannheimer Volkshochschule im Jahre 1972 in ihren Räumen eine von der Bildhauerin Tutti Veith geschaffene Büste von Eppstein aufgestellt.

1 NMZ Nr. 95 vom 26. 2. 1930.
2 DIE LEBENDIGE STADT, 1931/32, H. 6, S. 127.
3 MANNHEIMER MORGEN Nr. 136 vom 29. 11. 1947.
4 StA MANNHEIM D 9–3 E, »Erinnerung an Paul Eppstein« – verfaßt von Dr. Max Grünewald. Hier zit. nach H.-J. FLIEDNER, Judenverfolgung Bd. 2, S. 155.
5 H. G. ADLER XIX.

W Der Durchschnitt als statistische Fiktion. Diss. Heidelberg 1924 (masch. Ms.); Die Fragestellung nach der Wirklichkeit im historischen Materialismus. In: Archiv für Sozialwissenschaft und Sozialpolitik 60, 1928, S. 449–507; Die Möglichkeit einer ökonomischen Symptomatik. Mannheim 1929 (Habil.).
L R. BOLLMUS; W. WENDLING (1983).
A GLA 235/1935 (Personalakten); 235/30891; StA MANNHEIM, S 2/132–1; Kl. Erw., Nr. 721.

Frank, L u d w i g, geb. 23. 5. 1874 Nonnenweier b. Kehl (heute Schwanau), gef. 3. 9. 1914 bei Nossoncourt (Lothringen).

V Samuel (1841–1915), Handelsmann; *M* Fanny Frank (1837–1926).

Frank legte 1893 auf dem Gymnasium in Lahr das Abitur ab. In seinen letzten Schuljahren gehörte er dem von einem Lehrer gegründeten Lessingverein an, der zunächst allgemeine literarische Interessen pflegte, sich aber später mehr mit der sozialdemokratischen Theorie beschäftigte[1]. Dieser Einfluß machte sich in der

Abiturientenrede geltend, die Frank als Primus zu halten hatte: *Wenn wir ganz im Geiste des großen Reformators Lessing aufgehen wollen, müssen wir die Wahrheit nicht bloß suchen, sondern die praktischen Folgerungen aus ihr ziehen: Wir müssen gerecht werden, wir müssen ein Herz haben für die Leiden der Tieferstehenden. Wir dürfen uns nicht rüsten zu einem roh-egoistischen Interessenkampf, nein, unser Streiten sei ein Streiten um das Wohl aller, im Dienste der Allgemeinheit*[2].

Im Herbst 1893 nahm Frank in Freiburg das Studium der Rechtswissenschaft und Volkswirtschaftslehre auf, wo er mit gleichgesinnten Studenten den »Sozialwissenschaftlichen Studienverein« gründete. Rückblickend auf diese Zeit schrieb er 1914 in der Zeitschrift »März«: *In diesem Verein wurde unermüdlich gestritten über Gott und Zeit, über den Sinn der Geschichte und über die werdende Zukunft. Je schwieriger die Rätsel waren, um so lieber wurde die Lösung versucht*[3]. 1894/95 leistete Frank seinen Militärdienst als Einjähriger in Freiburg ab. Im Wintersemester 1895/96 studierte er in Berlin, um dann wieder nach Freiburg zurückzukehren, wo er im April 1897 die erste juristische Staatsprüfung bestand. Anschließend war er als Rechtspraktikant an den Amtsgerichten Lahr und Staufen, an den Landgerichten Mosbach und Karlsruhe und im Sommer 1899 in einer Anwaltskanzlei in Mannheim tätig. Im Jahre 1899 promovierte er an der rechts- und staatswissenschaftlichen Fakultät der Universität Freiburg. In dieser Zeit begann er zu schreiben und veröffentlichte im »Wahren Jakob«, dem sozialdemokratischen Witzblatt, lustige Schwarzwälder Geschichten, aber auch politische Aufsätze in der »Neuen Zeit«, dem wissenschaftlichen Organ der Sozialdemokratie, der er sich 1895 angeschlossen hatte.

Nach Ablegung der zweiten juristischen Staatsprüfung im Sommer 1900 ließ er sich im Oktober 1900 in Mannheim als Rechtsanwalt nieder, weil er in der Stadt mit dem stärksten sozialdemokratischen Ortsverein Badens die besten Voraussetzungen für seine politische Tätigkeit sah. Bald wurde er als Mitarbeiter der Mannheimer »Volksstimme«, durch öffentliche Kundgebungen und Arbeiterkurse bekannt, so daß er schon 1904 in den Bürgerausschuß gewählt wurde. Im gleichen Jahre hatte Frank auf dem Internationalen Sozialistenkongreß in Amsterdam die belgische sozialistische Jugendbewegung kennengelernt, worauf er in Mannheim den »Verband junger Arbeiter« ins Leben rief; im Februar 1906 entstand unter seiner maßgeblichen Mitwirkung in Karlsruhe der »Verband junger Arbeiter Deutschlands (Sitz Mannheim)«; für dessen Zeitschrift »Die junge Garde« übernahm Frank die Redaktion. Unmittelbar nach dem Mannheimer Parteitag der SPD von 1906 wurde am selben Ort die erste Generalversammlung des nun sog. Verbandes junger Arbeiter und Arbeiterinnen Deutschlands abgehalten; in den beiden nächsten Jahren wuchs die sozialdemokratische Jugendorganisation auf 3000 Mitglieder an; die Zeitschrift »Die Junge Garde« gewann 4500 Abonnenten. Als durch das Reichsvereinsgesetz von 1908 den Jugendlichen unter 18 Jahren die Mitgliedschaft in politischen Organisationen verboten wurde, mußte sich der Verband auflösen, aber Frank fand eine neue Form der Organisation, um das Organ der sozialdemokratischen Zentralstelle für die arbeitende Jugend Deutschlands, die »Arbeiter-Jugend«, im alten Geiste weiterzuführen.

Im Jahre 1905 wurde Frank in den badischen Landtag und 1907 in den Reichstag gewählt. Im Landtag setzte er sich gemeinsam mit dem Fraktionsvorsitzenden

Wilhelm Kolb (1870–1918) für die Bildung des »Großblocks« aus Sozialdemokraten, Demokraten und Nationalliberalen ein, die gegen das klerikale Zentrum, die stärkste Fraktion, zusammengingen. Auf dem Parteitag der Sozialdemokratie in Nürnberg im September 1908 mißbilligte eine Mehrheit die mit der »Großblockpolitik« verbundene Budgetbewilligung durch die SPD-Fraktion im badischen Landtag, aber die regionale Parteiorganisation stellte sich hinter ihre Mandatsträger. Daß der Wähler mit dieser Haltung einverstanden war, zeigte das Ergebnis der Landtagswahlen von 1909, bei denen die Sozialdemokratie acht neue Sitze zu den bisherigen zwölf hinzugewann. Bei den Reichstagswahlen von 1912 war Frank schon so bekannt, daß er in ganz Baden eingesetzt wurde. Über eine Wahlveranstaltung in Neulußheim bei Mannheim lesen wir: *Frank stellte durch die Wärme und Einfachheit seiner Sprache die Beziehungen zu den Arbeitern sofort her*[4]. Die Wirksamkeit Franks lag gerade darin, daß er den einfachen Mann ebenso ansprechen konnte wie den Akademiker. Dazu schreibt ein Münchener Rechtsanwalt, den Frank für den Beitritt zur sozialdemokratischen Partei gewann: *Mit dem sachlichen Gewicht seiner Gründe und mit der zu Herzen gehenden Wärme seines Tones, mit der einfachen Kameradschaft seines Wesens überzeugte er mich, daß ich doch den organisatorischen Anschluß da finden müsse, wo so vieles erstrebt wurde, was auch ich erstrebte*[5].
Schon im Jahre 1913 sah Frank im Zusammenhang mit der neuen Heeresvorlage die Gefahr des Ausbruchs eines Krieges. Er bereitete daher die Berner Konferenz vom Mai 1913 mit vor, bei der sich deutsche und französische Sozialisten unter der Führung von Jean Jaurès trafen. Von der Konferenz berichtete er in der »Volksstimme«: *Diese Demonstration für den Frieden ist von unschätzbarer volkserzieherischer Bedeutung hüben und drüben, und wir haben die Überzeugung heimgetragen, daß die Versöhnung der Nachbarn keine Utopie mehr ist, sondern mit gutem Willen und unermüdlicher Arbeit erreicht werden kann*[6]. Als der Krieg unmittelbar bevorstand, sprach Frank am 29. Juli 1914 auf einer Friedenskundgebung im überfüllten Musensaal: *Mit Ernst und Würde wollen wir gegen die Ausbrüche von Völkerhaß und Gedankenlosigkeit die Stimmen der Menschlichkeit und der Vernunft reden lassen*[7].
Leider verhallte die Stimme ungehört, und der Krieg brach drei Tage später aus. Jetzt meldete sich Frank freiwillig und gab folgende Begründung: *Ich habe den sehnlichen Wunsch, den Krieg zu überleben und dann am Innenbau des Reiches mitzuschaffen. Aber jetzt ist für mich der einzig mögliche Platz in der Linie, in Reih und Glied, und ich gehe wie alle anderen freudig und siegessicher*[8]. Zu dieser positiven Haltung Franks zum Vaterland hat seine Verwurzelung im badischen Heimatboden beigetragen, in den auch seine jüdische Herkunft eingebettet war: *In früheren Jahren habe ich mein starkes Interesse für das Schicksal des jüdischen Volkes wie eine Last empfunden – jetzt fühle ich es als einen Besitz, den ich nicht missen möchte*[9]. Schon am 3. September 1914 ist Frank bei Nossoncourt in Lothringen gefallen, wo er auch sein Soldatengrab fand. Zu seinem zehnten Todestag am 3. September 1924 hat das »Reichsbanner« im Luisenpark ein Denkmal für ihn enthüllt, das von den nationalsozialistischen Machthabern nach 1933 zerstört wurde.
In der Weimarer Republik hatte sich nur eine demokratische Schutzorganisation zu Frank bekannt, in der Bundesrepublik halten die Stadt Mannheim und die Bundeswehr das Gedächtnis an ihn aufrecht. Die Stadt Mannheim hat im Jahre 1950 im

Luisenpark eine Jünglingsfigur zu seinem Gedächtnis aufgestellt; ein Gymnasium und eine Bundeswehrkaserne tragen seinen Namen. Theodor Heuss, der seit dem Mannheimer Parteitag der SPD von 1906 mit Frank befreundet war, schreibt über den Politiker aus dem Schwarzwalddorf: *Dem Bäuerlich-Schweren und zugleich Behaglich-Bedächtigen bin ich im südwestdeutschen Raum bei manchen Juden dörflicher Herkunft begegnet. Frank war zwischen den »kleinen Leuten« aufgewachsen, kannte ihre Sorgen, sprach ihre Sprache – den Überschuß an physischer Kraft, der bei dem mächtigen, knochigen Mann geradezu spürbar war, verbrauchte er in einer leidenschaftlichen Bergkletterei.* Und Heuss bedauert, daß Franks Opfer keine geschichtliche Wirkung hervorgebracht hat: *Besäßen die Deutschen eine größere Begabung für den Sinn echter Tragik, als ihnen eigen ist, dann hätte auch der rasche Soldatentod des ungedienten kriegsfreiwilligen jüdischen Rechtsanwalts und Abgeordneten als symbolkräftiges Opfer jene Geschichtsmäßigkeit gewinnen können, gewinnen müssen, die von dem lebendig wirkenden Manne erwartet wurde*[10].

1 J. Schadt (1981) S. 46 ff.
2 Zit. nach R. G. Haebler S. 15.
3 Zit. nach ebd. S. 16.
4 H. Wachenheim (1973) S. 47.
5 Zit. nach Philipp Löwenfeld. In: M. Richarz Bd. 2, S. 319.
6 Zit. nach R. Haebler S. 38.
7 Zit. nach F. Walter, Schicksal Bd. 1, S. 193.
8 Kriegsbriefe S. 44.
9 H. Wachenheim (1924) S. 324.
10 Th. Heuss, S. 41. Mit der Annahme, Frank sei »ungedient« ins Feld gezogen, befand sich Heuss im Irrtum.

W Die Entwicklung der Innungen in Baden, Diss. Freiburg i. Br. 1899; Briefe aus Amsterdam, Offenburg 1904; Die russische Revolution, Mannheim 1905; Die jugendlichen Arbeiter und ihre Organisation, Berlin 1906; Die bürgerlichen Parteien des deutschen Reichstags, Stuttgart 1911; Aufsätze, Reden und Briefe. Hg. von Hedwig Wachenheim. Berlin 1924.
L S. Grünebaum; R. G. Haebler; W. Blumenberg S. 109–115; NDB 5, S. 343; H. Wachenheim (1964); S. Tegel; E. Labsch-Benz.
A GLA 234/2344 (Personalakten). StA Mannheim, S 1/198.

Grünbaum, Rosa, geb. 4. 12. 1881 Karlsruhe, gest. KZ Auschwitz 1942.

V Lazarus, Handelsmann; M Magdalene Hirsch; Schw. Viktoria, gen. Dora (1879–1940).

Rosa Grünbaum kam in ihrer Jugend nach Mannheim, wo sie das Elend der Arbeiterkinder erlebte, die wegen der unumgänglichen Berufstätigkeit ihrer Mütter auf die Straße geschickt wurden. Mit ihrer älteren Schwester Dora sammelte sie Kinder und erhielt von der jüdischen Gemeinde Räume in F 1,11. Als die Zahl der Kinder über 100 anwuchs, lernte sie junge Mädchen als Helferinnen an und richtete unter Mithilfe des Kinderarztes Eugen Neter[1] weitere Kindergärten ein, die nach dem Ersten Weltkrieg von der Stadt übernommen wurden. Das von Rosa Grünbaum gegründete Kindergärtnerinnenseminar wurde 1920 zum städtischen »Fröbelseminar«, und die beiden Schwestern Grünbaum wurden in das Beamtenverhältnis übernommen, wodurch sie auch eine finanzielle Sicherung erhielten.

Die persönliche Ausstrahlung von Rosa Grünbaum beschreibt ihre frühere Schülerin Mia Neter: *Diese kleine grazile Gestalt mit der leisen Stimme, deren seelischer Unterton uns aufhorchen ließ, wie rasch wurde sie für uns alle in der Klasse zu jener stillen, fast könnte man sagen ungewollten Autorität, die man als junger eindrucksfähiger Mensch mit aller Aufgeschlossenheit wahrnimmt. Sie gehört zu jenen seltenen Erziehern, die einfach durch ihr Dasein und Sosein wirkte und uns gar nicht zu sagen brauchte, »wie man's macht«. Ich erlebte sie mitten unter den Kindern im Kindergarten, und ich erlebte sie als Lehrerin im Seminar. Wer liebte sie nicht? Wenn sie unter den Kindern stand, und war ihre Schar noch so überlebhaft, so entstand sofort ein Horchen, Aufhorchen und Gehorchen. Ich hörte sie nie ihre Stimme erheben, aber wir spürten in ihrer Haltung, daß das Interesse des Kindes ihr tiefstes Anliegen war*[2].

Im Jahre 1933 wurde ihr die Leitung des »Fröbelseminars« weggenommen, worauf sie sich in der jüdischen Gemeinde sozial betätigte. Als diese im Winter 1935/36 eine eigene Winterhilfe einrichten mußte, übernahm Rosa Grünbaum mit dem Kinderarzt Siegfried Bruchsaler (1901–1975) die Leitung[3]. Am 22. Oktober 1940 wurde sie mit ihrer Schwester nach Gurs deportiert, wo diese schon nach einem Monat gestorben ist. Rosa Grünbaum wurde im Sommer 1942 nach Auschwitz verschleppt, wo sie umgekommen ist. Am Eingang des 1926 errichteten Gebäudes des Fröbelseminars erinnert eine Gedenktafel an die Schwestern Grünbaum.

1 Zu E. Neter s. S. 131 f.
2 H.-J. FLIEDNER, Judenverfolgung Bd. 2, S. 156 f.
3 Vgl. ebd. Bd. 1, S. 51.

L FRIEDRICH-FRÖBEL-SCHULE.
A StA MANNHEIM D 9-3 Grünbaum.

Grünewald, Max, geb. 4. 12. 1899 Königshütte (Oberschlesien), lebt 1984 in Millburn (New Jersey, USA).

V Simon, Schulrektor; *M* Klara Ostheimer; ∞ Mannheim 1926 Hedwig Horowitz (1896–1974); 2 *S*.

Grünewald besuchte das jüdisch-theologische Seminar und die Universität in Breslau, wo er Philosophie, Psychologie, Nationalökonomie und orientalische Sprachen studierte und an der philosophischen Fakultät bei Prof. Kühnemann promovierte. Die Mannheimer Gemeinde berief ihn zum 1. April 1925 zum Jugendrabbiner, der mit wachem und kritischem Blick die Entwicklung der von ihm gegründeten Jugendgemeinde verfolgte, die das jüdische Bewußtsein der Jugendlichen wiedererwecken sollte. Beim Abschied Grünewalds von Mannheim im Frühjahr 1938 lesen wir über die fruchtbare Wirkung der Jugendgemeinde, *daß sie jedem jungen Menschen seinen Standpunkt im Judentum aufwies, ihm Kraft, Stolz und Bereitschaft für sein Judentum mitgab*[1].

Grünewald war auch der Initiator des Lehrhauses, das der geistigen Erneuerung des Judentums dienen sollte. Mit dem jüdischen Wohlfahrtsamt arbeitete er eng zusammen: *Für mich als Rabbiner ist es die Kernfrage, von welchem Geist die Fürsorge in unserer Gemeinde erfüllt ist und wie sie den Menschenschicksalen begegnet*[2]. Die Leiterin des Wohlfahrtsamtes Mia Neter schreibt über ihre Zusammenarbeit mit Grünewald: *Seelsorge und Fürsorge haben sich in den Jahren Ihrer Tätigkeit zu einer untrennbaren Einheit verbunden*[3]. Grünewald übernahm überdies die Redaktion des »Israelitischen Gemeindeblatts«, das seitdem umfang- und inhaltsreicher wurde. Fliedner zieht demnach den zutreffenden Schluß, daß Grünewald *die das Gesicht der Gemeindearbeit bestimmende Persönlichkeit* war[4].

Nach der Auswanderung von Prof. J. Moses[5] wurde Grünewald im Dezember 1934 Vorsitzender der jüdischen Gemeinde, um alle Aktivitäten in einer Hand zusammenzufassen. Seine wichtigste Aufgabe war, die seelische Widerstandskraft der Gemeindeglieder durch eine neue Verwurzelung in den unvergänglichen Werten des Judentums zu stärken. Aus diesem Grunde war der geistliche Leiter der Gemeinde auch zum weltlichen Vorsitzenden gewählt worden, was sonst in den jüdischen Gemeinden nicht üblich war. Der besondere Einsatz Grünewalds in der Zeit der nationalsozialistischen Verfolgung galt dem Ausbau der jüdischen Schule, was bei seiner Verabschiedung der Oberrat hervorhob: *Bereits vor seiner Ernennung zum Konferenzrabbiner (1935) gingen von ihm zahlreiche und fruchtbare Anregungen aus. So war er einer der ersten Vorkämpfer für die Errichtung jüdischer Schulabteilungen*[6].

Am 1. April 1938 verließ Grünewald Mannheim, um größere Aufgaben auf schulischem und kulturellem Gebiet bei der »Reichsvertretung der Juden in Deutschland« in Berlin zu übernehmen. Im August 1938 wanderte er nach Palästina aus und von dort in die USA, wo er 1944 Rabbiner der Gemeinde Millburn (New Jersey) wurde. Im Jahre 1955 wurde er Präsident des Leo Baeck Instituts. Die Stadt Mannheim lud ihn 1975 zum Besuch der Bundesgartenschau ein; bei dieser Gelegenheit konnte er noch einige wenige Überlebende seiner alten Gemeinde begrüßen.

1 IGB 7.4.1938, S.3.
2 Ebd., S.4.
3 Ebd.
4 H.-J. FLIEDNER Judenverfolgung Bd.1, S.109.
5 Zu J. Moses s. S.127f.
6 IGB 7.4.1938, S.3.

W Die Philosophie Simmels mit besonderer Berücksichtigung ihrer Beziehungen zum Pragmatismus. Diss. Breslau 1925.
L BHDE 1 S.250.
A StA MANNHEIM, S 1/4120.

Gutmann, Elise, geb. 20.2.1846 Jöhlingen b. Durlach (heute Walzbachtal), gest. 27.1.1923 Mannheim.

Mädchenname Kahn; ∞ Jakob (1837–1914), Kaufmann.

Elise Gutmann kam im Jahre 1900 von Philippsburg nach Mannheim, wo sie 1906 die »Jüdische Frauenvereinigung« gründete, die eine Kinderstube und einen Hort für schulpflichtige Kinder eröffnete. Ein aktuelles Aufgabengebiet erhielt die Frauenvereinigung durch das Einströmen der in Rußland verfolgten Ostjuden. *Mit feinem sozialen Verständnis erkannten Elise Gutmann und ihre Gehilfinnen, daß zur Bekämpfung der Armut unter den Ostjuden neben der Fürsorge für die dringendsten Bedürfnisse vor allem die Gewöhnung dieser bis jetzt in andersgearteter Umgebung aufgewachsenen Leute zu geregelter Erwerbsarbeit erfolgen müsse. Nicht minder wichtig war die Schaffung von Erziehungsmöglichkeiten, die der Zugewanderten Kinder, ohne sie ihrem jüdischen Anschauungskreis zu entfremden, in den jetzigen Kulturkreis einzufügen suchten*[1]. Frau Gutmann war auch Mitbegründerin des Vereins für Mutterschutz. Im Ersten Weltkrieg arbeitete sie in der Zentrale für Kriegsfürsorge als Säuglingspflegerin für die Reichswochenhilfe und war in dem am 1. April 1916 entstandenen Mütter- und Säuglingsheim unermüdlich tätig[2]. Seit 1917 leitete sie die »Jüdische Frauenvereinigung« als alleinige Vorsitzende, dann mit einer Stellvertreterin, bis sie 1921 im Alter von 75 Jahren den Vorsitz abgab. Zwei Jahre später ist sie gestorben und ruht an der Seite ihres Mannes auf dem Mannheimer jüdischen Friedhof.

1 B. ROSENTHAL (1927) S. 454.
2 Vgl. MANNHEIMER GENERAL-ANZEIGER Nr. 79 vom 17. 2. 1916.

Hachenburg, Max, geb. 1. 10. 1860 Mannheim, gest. 23. 11. 1951 Berkeley (Kalifornien, USA).

V Heinrich (1807–1878), Handelsmann; *M* Johanna Präger (1819–1895), *Schw* d. Moses Präger (1817–1861), Stadtrabbiner von Mannheim; ∞ Mannheim 1889 Lucie Simons (1868–1933); 1 *S*, 2 *T*, u. a. Hans (1897–1975), Landgerichtsdirektor in Heidelberg.

Hachenburg war Sproß einer alteingesessenen Mannheimer Kaufmannsfamilie, die schon nach dem Dreißigjährigen Krieg von Nassau nach Mannheim gekommen war. Nach Ablegung des Abiturs am Gymnasium im Sommer 1878 studierte er Rechtswissenschaft an den Universitäten Leipzig, Straßburg und Heidelberg, wo er 1882 das erste juristische Staatsexamen bestand und an der rechts- und staatswissenschaftlichen Fakultät promovierte. Nach der Referendarzeit legte er im Jahre 1885 die zweite juristische Staatsprüfung ab und ließ sich in Mannheim als Rechtsanwalt nieder. Hachenburg war der geborene Anwalt: *Fast leidenschaftslos, aber mit kristallner Klarheit trug er den Sachverhalt und seine Folgerungen daraus vor ... Er strahlte eine natürliche – nicht angemaßte – Würde aus und hieß deshalb bei den Jüngeren »der Patriarch«*[1]. Er gehörte dem Vorstand des Mannheimer Anwaltsvereins, der Badischen Anwaltskammer und des Deutschen Anwaltsvereins an und hat sich immer mit seiner ganzen Kraft für den Anwaltsstand eingesetzt. Neben seiner anwaltlichen Tätigkeit widmete er sich der Wissenschaft. Er gab grundlegende Kommentare zum Handelsrecht heraus, wobei er die Rechtsinstitute mit den wirtschaftlichen Tatsachen verglich, womit er die Rechtstatsachenforschung begründete. In Hachenburg vereinigten sich die beiden Linien seiner Vorfahren: das nüchterne Denken des Kaufmanns mit dem tiefsinnigen Forschen des Rabbiners. Dem politischen Leben blieb Hachenburg fern und gab dafür folgende Begründung: *Wer zugibt, daß auch der*

Gegner in gewissem Sinne recht hat, ist kein Kämpfer, also kein Politiker. Dazu kam noch die mir angeborene oder anerzogene Zurückhaltung[2]. Dem Reichswirtschaftsrat gehörte er von 1920–1926 an. Die Aufgaben, die ihm dort übertragen waren, hat er in seinen »Lebenserinnerungen« anschaulich geschildert. Er war stellvertretender Vorsitzender im Verfassungsausschuß, der die undankbare Aufgabe hatte, Vorschläge zum Ausbau der Räteverfassung zu unterbreiten, Mitglied im Finanz- und Reparationsausschuß, wo er sich mit den juristisch interessantesten Aufgaben befaßte. Nach Abschluß seiner Tätigkeit im Reichswirtschaftsrat kommt er zu dem Ergebnis: *So bereue ich die Zeit und die Kraft, die ich ihm widmete, nicht*[3].

Hachenburg war kein praktizierender Jude, aber er stellte sich der jüdischen Gemeinschaft zur Verfügung, wo er mit seinen juristischen Kenntnissen gebraucht wurde. So war er Mitglied des Oberrats der Israeliten, Berichterstatter der Verfassungskommission für die Synodalverfassung von 1895 und Präsident der zweiten und der dritten Landessynode (1898 bzw. 1901). Die Schlußrede, die er auf der zweiten Landessynode hielt, war getragen vom Fortschrittsglauben des 19. Jh.s, zu dem für ihn auch die Einbettung der deutschen Juden in die Nation gehörte. Hachenburg sagte u. a.: *Der Bau der Menschheit schreitet nur dadurch weiter, daß jeder seine Arbeit tut, daß Stein auf Stein geschichtet werde, damit der große Tempelbau fertig werde, an dem wir alle gemeinsam arbeiten. Und ein Stück dieser Kulturarbeit ist für die badischen Israeliten das Eintreten in die Gesamtheit, in den Verband des Staates, in die Nation. Es ist ein eminentes Werk, das seitens unserer badischen Regierung geschaffen worden in der Organisation des badischen Judentums gleich derjenigen der anderen Konfessionen. Damit wird nicht die eigene Existenz aufgegeben, darin liegt nicht eine Selbstherabsetzung, wenn wir es genau so machen wollen wie die anderen – im Gegenteil, wenn wir uns paritätisch stellen, dürfen wir sagen: Wir bleiben unserem innersten Wesen getreu*[4]. Mit den Problemen des deutschen Judentums hat sich Hachenburg in seinen »Lebenserinnerungen« eingehend und in großer Offenheit auseinandergesetzt. Dabei kam er zu folgendem Schluß: *Mir ist der deutsche Antisemitismus ein geschichtlicher Vorgang. Die, welche in seine Zeit fallen, traf er schwer. Er stellt aber doch nur ein Stück aus der Entwicklung des jüdischen Volkssplitters zu einem untrennbaren Bestandteil Deutschlands dar*[5]. Und welche Konsequenz zog er daraus, daß er persönlich viele Gedanken aus der Botschaft der Evangelien in sich aufgenommen hatte? *Einen Glaubenswechsel mußte ich schon deshalb ablehnen, weil ihm andere Motive unterlegt würden. Endlich hielt ich es für geboten, auf der Stelle auszuhalten, wohin mich die Geburt stellte. Denn nur dann läßt sich die Assimilierung erreichen, wenn die, welche das deutsche Ethos in sich aufgenommen haben, es als Juden weitergeben*[6]. Wir können diese menschlich so hochstehenden Ausführungen, denen schon sechs Jahre später die Grundlage entzogen wurde, nur mit Scham und tiefer Betroffenheit lesen.

Bei dieser Einstellung ist es verständlich, daß Hachenburg zunächst nicht daran dachte, Deutschland zu verlassen. Erst nachdem bei den Pogromen vom 10. November 1938 seine Kanzlei und Wohnung verwüstet und sein Sohn nach dem KZ Dachau verschleppt worden war, bereitete er seine Auswanderung vor. Im Juni 1939 wanderte er über die Schweiz nach England aus, wo er bis 1946 bei seinem Sohn lebte. Im Mai 1946 übersiedelte er nach Berkeley in Kalifornien und arbeitete dort wissenschaftlich weiter. Er verbarg seinen tiefen Schmerz, den er durch den

Tod seiner beiden Töchter, seines Schwiegersohnes und eines Enkelkindes erlitten hatte, die alle Opfer des Rassenwahns wurden. Nachdem seine Frau schon 1933 gestorben war, verblieb ihm nur sein Sohn, der nach dem Krieg nach Heidelberg zurückkehrte. Wenn man die versöhnlichen Briefe liest, die er nach dem Krieg an Freunde und Kollegen in Deutschland geschrieben hat, empfindet man höchste Achtung davor, wie er sein schweres Schicksal gemeistert hat. Eine letzte Freude bereitete ihm seine Heimatstadt, die er immer noch liebte, als sie ihm am 18. Oktober 1949 das Ehrenbürgerrecht verlieh. Als er zwei Jahre später im Alter von 91 Jahren starb, wurde seine Urne nach seinem letzten Willen an der Seite seiner Frau auf dem Mannheimer jüdischen Friedhof beigesetzt. In Mannheim wurde zu seinem Andenken die Handelsschule am Tattersall Max-Hachenburg-Schule genannt, und eine Straße im Feudenheimer »Ehrenbürgerviertel« trägt seinen Namen. Ein Ölgemälde Hachenburgs von Heinz Schifferdecker besitzt die Mannheimer Kunsthalle.

1 W. KÖHLER (1967) S. 33.
2 M. HACHENBURG S. 185.
3 Ebd. S. 205.
4 Zit. nach A. LEWIN S. 457.
5 M. HACHENBURG S. 92.
6 Ebd. S. 95.

W Hg. mit Adelbert Düringer: Kommentar zum Handelsgesetzbuch. 9 Bde. 3. Aufl., 1932–35; Hg. mit Hermann Staub: Das GmbH-Gesetz. 2 Bde. 5. Aufl., 1926/27; ferner viele wissenschaftliche Veröffentlichungen aus dem Gebiet des Zivil- und Handelsrechts; Lebenserinnerungen eines Rechtsanwalts und Briefe aus der Emigration. Aus dem Nachlaß hg. und bearb. von Jörg Schadt (Veröffentlichungen des Stadtarchivs Mannheim Bd. 7). Stuttgart/Berlin/Köln/Mainz 1978.
L NDB S. 405 f.
A StA MANNHEIM, S 1/263; Nachlaß Max Hachenburg, Zug. 50/1973, 41/1974, 33/1980; Nachlaß Hans Hachenburg, Zug. 41/1975.

Hecht, Felix, geb. 27. 11. 1847 Friedberg (Hessen), gest. 18. 10. 1909 Weimar.

V Baruch, Kaufmann; *M* Betty Adler; ∞ Mainz 1875 Helene Bamberger (1854–1940), *N* d. nationalliberalen Politikers Ludwig Bamberger MdR (1823–1899); 2 *S*, u. a. Hans (1876–1946), Prof. für Anglistik in Göttingen.

Hecht legte 1865 das Abitur in Frankfurt a. M. ab und studierte Rechts- und Staatswissenschaften an den Universitäten Gießen, Heidelberg und Göttingen, wo er 1867 an der rechts- und staatswissenschaftlichen Fakultät promovierte. Schon zwei Jahre später habilitierte er sich in Heidelberg bei Prof. Johann Caspar Bluntschli, der ihn zur Ausarbeitung der Statuten für die in Mannheim zu gründende »Rheinische Hypothekenbank« heranzog. Hecht wurde 1871 erster Direktor dieser Bank, die unter seiner Leitung zum führenden Realkreditinstitut im deutschen Südwesten heranwuchs. Trotz dieser großen neuen Aufgabe wollte Hecht seine Lehrtätigkeit in Heidelberg beibehalten, womit aber die sogenannte Commission der Bank nicht einverstanden war, so daß er seine Vorlesungen in Heidelberg aufgeben mußte. Die Bank nahm in den siebziger Jahren einen großen Aufschwung, aber Hecht ließ in seiner wissenschaftlichen Arbeit nicht nach. Im Jahre 1886 übernahm er noch den Vorsitz der neugegründeten Pfälzischen Hypothekenbank.

Im Jahre 1901 gab Hecht die Leitung der Banken ab, um sich ganz den großen Gesetzgebungsvorhaben der damaligen Zeit zu widmen, wofür er sich vor allem in Berlin aufhalten mußte. Seit den neunziger Jahren war er immer stärker in der Öffentlichkeit hervorgetreten und wurde durch seine wirtschaftspolitischen Vorträge bekannt. Am 25. April 1893 hielt er bei der Generalversammlung der badischen landwirtschaftlichen Kreditgenossenschaften ein Referat über *Die Befreiung des ländlichen Grundbesitzes von Hypothekenschulden durch Annuitäten und Lebensversicherung*. Am 15. September 1908 sprach er bei der Generalversammlung des Mitteleuropäischen Wirtschaftsvereins in Mannheim über *Die Organisation des langfristigen industriellen Kredits*[1]. Ein überraschender Tod ereilte Hecht am 18. Oktober 1909 auf der Fahrt nach Berlin in Weimar. Seine Lebensleistung faßt Bernhard Kirchgässner so zusammen: *Die Wirtschaftsgeschichte verdankt ihm viel, die Bankengeschichte noch mehr, weil vieles längst verloren wäre, was er nicht nur gesammelt, sondern auch systematisch aufgearbeitet hat. Es wird kaum eine Monographie zur Geschichte der deutschen Hypothekenbanken geben, die an seinem Namen vorbeigehen könnte*[2]. Ein grausames Schicksal traf seine Witwe, die am 22. Oktober 1940 im Alter von 86 Jahren deportiert wurde und auf dem Transport nach Gurs verstorben ist[3].

1 Vgl. BADB 6 S. 536.
2 B. KIRCHGÄSSNER S. 79.
3 Vgl. H.-J. FLIEDNER, Judenverfolgung Bd. 2, S. 45.

W Die Kalendarienbücher. Eine Abhandlung aus dem Gebiete des römischen Verkehrslebens. Diss. Göttingen 1867; Ein Beitrag zur Geschichte der Inhaberpapiere in den Niederlanden. Erlangen 1869 (Habil. Heidelberg); Die Rheinische Hypothekenbank in Mannheim. Mannheim 1873; Bankwesen und Bankpolitik in den süddeutschen Staaten von 1819 bis 1875. Jena 1880; Die Organisation des Bodenkredits in Deutschland. 3 Bde. Leipzig 1891/1903/08; ferner etwa 70 wissenschaftliche Veröffentlichungen.

L BADB 6 S. 530 ff.; NDB 8 S. 173 f.; R. HAAS S. 79–83; E. KNACKE P. MUTHESIUS; B. KIRCHGÄSSNER.

Hecht, Hermann, geb. 13. 1. 1877 Odenheim b. Bruchsal (heute Östringen), gest. 27. 2. 1969 New York.

V Simon, Lehrer; M Johanna Roenberg; B Gustav (1873–1961), Rechtsanwalt, Vorsitzender des »Liederkranzes«; ∞ 1904 Antonie Rosenberg (1880–1958); 2 T.

Hecht besuchte das Gymnasium in Bruchsal bis zur mittleren Reife. Von 1892 bis 1895 absolvierte er eine kaufmännische Lehre in der Zigarrenfabrik Gebr. Mayer, Mannheim, wo er nach Abschluß der Lehre noch zwei Jahre verblieb. Danach trat er in das Getreideagenturgeschäft von Michael Borger in Mannheim ein; 1899 wurde er in der Getreideimportfirma Müller u. Co. in Rotterdam Abteilungsleiter für Getreidespedition und Rheinschiffahrt. Der plötzliche Tod seines Onkels

S. Rosenberg, der eine Schiffsagentur betrieben hatte, veranlaßte ihn zur Rückkehr nach Mannheim, um dieses Geschäft am 1. Juli 1903 zu übernehmen. Hecht erkannte bald, daß ohne eigenen Schiffsraum und Speicheranlagen eine Entwicklung des Rheinschiffahrtsgeschäfts nicht möglich war. So gründete er im Jahre 1908 die »Rhenania Schiffahrts- und Speditionsgesellschaft mbH«, wobei er das Gründungskapital von 300 000 Mark mit Hilfe seiner Tante Rosenberg und von Freunden aufbrachte. Die Grundlage der Gesellschaft bildete die von Hecht erworbene Speditionsfirma Leon Weiss in Mannheim, die am Verbindungskanal einige Werfthallen besaß. Gleichzeitig erbaute er die ersten Speicher zur Lagerung von losem Getreide mit elektrischen Kranen am Verbindungskanal. In den Jahren 1910/11 folgte im Industriehafen der Bau des modernsten Getreidesilos am Rhein mit einer Kapazität von 150 000 Tonnen und einer Werfthalle mit einem Elevator sowie einem Kran. Das Kapital der Gesellschaft wurde auf 1 000 000 Mark erhöht und größtenteils bei der Kundschaft untergebracht.

Der Erste Weltkrieg unterbrach die stetige Aufwärtsentwicklung, und aufgrund der Bestimmungen des Versailler Vertrages mußte Schiffsraum an Frankreich und Belgien abgegeben werden. An den Verhandlungen, die darüber 1920/21 in Paris geführt wurden, nahm Hecht als deutscher Sachverständiger teil. Die Rhenania büßte aber nicht nur Schiffe ein, sondern verlor auch ihre Speicher in Straßburg und Belgien. Unter der weitblickenden Leitung von Hecht setzte nach der Inflation 1922/23 ein stetiger Aufstieg ein. Schon 1920 war unter Leitung seines Bruders Jakob in Basel die Neptun Transport- und Schiffahrts A.G. gegründet worden. Von 1923–1926 wurde der Schiffspark um 30 000 Tonnen Neubauten vergrößert; zugleich wurden neue Speicheranlagen am Rhein in Köln und Wesel, aber auch in Hannover, Hamm und Gelsenkirchen errichtet. Mit der Schweizer Neptungesellschaft umfaßte der Konzern Ende der zwanziger Jahre 50 Niederlassungen und wurde zum größten Unternehmen seiner Branche in Europa. Hecht war daher auch in vielen Aufsichtsräten tätig und gehörte seit 1913 dem Vorstand des Vereins zur Wahrung der Rheinschiffahrtsinteressen an; außerdem war er Mitglied des Zentralverbandes der deutschen Binnenschiffahrt.

Nach 1933 wurde die Stellung Hechts immer schwieriger, da die jüdische Firma ausgeschaltet werden sollte. Der Versuch der Reichsgetreidestelle, über die Mitarbeiter des Unternehmens das Ausscheiden ihres Chefs zu erreichen, stieß zwar auf einhellige Ablehnung, doch 1934 kam ein Abkommen zwischen der Rhenania und der bayerischen Regierung zustande, wodurch die jüdischen Anteile auf 40% herabgesetzt wurden und der bayerische Staat die Aktienmehrheit erhielt. Durch diese Vereinbarung konnte das Ausscheiden Hechts noch bis zum 15. Februar 1938 hinausgeschoben werden. Nachdem bei den Pogromen vom 10. November 1938 auch seine Wohnung verwüstet wurde, entschloß er sich mit seiner Frau, die das schwere Schicksal der Erblindung zu tragen hatte, am 1. Januar nach Basel auszuwandern. Als Aufsichtsrat der Neptun-Gesellschaft konnte er dort noch eine gewisse Tätigkeit ausüben, bis er im März 1941 in die USA ging, wo schon seine beiden Töchter mit ihren Familien lebten. Nach dem Krieg war es ihm noch vergönnt, den Wiederaufstieg seines Unternehmens mitzuerleben und 1953 Ehrenmitglied des Vereins zur Wahrung der Rheinschiffahrtsinteressen zu werden. Im

Jahre 1956 überreichte ihm der deutsche Generalkonsul in New York das Große Verdienstkreuz der Bundesrepublik Deutschland zur Anerkennung seiner Leistungen für die Binnenschiffahrt.

W Die Entstehung des Rhenania-Konzerns. Die ersten dreißig Jahre. Heidelberg 1983.
L BHDE 1 S. 276.
A StA Mannheim, S 1/1539.

Herschel, Bernhard, geb. 23. 12. 1837 Emmerich, gest. 20. 2. 1905 Mannheim.

∞ Mannheim 1865 Caroline Aberle (1844–1904).

Herschel war Teilhaber eines Tabakimporthauses in Amsterdam, von wo er nach Mannheim übersiedelte und ein Filialgeschäft unter der Firma Herschel, Enthoven und Cie. gründete, das sich zu einer bedeutenden Tabakgroßhandlung entwickelte. Im Jahre 1888 trat Herschel für die Nationalliberalen in den Stadtrat ein, dem er bis zu seinem Tode angehörte. Er gehörte der Finanz-, Gas- und Werkskommission an, wo er seine unternehmerischen Erfahrungen für die Allgemeinheit nutzbar machen konnte. Dabei erkannte er, daß man die privatwirtschaftlichen Grundsätze nicht schematisch auf die öffentliche Hand übertragen konnte: *Er sei früher immer für die Beibehaltung der kaufmännischen Buchführung gewesen, er habe sich im Lauf der Jahre davon überzeugen müssen, daß eine solche Buchführung für die Gas- und Wasserwerke nicht geeignet seien. Es sei im Interesse der richtigen Führung des Kassenwesens, daß die Revision von einem Sachverständigen vorgenommen wird. Der Stadtrat sollte nach den gemachten Erfahrungen leichten Herzens zur kameralistischen Buchführung übergehen*[1]. Aber Herschel war nicht nur in Ausschüssen, die mit wirtschaftlichen Fragen befaßt waren, sondern er gehörte auch der Theaterkommission an und nahm zu Schulproblemen Stellung: *Herschel erklärt, daß er die Verpflichtung der Stadt, eine gute Töchterschule zu haben, immer anerkannt habe; ihrer Aufgabe werde die Anstalt jedoch nur gewachsen sein, wenn die Stadtverwaltung die Verwaltung übernähme und bei der Anstellung der Lehrkräfte ihren Einfluß ausübe*[2].
Zu seiner silbernen Hochzeit im Jahre 1890 stiftete er zwei Brunnen zur Aufstellung im Schloßhof. Mitten aus der Arbeit wurde er am 20. Februar 1905 abberufen, nachdem ihm seine Frau ein Jahr zuvor im Tode vorausgegangen war. Vereint ruhen sie auf dem Mannheimer jüdischen Friedhof. Auf Anregung von Oberbürgermeister Otto Beck (1846–1908) vermachte Herschel, dem Kinder versagt blieben, der Stadt einen Betrag von 500 000 Goldmark zur Errichtung eines Hallenschwimmbades. Durch den Ersten Weltkrieg verzögert, öffnete das »Herschelbad« erst am 13. November 1920 seine Pforten. In einem Nachruf ersteht nochmals die kraftvolle Persönlichkeit Herschels: *Ein Handelsherr weiten Blicks, ein Großkaufmann guten alten Schlags, der über die Interessen des eigenen Kontors niemals die allgemeinen Ziele aus dem Auge verlor. Eine von jenen vorbildlichen Erscheinungen heimischen Bürgertums, die gerne ihre Fähigkeiten in den Dienst des Gemeinwesens stellen und aus der Fülle ihrer Glücksgüter opferfreudig spenden für Wohltätigkeit und Gemeinnützigkeit*[3].

1 STADTRATSPROTOKOLL Nr. 4560 vom 26. 5. 1898.
2 STADTRATSPROTOKOLL Nr. 664 vom 24. 2. 1897.
3 Zit. nach F. WALTER (1952) S. 22.

Heymann, Stefan, geb. 14. 3. 1896 Mannheim, gest. 4. 2. 1967 Berlin (Ost).

V Julius, Kaufmann (1856–1935), M Alice Friedenheim (1868–1924); B Peter (1903–1942), Journalist, kam am 4. 2. 1942 im KZ Mauthausen um; ∞ 1) Mannheim 1921 Erika Lassalia (1895 bis 1949), T d. Adolf Geck (1854–1942), sozialdemokratischer Reichstags- und Landtagsabgeordneter in Offenburg, 2) Berlin 1949 Liesel Martin (gest. 1961); 2 S, 1 T und 1 S aus 1).

Heymann besuchte das Gymnasium in Mannheim und absolvierte eine Banklehre. Im Jahre 1914 meldete er sich freiwillig zum Kriegsdienst und wurde 1917 als Flieger zweimal verwundet. Durch das Kriegserlebnis wurde Heymann zum Anarchisten und kam in Verbindung mit Ernst Toller und Erich Mühsam. Als dieser im Februar 1919 in Mannheim die Räterepublik Kurpfalz ausrief, war Heymann einer der führenden Köpfe. Im Juni 1919 schloß er sich der KPD an und trat aus der jüdischen Gemeinde aus. Er wurde Betriebsratsvorsitzender bei der Depositenkasse der Süddeutschen Discontogesellschaft und 2. Vorsitzender der Ortsgruppe Mannheim des Allgemeinen Verbandes der deutschen Bankangestellten. Aufgrund seiner politischen Tätigkeit kam es zu Differenzen mit seinen Vorgesetzten, die schließlich zu seiner Entlassung führten.
Nach einer Demonstration in Mannheim, die auf die Ermordung Erzbergers am 26. August 1921 folgte, schrieb Heymann an seine Schwiegereltern: *Eben war gerade eine Riesendemonstration aller Arbeiterparteien gegen Reaktion und Meuchelmord. Die einige Kampffront des Proletariats wird gebildet unter den Schlägen der Konterrevolution, wenn ich mich auch nicht allzu großen Hoffnungen hingebe. Es wird noch mancher ins Gras beißen müssen, noch viel Elend und Versklavung wird kommen, bis das Proletariat eine so stahlhart disziplinierte Vorhut besitzt, daß es wagen wird, die bürgerliche Gesellschaftsordnung zu zertrümmern. Aber wir müssen arbeiten, schaffen, um diesen Prozeß, so viel es nur irgend geht, zu beschleunigen*[1]. Aus diesem Brief geht hervor, wie Heymann die jüdische Hoffnung auf das Kommen des Messias auf die zukünftige Herrschaft der Klasse des Proletariats überträgt.
Im Jahre 1923 wurde er Kampfleiter der KPD in Unterbaden und im September 1923 beteiligte er sich an dem oberbadischen Aufstand, bei dem es – vor allem in Lörrach – zu gewalttätigen Ausschreitungen kam. Nach dem Verbot der KPD im November 1923 nahm er am 28. Dezember 1923 an einer illegalen Zusammenkunft in Stuttgart teil, bei der er verhaftet und am 17. Mai 1924 vom Schöffengericht Stuttgart zu acht Monaten Gefängnis verurteilt wurde. Unterdessen liefen schon die Ermittlungen wegen seiner Teilnahme an dem oberbadischen Aufstand, über den am 17. September 1924 vor dem Staatsgerichtshof in Leipzig verhandelt wurde, wobei Heymann wegen Vorbereitung zum Hochverrat zu einer Gefängnisstrafe von dreieinhalb Jahren verurteilt wurde. Im Sommer 1926 amnestiert, kam er als Redakteur zur Mannheimer kommunistischen »Arbeiterzeitung«. Er wurde Mitglied der Bezirksleitung der KPD für Presse- und Bildungswesen und im Februar

1927 Gauführer des Rotfrontkämpferbundes im Gau Baden-Pfalz. Am 4. Juni 1928 rückte er in den badischen Landtag nach und behielt sein Mandat bis zum Ablauf der Legislaturperiode am 4. Juni 1929. Anschließend wurde er Chefredakteur der »Arbeiterzeitung«; als solcher wurde er 1930 vom Reichsgericht zu einem Jahr Gefängnis verurteilt, nachdem er schon vorher wegen verschiedener beleidigender Artikel in der »Arbeiterzeitung« Geldstrafen vom Amtsgericht Mannheim erhalten hatte. Im Jahre 1931 wurde er Redakteur des Zentralorgans der KPD »Rote Fahne« in Berlin und 1932 Chefredakteur der »Arbeiterzeitung« in Breslau, wo er 1933 verhaftet wurde. Vom Oberlandesgericht Breslau wurde er zu zweieinhalb Jahren Zuchthaus verurteilt und kam dann in die Konzentrationslager Kislau, Dachau, Buchenwald und im Oktober 1942 nach Auschwitz, wo er als Schreiber im Krankenblock des Lagers Monnowitz überlebte.

Nach dem Krieg leitete Heymann die Kulturabteilung bei der SED-Landesleitung in Thüringen und bis Sommer 1950 die Kulturabteilung des ZK der SED in Berlin. Er trat dann in den auswärtigen Dienst ein und war von 1950–1953 Botschafter in Ungarn, von 1953–1957 in Polen. Von 1957–1960 arbeitete Heymann als Hauptabteilungsleiter »Presse« im Ministerium für Auswärtige Angelegenheiten der DDR; von 1960–1963 nahm er eine Professur am Institut für Internationale Beziehungen der Deutschen Akademie »Walter Ulbricht« in Potsdam-Babelsberg wahr.

1   GLA 69 Nachlaß Adolf Geck / 352.
W Kampf um Wahrheit und Freiheit. Weimar 1948; Marxismus und Rassenfrage. Berlin 1948; Arbeitereinheit siegt über Militaristen. Berlin 1960; Räterepublik Kurpfalz. In: Vorwärts und nicht vergessen. Erlebnisberichte aktiver Teilnehmer der Novemberrevolution 1918/19. Hg. vom Institut für Marxismus-Leninismus beim ZK der SED. Berlin 1958.
L   K. MUNDHENKE; Nachruf in NEUES DEUTSCHLAND, Berlin (Ost) Nr. 36 vom 5. 2. 1967; H. WEBER Bd. 2, S. 163.
A GLA 69 Nachlaß Adolf Geck / 352; StA MANNHEIM, S 1/1902; INSTITUT FÜR MARXISMUS-LENINISMUS, Abteilung Zentrales Parteiarchiv, Berlin (Ost).

Hirsch, Berta, geb. 17. 9. 1850 Worms, gest. 10. 1. 1913 Mannheim.

V Ferdinand Eberstadt, Textilwarenhändler; M Zelie Seligmann; ∞ Mannheim 1872 Emil Hirsch (1840–1918); 3 T, u. a. Johanna, ∞ Hermann Johann Friedrich von Schulze-Gävernitz (1824–1888), Prof. für Staatsrecht in Freiburg i. Br., später in Heidelberg.

Berta Hirsch stammte aus einem politisch aktiven Elternhaus. Ihr Vater, der den 1848 gegründeten Demokratenverein in Worms leitete, war dort von 1849 bis 1852 Bürgermeister[1]. Wegen der in den fünfziger Jahren in Worms vordringenden Reaktion übersiedelte die Familie 1858 nach Mannheim. Hier heiratete Berta 1872 den Getreidegroßhändler Emil Hirsch, der ihr ermöglichte, in der Rheinstraße ein großes Haus zu führen. Ihr Salon, in dem Dichter und Künstler, aber auch Politiker wie Ludwig Frank und Friedrich Naumann verkehrten, war nicht nur ein Treffpunkt für geistreiche Gespräche, sondern auch eine Stätte ernsten Mühens um die sozialen und politischen Probleme der Zeit. Hedwig Wachenheim, die durch Ludwig Frank in den Salon eingeführt war, schreibt: *Frau Berta Hirsch hatte die damals und heute in Deutschland seltene Fähigkeit, einen Kreis geistig arbeitender Menschen um sich zu sammeln und sie durch ihre hohe Bildung und eigene Teilnahme am geistigen Leben zu fesseln*[2]. Friedrich Naumann nannte sie in seinem Nachruf *Frau Kultur* und schrieb, Güte und Humanität gingen von ihr aus, *weil sie im einzelnen armen Menschen das Ideal Mensch liebte, das irgendwo in ihm verborgen lag*[3]. Berta Hirsch hatte auf Reisen in ganz Europa viele Kunstschätze kennen und verstehen gelernt. Als Friedrich Naumann in ihrer Wohnung eine Raffael'sche Madonna sah, fragte er: *Wie können sie als Jüdin dieses Bild jeden Tag vor sich haben wollen? Da antwortete sie mir: Sie sind der erste Mensch, der mich das fragt, und ich selber habe mir diese Frage noch nie so vorgelegt, denn es ist mir beides gleich selbstverständlich, sowohl an meinem Ursprung festzuhalten als auch alles mitzuerleben, was überhaupt groß und edel gewesen ist*[4].

Als die Familie des 1905 verstorbenen Stadtrates Bernhard Kahn eine Stiftung zum Andenken an den Verstorbenen begründen wollte, erreichte es Berta Hirsch, daß diese dem 1903 gegründeten Verein für Volksbildung zur Errichtung einer Lesehalle nach englischem Vorbild zugute kam. Sie wollte nicht nur eine Bücherei schaffen, sondern auch einen mit vielen Zeitungen und Zeitschriften ausgestatteten Lesesaal, der für alle Schichten des Volkes zugänglich war. Daher wurde die Bücherei auch bewußt in das Arbeiterviertel Neckarstadt gelegt, wo sie mit einem Lesesaal und zwei Kinderlesezimmern ausgestattet wurde. Berta Hirsch leitete von Anfang an selbst die Lesehalle und widmete sich vor allem der Betreuung der Kinderlesezimmer. Sie zog dazu auch Mädchen aus der Jugendgruppe des »Vereins Frauenbildung-Frauenstudium« heran, die ihre Nachfolge übernahmen, als sie die Leitung wegen Krankheit abgeben mußte[5]. Nach längerem Leiden ist Berta Hirsch am 10. Januar 1913 gestorben. Ihr Mann, der sie um fünf Jahre überlebte, wurde an ihrer Seite auf dem Mannheimer jüdischen Friedhof beigesetzt.

1 Vgl. H. Kühn S. 31 ff. und F. Reuter S. 154–159.
2 H. Wachenheim (1924) S. 20.
3 F. Naumann S. 56.
4 Ebd. S. 57.
5 Vgl. W. Wendling (1977).

Hirschhorn, Fritz, geb. 27. 3. 1845 Mannheim, gest. 3. 2. 1908 Mannheim.

V Julius, Tabakhändler; *M* Amalie Traumann; ∞ Fürth 1871 Betty Traumann (1850–1912); 2 *S*, 3 *T*.

Hirschhorn trat nach Absolvierung der Bürgerschule mit 14 Jahren in das väterliche Geschäft, die Rohtabakhandlung Julius Hirschhorn, ein und ging nach einer dreijährigen Lehre für fünf Jahre ins Ausland, davon die längste Zeit nach Antwerpen. Im Jahre 1867 übernahm er das väterliche Geschäft und im Deutsch-Französischen Krieg 1870/71 diente er in einer Sanitätskompanie. Im Jahre 1888 trat er als Vorstandsmitglied der Mannheimer Nationalliberalen Partei in den Stadtrat ein, dem er bis zu seinem Tode 20 Jahre lang angehörte. Seine Interessen beschränkten sich nicht auf wirtschaftliche Fragen, sondern bezogen auch soziale und kulturelle Probleme ein. Er war nicht nur Vorsitzender des Mannheimer Tabakvereins, sondern auch Vorstandsmitglied der Volksbibliothek, die er mitgegründet hatte, und Ehrenmitglied des Arbeiterfortbildungsvereins und des Neuen Medizinalvereins. Im Stadtrat gehörte er nicht nur der Finanz- und Rechnungs-, sondern auch der Armen-, Krankenhaus- und der Unterrichtskommission an.

Das Kleinkinderschulwesen fand in Hirschhorn einen warmen Befürworter: *Die Stadt habe die Pflicht, Vorsorge zu treffen, daß die Kinder von der Straße wegkommen, außerdem erhielten dieselben in den genannten Anstalten die ersten Andeutungen, die zur Heranbildung zu guten Staatsbürgern erforderlich seien. Als die Kinderschule in der Neckarstadt eröffnet worden sei, hätten viele Kinder zurückgewiesen werden müssen, so groß sei der Andrang gewesen*[1]. Hirschhorn wußte auch schon, wie wichtig körperliche Betätigung für junge Menschen ist; er unterstützte daher den Antrag auf Überlassung eines Bauplatzes an den Mannheinmer Turnverein: *... daß es für das Ansehen der Stadt nur förderlich sein könne, wenn der Turnverein eine schöne Turnhalle baue. In hiesiger Stadt seien sehr viele junge Leute von auswärts, Kaufleute, Bureaubeamte etc. beschäftigt, für welche das Turnen sehr notwendig sei*[2]. Die Verbesserung der Ausbildung des kaufmännischen Nachwuchses lag Hirschhorn besonders am Herzen, weshalb er sich für den Ausbau der Realschule einsetzte: *Die Realfächer seien heute die Hauptsache. Die Reallehrer – ein gesiebtes Personal – seien eine gute Hilfe bei der Durchführung des Lehrplans. Auch verfügen sie über mehr pädagogisches Geschick als junge wissenschaftlich vorgebildete Lehrer. Man solle die Realschullehrerkarriere nicht verkümmern lassen, namentlich nicht von Mannheim aus. Er beantrage daher die Anstellung von zwei Reallehrern*[3].

Hirschhorn stimmte einer Sondervorstellung des Nationaltheaters für den Militärverein zu, wollte dasselbe aber auch für andere Vereine wie den Arbeiterfortbildungsverein, *da auf diese Weise Gelegenheit zum Besuch unseres Kulturinstituts vielen geboten sei, welche im anderen Falle nie ins Theater kämen*[4]. Die Sorge Hirschhorns galt aber auch den alten Mitbürgern: *Die alten Leute gehen nicht gern von Mannheim weg, wo sie sich so lange aufgehalten haben. Mit der Einweisung der Leute in die Kreispflegeanstalt habe die Stadt ja ihre Pflicht getan, aber der Humanität sei damit nicht entsprochen*[5]. Im Alter von 62 Jahren wurde dieser vom Geist der Humanität erfüllte Großkaufmann aus dem seinen Mitbürgern gewidmeten Leben abgerufen und fand seine letzte Ruhestätte auf dem Mannheimer jüdischen Friedhof. In seinem Sinne errichtete die Witwe eine Stiftung von 100 000 Mark für in Mannheim wohnende Studierende der Handelshochschule.

1 STADTRATSPROTOKOLL Nr. 2688 vom 1. 4. 1898.
2 STADTRATSPROTOKOLL Nr. 11778 vom 12. 10. 1900.
3 STADTRATSPROTOKOLL Nr. 3866 vom 21. 4. 1906.
4 STADTRATSPROTOKOLL Nr. 7349 vom 2. 9. 1898.
5 STADTRATSPROTOKOLL Nr. 10539 vom 15. 11. 1908.

A StA MANNHEIM, S 1/3007.

Hirschler, Franz, geb. 7.3.1881 Mannheim, gest. 16.6.1956 Buenos Aires.

V Aron, Kaufmann (1840–1915); *M* Cäcilie Lakisch (1841–1887); ∞ Mannheim 1911 Berta Freund (1878–1955); 2 *S*.

Hirschler studierte nach dem Besuch des Gymnasiums Rechtswissenschaft in Heidelberg, Lausanne, München und Erlangen, wo er 1905 an der juristischen Fakultät promovierte. Im Jahre 1907 trat er in die Anwaltskanzlei von Ludwig Frank ein, die er nach dessen Soldatentod im September 1914 allein weiterführte. Nach seinem Beitritt zur SPD wurde er schon bei den ersten Nachkriegswahlen am 18. Mai 1919 in den Bürgerausschuß gewählt und 1927 Vorsitzender der SPD-Fraktion. Er war Mitglied vieler städtischer Ausschüsse: des Finanz- und Hypothekenausschusses, des Theater- und Kunsthallenausschusses, des Ausschusses für die Volksmusikpflege und für das Schloßmuseum. Als Sprecher der SPD-Fraktion war er ein gewandter und mit Humor begabter Diskussionsredner, der mit seiner Meinung nicht hinter dem Berg hielt, aber immer eine maßvolle Linie vertrat. Seine besondere Liebe galt dem Nationaltheater, so daß er schon in die erste Theaterdebatte nach der Übernahme des Fraktionsvorsitzes eingriff: *Von der Person des Generalmusikdirektors hängt alles ab, steht und fällt und fällt und steht die ganze Oper. Ich bin der Ansicht, daß in finanzieller Hinsicht gar kein Opfer gescheut werden dürfe. Tun wir das, dann rentiert auch in kurzer Zeit das Theater wieder*[1]. In Hirschlers gastlichem Haus Charlottenstr. 17 (jetzt Rathenaustraße) verkehrten viele Mitglieder des Nationaltheaters und Vertreter der bildenden Künste, auch prominente Politiker wie der Sozialdemokrat und preußische Innenminister Carl Severing (1875–1952) oder der italienische Sozialistenführer Pietro Nenni (1891–1980) kehrten dort ein.
Als 1928 Oberbürgermeister Theodor Kutzer (1864–1948) in den Ruhestand trat, bemühte sich die SPD als stärkste Fraktion darum, erstmals den Posten des Stadtoberhauptes zu besetzen. Hirschler hatte auf einer Reise durch Norddeutschland den Kieler Bürgermeister Hermann Heimerich kennengelernt und schlug ihn seiner Fraktion als Kandidaten vor[2]. Mit der Wahl Heimerichs am 30. Januar 1928 begann eine Zeit fruchtbarer Zusammenarbeit zwischen dem Oberbürgermeister und dem Vorsitzenden der stärksten Fraktion, dem ebenso wie Heimerich die Förderung des Theaters ein Herzensanliegen war. In der ersten Haushaltsdebatte unter Heimerichs Leitung übte Hirschler scharfe Kritik an dem Zustand des Nationaltheaters: *Die künstlerische Entwicklung geht seit Jahren rückwärts, das Niveau der künstlerischen Gesamtleistung ist stark gesunken. Der Spielplan, vielfach durch den Zufall bestimmt, entbehrt der großen künstlerischen Linie*[3]. Dieses negative Urteil war offenbar nicht zutreffend, hatte aber seinen Grund in dem mangelnden Kontakt zwischen dem Intendanten Francesco Sioli einerseits, dem Theaterausschuß und der Mannheimer Bürgerschaft andererseits[4]. Als sich im Jahre 1929 die Wirtschaftskrise auch in Mannheim auswirkte, wurde im Bürgerausschuß der Antrag auf Ablehnung des Betriebszuschusses für das Theater gestellt. Hirschler wandte sich im Namen seiner Fraktion energisch dagegen und wies darauf hin, daß die Stadt selbst bei Schließung des Theaters jährlich 1,16 Mill. RM aufwenden müsse gegenüber einem Betriebszuschuß von 1,15 Mill. RM[5]. Nach wechselnden Abstimmungen wurde schließlich

in der Sitzung vom 13. Dezember 1929 ein Antrag der Demokraten, den Betriebszuschuß für drei Jahre zu genehmigen mit den Stimmen der SPD, der Demokraten, der Deutschnationalen und der Wirtschaftspartei angenommen[6].

Nach dem Einzug der NSDAP in den Bürgerausschuß entwickelte sich eine bisher unbekannte Atmosphäre der Unsachlichkeit und der persönlichen Anwürfe. Als Hirschler bei den Haushaltsberatungen 1931 auf die auch in der Wirtschaftskrise gesunde Finanzlage der Stadt hinwies, fiel dem NS-Stadtrat Orth nichts besseres ein, als Hirschler als »Jude« zu beschimpfen[7]. Hirschler hatte sich besonders dadurch die Gegnerschaft der Nationalsozialisten zugezogen, daß er in vielen Wahlversammlungen sprach und als Anwalt Sozialdemokraten und Angehörige von Gewerkschaften gegen NSDAP-Mitglieder vertrat. Der SA-Standartenführer Hans Feit verfolgte Hirschler mit persönlichem Haß, da dieser in dem Scheidungsprozeß von Feit dessen Ehefrau vertreten hatte[8].

Nach der Machtergreifung des Nationalsozialismus blieb dem Mannheimer Bürgersohn, der sein Leben seiner geliebten Heimatstadt gewidmet hatte, nichts anderes übrig, als das bittere Los der Emigration auf sich zu nehmen, um der drohenden Verhaftung zu entgehen. Über Saarbrücken floh er am 10. März 1933 nach Paris, wo er sich als Rechtsberater eine neue Existenz aufbaute. Außerdem war er in Flüchtlingsorganisationen tätig, insbesondere war er Mitbegründer der »Vereinigung der deutschen nach Frankreich emigrierten Juristen«, deren Vorsitz er führte. Bei dem deutschen Einmarsch in Frankreich wurde Hirschler wie alle deutschen Emigranten am 22. Mai 1940 interniert und in ein Lager in der Nähe von Bordeaux verbracht. Beim Näherrücken der deutschen Truppen wurden die Insassen des Lagers am 20. Juni 1940 entlassen und mußten auf eigene Faust versuchen, aus Frankreich zu fliehen. Hirschler gelang es, am 26. Juni 1940 in Bayonne eines der letzten Schiffe nach Casablanca zu erreichen; von dort konnte er nach Argentinien gelangen, wo seine beiden Söhne seit 1937 lebten[9]. In Argentinien war ihm noch ein ruhiger Lebensabend vergönnt, nachdem seine Frau ein Jahr später auch nachgekommen war. Hermann Heimerich widmete dem langjährigen Weggefährten einen warmherzigen Nachruf, in dem er vor allem das Interesse Hirschlers für die kulturellen Aufgaben der Stadt betonte[10].

1 NMZ Nr. 254 vom 4. 6. 1927 (Beilage).
2 Mitteilung des Sohnes Otto E. Hirschler, Buenos Aires, an den Verfasser vom 25. 11. 1978.
3 NMZ Nr. 271 vom 14. 6. 1928 (Beilage).
4 Vgl. H. Meyer, Nationaltheater S. 10.
5 Vgl. NMZ Nr. 533 vom 16. 11. 1929.
6 Vgl. H. Meyer, Nationaltheater S. 32.
7 Vgl. NMZ Nr. 212 vom 8. 5. 1931.
8 Vgl. H.-J. Fliedner, Verfolgung Bd. 1, S. 180.
9 Vgl. StA Mannheim, JD, Nr. 62.
10 Vgl. Allgemeine Zeitung, Mannheim Nr. 151 vom 3. 7. 1956.

W Der Tatbestand des Gläubigerverzuges nach gemeinem Recht und dem bürgerlichen Gesetzbuch. Mannheim 1906 (Diss. Erlangen).
L BHDE 1 S. 303.
A StA Mannheim, S 1/2420; Kl. Erw., Nr. 275, Bl. 18f.

Hohenemser, Joseph, geb. 10. 9. 1794 Mannheim, gest. 12. 5. 1875 Mannheim.

V Hirsch Levi, Bankier; *M* Dänge Ladenburg; ∞ Mannheim 1817 Regina Ladenburg (1797 bis 1876), 4 *S*, 4 *T*, u. a. August (1834–1914), nationalliberaler Stadtverordneter in Mannheim; *UrE* Herbert (geb. 1915), Kulturreferent der Stadt München 1956–1978.

Hohenemser trat im Jahre 1820 mit seinem Bruder Moritz als Teilhaber in das von seinem Vater gegründete Bankhaus ein, das seither »H. L. Hohenemser und Söhne« firmiert. Joseph Hohenemser hat mit seinem drei Jahre jüngeren Schwager Seligmann Ladenburg[1] den wirtschaftlichen Aufstieg Mannheims in der Mitte des 19. Jahrhunderts entscheidend mitgestaltet. Nach dem Beitritt Badens zum preußisch-deutschen Zollverein im Jahre 1835 vertrat er 1847 zusammen mit Ministerialrat Brauer die badische Regierung auf der Leipziger Wechselkonferenz zur Beratung des Entwurfs einer gemeinsamen Wechselordnung[2]. Im Jahre 1862 war er an der Gründung der Mannheimer Produkten- und Wertpapierbörse beteiligt. In demselben Jahr trat er in den Verwaltungsrat der umgegründeten Mannheimer Dampfschleppschiffahrtsgesellschaft ein. Im Jahre 1864 wurde er Mitglied des Kuratoriums zur Errichtung einer zentralen badischen Bank, die nach vielen Schwierigkeiten im Jahre 1870 in Mannheim gegründet wurde.
Am Leben seiner Glaubensgenossen nahm Hohenemser lebhaften Anteil. Er gehörte lange Zeit dem Synagogenrat an, dessen Vorsitz er von 1838–1848 innehatte. Im Jahre 1829 gründete er mit Seligmann Ladenburg die Ressourcegesellschaft als geselligen Treffpunkt der Gemeinde und blieb bis 1838 ihr Vorsitzender[3]. Im April 1835 beteiligte er sich an der Petition an die 2. Kammer der Ständeversammlung in Karlsruhe, um die volle Gleichberechtigung der Juden in Baden zu erreichen.
Im Alter von 80 Jahren ist er am 12. Mai 1875 gestorben. Bei der Trauerfeier würdigte Stadtrabbiner Friedmann seine Persönlichkeit: *Alle diese Tugenden aber flossen aus einer Quelle, aus der aufrichtigen Frömmigkeit seines Herzens, aus seiner treuen Anhänglichkeit an die Lehre des Judentums. Es galt von ihm das Schriftwort: »Und Gott war mit Joseph, auch nachdem er ein glücklicher Mann war geworden.« Wie Joseph vergaß er nimmer seines Gottes und seiner Brüder. Er ehrte in jedem Menschen vor allem den Menschen, aber ebendeshalb, aus wohlverstandener menschheitlicher Pflicht, stand er in rein religiöser Beziehung unbeirrt auf dem Boden seiner Konfession, in festem innigen Zusammenhang mit der Gemeinde und erfüllt von Liebe für die Gemeinschaft Israels*[4]. Im Familiengrab auf dem Mannheimer jüdischen Friedhof wurde er beigesetzt.

1 Zu S. Ladenburg s. S. 111f.
2 Vgl. Protokolle der vom 20. 10. 1847 bis 19. 12. 1847 abgehaltenen Conferenz, Leipzig 1848, S. 2.
3 Vgl. 100 Jahre Ressourcegesellschaft.
4 B. Friedmann.

L R. Haas S. 42 und S. 85.

Jeselsohn, Max, geb. 10. 4. 1871 Neckarbischofsheim, gest. 20. 2. 1937 Karlsruhe.

V Isak (1835–1893), Kaufmann; M Auguste Bachert (1841–1904); ∞ Mannheim 1899 Fanny Oppenheimer (1875–1968); 2 T.

Jeselsohn kam schon im zweiten Lebensjahr nach Mannheim und legte hier 1889 das Abitur am Gymnasium ab. Er studierte Rechtswissenschaft in Berlin, Heidelberg und Erlangen, wo er 1896 an der juristischen Fakultät der Universität promovierte. Im Jahre 1897 ließ sich Jeselsohn in Mannheim als Rechtsanwalt nieder. Schon früh im politischen Leben tätig, kam er 1900 in den Vorstand der Mannheimer Fortschrittlichen Volkspartei und 1905 in den Bürgerausschuß. Bei den Gemeinde- und Landtagswahlen war er ein Vorkämpfer der Einigungsverhandlungen zwischen den bürgerlichen Linksparteien und feierte den glücklichen Abschluß durch eine »Geburtstagsrede«. 1911 wurde er Vorsitzender der Fraktion der Fortschrittlichen Volkspartei im Bürgerausschuß.

Im August 1914 meldete sich Jeselsohn , der 1894/95 als Einjähriger gedient hatte, als Kriegsfreiwilliger. Im Winter 1914/15 war er im Elsaß eingesetzt und nahm an den Kämpfen am Hartmannsweilerkopf teil. Am 27. Januar 1915 wurde er zum Leutnant befördert und erhielt mehrere Kriegsauszeichnungen. Nach seiner Verwundung kam er zur Kommandantur in Antwerpen, wo er bis zum Kriegsende verblieb[1].

Nach dem Krieg wurde er wieder Fraktionsvorsitzender der aus der Fortschrittlichen Volkspartei hervorgegangenen Deutschen Demokratischen Partei. Im Jahre 1922 rückte er als Stellvertreter in den Stadtverordnetenvorstand ein und 1931 wurde er Mitglied des Stadtrats. Aufgrund seiner umfassenden Bildung und seiner Erfahrungen als Anwalt war Jeselsohn einer der maßgebenden Persönlichkeiten der Mannheimer Kommunalpolitik. Als Vorsitzender einer kleinen Fraktion verstand er es, zwischen den konkurrierenden Parteien zu vermitteln. Als Stadtverordneter war er Vorsitzender des Beamtenschlichtungsausschusses und gehörte den wichtigsten Ausschüssen wie dem Verwaltungs- und Personalausschuß, dem Technischen- und dem Hypothekenausschuß an. Als Stadtrat wurde er Mitglied des Theater- und Rosengartenausschusses und Mitglied des Aufsichtsrats der Wasserwerksgesellschaft. Bei seinen Etatreden ging Jeselsohn auf grundsätzliche kommunalpolitische Fragen ein: *Was nun die Frage der Selbstverwaltung anbetrifft, so muß ich sagen, daß die Rechte der Bürgerausschußmitglieder im Laufe der 24 Jahre, die ich dem Bürgerausschuß angehöre, nicht zu-, sondern meiner Empfindung nach abgenommen haben*[2]. Bei den Etatberatungen 1928 sagte er: *Es ist Tatsache, daß in den Reihen des Stadtrats heute bedeutend weniger Kaufleute, Handwerker und Industrielle sitzen als früher. Das, was man früher gehabt hat, daß Private ihre Kenntnisse im Interesse der Stadt verwenden konnten, ist ein Märchen geworden*[3]. Wir sehen, daß bedenkliche Entwicklungen, die sich heute noch verstärkt haben, schon damals einem weitsichtigen Kommunalpolitiker Sorge bereiteten.

Außer seiner politischen Tätigkeit war Jeselsohn in vielen Ehrenämtern der jüdischen Gemeinde tätig. Seit 1896 gehörte er der Loge »B'nai B'rith« an, deren Vizepräsident er 1911 wurde. Seit 1903 war er Mitglied der Gemeindevertretung

und seit 1911 Mitglied des Synagogenrats. Der israelitischen Landessynode in Karlsruhe gehörte er als Vorsitzender der liberalen Fraktion an und bei der Beratung der neuen Verfassung der israelitischen Religionsgemeinschaft Badens im Jahre 1922 als Berichterstatter der Verfassungskommission[4]. Bei seinem Eintritt in den Stadtrat 1931 legte er diese Ehrenämter nieder, um sich ganz den kommunalpolitischen Aufgaben widmen zu können. Zu seinem 60. Geburtstag am 10. April 1931 würdigte ihn der Vorsitzende der Gemeinde, Prof. Moses, in einer so lebendigen Weise, daß damit ein plastisches Bild seiner kraftvollen Persönlichkeit der Nachwelt überliefert wird: *Ich grüße aber in Dir den stürmischen Jungen, der mit feurigem Elan und impulsivem Schwung uns mitriß, sei es wie in vergangenen Tagen zu freier Kritik, oder wie in Zeiten des gereiften Mannestums zu aufbauender Tätigkeit. Wir anderen freilich, schwerfälliger gebaut, kamen nicht immer mit bei dem wildreißenden Strom Deiner Rede und dem Tempo Deines Tatendrangs*[5].
Schon zwei Jahre später wurde Jeselsohns unermüdliche Arbeit für das Gemeinwohl mit der Auflösung des demokratischen Stadtrats beendet. Am 15. Oktober 1934 wurde ihm das Ehrenkreuz für Frontkämpfer *im Namen des Führers und Reichskanzlers* verliehen, doch bald danach mußte er seine Anwaltskanzlei unter dem Druck der Verhältnisse auflösen. Am 20. Februar 1937 ist er unerwartet bei einem Besuch in Karlsruhe verstorben und wurde auf dem Mannheimer jüdischen Friedhof beigesetzt. Seine Witwe wurde am 22. Oktober 1940 nach Gurs deportiert, konnte aber später bei ihrer in Paris lebenden Tochter untertauchen, wo sie im Jahre 1968 nach langem Leiden im Alter von 92 Jahren gestorben ist. Sie ruht an der Seite ihres Mannes auf dem Mannheimer jüdischen Friedhof.

1 Vgl. StA Mannheim, Kl. Erw., Nr. 723.
2 NMZ Nr. 248 vom 31. 5. 1927 (Beilage).
3 NMZ Nr. 151 vom 29. 1. 1928 (Beilage).
4 Vgl. IGB 15. 1. 1923, S. 5.
5 IGB vom 27. 3. 1931 (Sonderausgabe).

W Zur Auslegung des § 216 RStGB. Mannheim 1896 (Diss. Erlangen).
A StA Mannheim, S 1/2422; Kl. Erw., Nr. 275, Bl. 20 ff. und Nr. 723.

Ladenburg, Wolf Hajum, geb. 28. 1. 1766 Mannheim, gest. 9. 9. 1851 Mannheim.

V Hajum Hirsch, Handelsmann; *M* Terza Moyses; ∞ Mannheim 1785 Mina Lorch (1770–1845); 4 *S* 4 *T,* u. a. Seligmann (s. S. 111 f.) u. Leopold (s. S. 112 f.).

Ladenburg begründete im Jahre 1785 das Bankhaus Ladenburg, wobei er mit einem Münzwechselgeschäft und einem Handel mit Juwelen begann. Über die Anfänge des Bankgeschäfts ist wenig bekannt, aber seine erfolgreiche Entwicklung läßt sich schon daraus schließen, daß Ladenburg 1807 das Haus F 3,5 zum Preis von 11 500 Gulden erwarb, wovon er 3500 Gulden bar bezahlen konnte. Am 30. September 1809 wurde der Schutz- und Handelsjude als Bürger der Stadt Mannheim verpflichtet. Im Jahre 1823 kaufte er ein größeres Haus in D 3,12 und 1832 noch das

Nachbarhaus D 3,13. Zu seinen Kunden gehörten so einflußreiche Persönlichkeiten wie der kurpfälzische Staatsminister Franz Albert Graf von Oberndorff und der Tabakfabrikant Peter Brentano. Die engen geschäftlichen Verbindungen mit dem Bankhaus Hohenemser waren noch durch persönliche verstärkt worden. Ladenburgs Schwester Dänge hatte 1793 Hirsch Levi Hohenemser geheiratet und seine Tochter Regina verehelichte sich 1817 mit ihrem Vetter Joseph Hohenemser[1]. Im Jahre 1832 nahm Ladenburg drei seiner Söhne in die Firma auf, die seitdem »W. H. Ladenburg und Söhne« firmierte.

Zu seinem 70. Geburtstag schenkte er dem Synagogenrat 4000 Gulden in Wertpapieren, je zur Hälfte für das israelitische Krankenhaus und die israelitische Volksschule. In seinem Testament vom 9. April 1840 setzte er ein Vermächtnis von 1000 Gulden für den Synagogenbau, 500 Gulden für das israelitische Krankenhaus, je 300 Gulden für die israelitischen Armen, für die Marienanstalt und die Kleinkinderschule und je 100 Gulden für die protestantischen und katholischen Armen aus[2]. Die jüdische Gemeinde repräsentierte Ladenburg bei zahlreichen wichtigen Anlässen. Im Jahre 1803 war er einer der Vertreter der badischen Juden bei der Huldigungsfeier aus Anlaß des Übergangs Mannheims an Baden und 1809 war er einer der vier Mannheimer Vertreter bei der ersten Landesdeputierten-Versammlung der badischen Juden in Karlsruhe. Viele Jahre war er Vorsteher der Mannheimer Gemeinde und von 1825 bis 1845 Mitglied des Oberrats der Israeliten. Florian Waldeck schreibt über seine Tätigkeit in der Gemeinde: *Er arbeitete unablässig an der kulturellen Hebung seiner Glaubensgenossen, als Vorkämpfer einer liberalen Richtung, der die Errichtung einer Volksschule trotz mannigfacher Widerstände innerhalb der Gemeinde gelang*[3]. Im Jahre 1845 schied der 79jährige auf eigenen Wunsch aus dem Oberrat aus mit der Begründung: *Er wolle dem Oberrate bei den ihm erstehenden neuen Aufgaben kein Hindernis bereiten; denn der täglich dringender hervortretende Wunsch nach durchgreifenden Reformen mache es diesem hohen Kollegium zur unabweisbaren Pflicht, die vor mehr als 20 Jahren betretene Bahn der Einführung von Verbesserungen rascher und entschiedener zu verfolgen*[4].

Seine letzten Lebensjahre waren überschattet durch den 1845 nach 60jähriger Ehe eingetretenen Tod seiner Frau und die Flucht nach Frankfurt a. M., als der badische Aufstand 1849 in Mannheim ausbrach. Am 9. September 1851 ist er im Alter von 85 Jahren gestorben und ruht auf dem Mannheimer jüdischen Friedhof in dem Familiengrab der Ladenburgs. Ein Porträt Ladenburgs und seiner Ehefrau, das von einem unbekannten Frankfurter Künstler in den zwanziger Jahren des 19. Jh.s gemalt wurde, wurde 1963 von der in England lebenden Nachkommen in vierter Generation, Olga Hirsch geb. Ladenburg (geb. 1889), der Gesellschaft der Freunde Mannheims geschenkt und ist im städtischen Reiß-Museum ausgestellt[5].

1 Zu J. Hohenemser s. S. 107.
2 Vgl. G. Jacob (1971) S. 23 ff.
3 F. Waldeck, Mannheimer Familien Tl. 1, S. 69.
4 B. Rosenthal (1927) S. 353.
5 Vgl. G. Jacob (1963).

L BadB 2 S. 3; NDB 13 S. 386 f.

Ladenburg, Seligmann, geb. 9.12.1797 Mannheim, gest. 25.11.1873 Mannheim.

V Wolf Hayum, *M* Mina Lorch; ∞ Kassel 1823 Julie Goldschmidt (1800–1859); 3 *S*, 2 *T*, u. a. Carl (s. S. 113 f.).

Ladenburg wurde 1832 mit zwei Brüdern Teilhaber der väterlichen Bank, die sich gut entwickelte. Im Jahr zuvor waren die Stapelrechte von Mainz und Köln durch die Mainzer Rheinschiffahrtsakte aufgehoben worden, so daß eine regelmäßige Schiffahrt auf dem Rhein von seiner Mündung bis Mannheim ermöglicht wurde. Im Jahre 1834 begann der Ausbau der Mannheimer Hafenanlagen, und 1835 schuf der Anschluß Badens an den Zollverein für Mannheim einen größeren Markt. Im Jahre 1836 war das Bankhaus Ladenburg Mitgründer der Zuckerfabrik Waghäusel und 1842 der Mannheimer Dampfschleppschiffahrtsgesellschaft[1]. Bei der Umgründung des zuletzt erwähnten Unternehmens im Jahre 1862 trat Seligmann Ladenburg in dessen Verwaltungsrat ein. In demselben Jahre wurde die Mannheimer Produkten- und Wertpapierbörse unter Mitwirkung des Bankhauses Ladenburg errichtet, dessen herausragende Gestalt Seligmann Ladenburg war. Er zeigte auch großes Interesse an der 1863 im Mannheimer Stadtteil Jungbusch errichteten Anilinfabrik, die aber vom Stadtrat kein Gelände erhielt. So erwarb Seligmann Ladenburg gemeinsam mit Friedrich Engelhorn (1821–1902) Grundstücke in Ludwigshafen, auf denen sich später das Weltunternehmen BASF entwickeln sollte. Im Jahre 1864 gehörte Seligmann Ladenburg dem Kuratorium zur Gründung einer zentralen badischen Bank an, die endlich im Jahre 1870 ins Leben trat[2].
Nach dem Deutschen Krieg von 1866 hatte Baden eine Kriegskontribution von 6 Millionen Gulden an Preußen zu leisten, die es nur schwer aufbringen konnte. Seligmann Ladenburg benutzte seine freundschaftlichen Beziehungen zu Adolph Hansemann (1827–1903), dem Chef der Discontogesellschaft in Berlin, um für das Land Baden einzuspringen. Die Discontogesellschaft hat daraufhin die 6 Millionen Gulden für Rechnung Badens an Preußen überwiesen. Im Jahre 1867 gab die Discontogesellschaft zusammen mit den Bankhäusern Ladenburg und Rothschild in Frankfurt a. M. eine Emission einer 4 %-Prämienanleihe von 21 Millionen Gulden zugunsten der badischen Eisenbahnschuldentilgungskasse aus. Nach diesen großen finanziellen Transaktionen zugunsten des badischen Staates konnte sich Seligmann Ladenburg zu Neujahr 1868 befriedigt von seiner Lebensarbeit ins Privatleben zurückziehen. Zuvor war am 28. Dezember 1867 ein neuer Gesellschaftsvertrag zwischen den Söhnen und Neffen abgeschlossen worden, der sicherstellen sollte, daß das Gesellschaftskapital erhalten blieb und die Gesellschafter nur die Zinsen aus dem Geschäft zogen[3]. Zu seinem 70. Geburtstag am 9.12.1867 hatte Seligmann Ladenburg die »Seligmann, Julie und Leopold Ladenburg-Stiftung« mit einem Kapital von 30 000 Gulden errichtet, deren Erträgnisse zur Unterstützung von armen Mannheimer Familien bestimmt waren[4].
Im übrigen nahm Seligmann Ladenburg am öffentlichen Leben nicht teil, da er völlig auf den Ausbau seines Bankgeschäfts konzentriert war. Er war ein mehr konservativer Mann, der von revolutionären Umtrieben nichts hielt. In der Revolu-

tion von 1848 lehnte er es ab, seine Söhne für die Freischaren zu stellen, und die Familie floh mit dem 82jährigen Vater per Schiff nach Frankfurt a. M.; nur sein 20jähriger Neffe Wilhelm Ladenburg (1828–1913) blieb zur Führung des Mannheimer Bankhauses zurück. Von 1839 bis 1862 gehörte Seligmann Ladenburg dem Wahlausschuß der Handelskammer an, lehnte aber eine Wahl zum Mitglied der Handelskammer 1863 aus Gesundheitsrücksichten ab[5].

Am 25. November 1873 ist Seligmann Ladenburg seiner ihm im Tode vorausgegangenen Frau gefolgt und ruht mit ihr im Familiengrab der Ladenburgs auf dem Mannheimer jüdischen Friedhof. Das hier wiedergegebene Pastellbildnis wurde im Jahre 1863 von dem pfälzischen Maler Johann Jakob Serr (1807–1880) geschaffen und 1971 von der BASF dem Reiß-Museum geschenkt, wo es ausgestellt ist.

1 Vgl. G. JACOB (1971) S. 26 ff.
2 Vgl. R. HAAS S. 42 f.
3 Vgl. GLA 276 IV/7693.
4 Vgl. GLA 233/18666.
5 Vgl. A. BLAUSTEIN, Handelskammer S. 131.

L BadB 2 S. 4; NDB 13 S. 387 f.
A StA MANNHEIM, S 1/3318.

Ladenburg, Leopold, geb. 11.1.1809 Mannheim, gest. 24.7.1889 Mannheim.

V Wolf Hayum (s. S. 109 f.); *M* Mina Lorch; ∞ Mannheim 1836 Delphine Picard (1814–1882); 2 *S*, 1 *T*, u. a. Albert (1842–1911), Prof. der Chemie in Breslau.

Ladenburg wandte sich nach dem Besuch des Lyceums in Mannheim im Jahre 1827 der Rechtswissenschaft zu und studierte in München und Heidelberg, wo er 1832 zum Dr. jur. promovierte. Im Jahre 1833 wurde er Obergerichtsadvokat in Mannheim. Schon als junger Jurist verfaßte er zwei Schriften für die Gleichberechtigung der Juden. In der ersten setzte er sich mit der Bestimmung der neuen badischen Gemeindeordnung auseinander, wonach nur Bürger christlicher Konfession Gemeinderäte und Bürgermeister werden konnten. Er wies nach, daß diese Beschränkung gegen Art. 16 der Bundesakte verstieß[1]. In der zweiten Schrift verlangte er die volle Gleichberechtigung: *Wir erkennen Deutschland als unser theueres Vaterland; die deutsche Sprache als unsere Muttersprache. Wir haben diesen unseren Sinn bewährt in der Völkerschlacht bei Leipzig und zehn anderen Schlachten*[2].

Im Jahre 1839 trat Ladenburg in den Bürgerausschuß ein, dem er bis 1875 angehörte. Die Förderung des Schulwesens lag ihm besonders am Herzen. Schon 1835 bemühte er sich um die Errichtung einer Bürgerschule, die fünf Jahre später ins Leben trat[3]. Als 1864 die Ortsschulräte eingeführt wurden, war er einer der vier Ortsschulräte für die jüdische Schule[4]. Auch um die Lösung der sozialen Frage bemühte er sich, indem er 1866 Vorsitzender des Verwaltungsrats der neugegründeten Baugesellschaft für Arbeiterwohnungen wurde[5]. An allen Bestrebungen zur Herstellung der deutschen Einheit war Ladenburg maßgebend beteiligt. Seine Unterschrift finden wir unter dem Aufruf an alle *Freunde der deutschen Einheit, des*

Fortschritts und der gesetzlichen Freiheit vom 15. Dezember 1848. Bei der Gründung des »Nationalliberalen Vereins Mannheim« am 28. Juni 1869 wurde er Mitglied des Vorstands[6]. Den Vorsitz der jüdischen Gemeinde führte er 35 Jahre lang von 1849 bis 1884.

Die vielseitige Tätigkeit Ladenburgs faßt Florian Waldeck zusammen: *Durch vier Jahrzehnte gab es in Mannheim keine politische, soziale, gesellige oder wissenschaftliche Bestrebung, an der Ladenburg nicht führend beteiligt war. In der Politik war er ein getreuer Streiter des gemäßigten Liberalismus, ein naher persönlicher Freund Mathys und Friedrich Daniel Bassermanns*[7]. Seine geistig hochstehende Frau führte einen Salon, in dem u. a. Karl Gutzkow, Robert Schumann und die Brüder Lachner verkehrten. Für sie, die ihm 1882 im Tode vorausgegangen war, ließ er ein eigenes Grab nahe bei dem Familiengrab Ladenburg anlegen, in dem auch er seine letzte Ruhestätte fand.

1 Vgl. L. LADENBURG (1832) S. 32.
2 L. LADENBURG (1833) S. 83.
3 Vgl. F. WALTER (1907) Bd. 2, S. 252f.
4 Vgl. ebd., S. 476.
5 Vgl. ebd., S. 517.
6 Vgl. StA MANNHEIM, Nationalliberaler Verein, Zug. 11/1974.
7 F. WALDECK, Mannheimer Familien Tl. 1, S. 81.

W Die rechtlichen Verhältnisse der Israeliten in Baden. Mannheim 1832; Die Gleichstellung der Israeliten Badens mit ihren christlichen Mitbürgern. Mannheim 1833.
A Mitteilung des UA HEIDELBERG an den Verfasser vom 3. 6. 1982.

Ladenburg, Carl, geb. 19. 6. 1827 Mannheim, gest. 4. 10. 1909 Mannheim.

V Seligmann, *M* Julie Goldschmidt; ∞ Kassel 1859 Ida Goldschmidt (1840–1928); 1 *S*, 1 *T*, u. a. Julie, ∞ Ernst Bassermann (1854–1917), Rechtsanwalt, seit 1904 Vorsitzender der Partei und Reichstagsfraktion der Nationalliberalen.

Ladenburg trat nach Besuch der Bürgerschule mit 16 Jahren in das väterliche Bankhaus ein. Von 1850 bis 1854 bildete er sich in Paris und London im Bankfach weiter. Mit dem Ausscheiden des Vaters im Jahre 1868 ging die Verantwortung auf ihn, seine Brüder und Vettern über, unter denen er die führende Persönlichkeit war. Die vielseitige Entfaltung des Mannheimer Wirtschaftslebens im Kaiserreich ist ohne die Mitwirkung des Bankhauses Ladenburg mit seinen weitgespannten Beziehungen nicht denkbar. Aufgrund ihrer Finanzkraft war die Bank zu einer liberalen Kreditgewährung in der Lage. So hat sie der von ihr mitbegründeten Zellstofffabrik Waldhof durch großzügige Kredite den Aufstieg zum größten Unternehmen dieser Art in Europa ermöglicht. An der Gründung vieler anderer bedeutender Unternehmen war die Ladenburgbank beteiligt, z. B. der Rheinischen Schuckertgesellschaft für elektrische Industrie Mannheim, der Süddeutschen Juteindustrie, der Immobiliengesellschaft und der Bahngesellschaft Waldhof. Carl Ladenburg war Aufsichtsratsvorsitzender der Badischen Bank, der Badischen Rück- und Mitversicherungsgesellschaft, der Badischen Gesellschaft für Zuckerfabrikation Mannheim-Waghäusel und des Vereins Deutscher Ölfabriken; in vielen anderen Aufsichtsräten war er Mitglied[1].

Im Gegensatz zu seinem Vater widmete sich Carl Ladenburg auch dem öffentlichen Leben seiner Stadt und des Landes Baden. Von 1866 bis 1907 war er über 40 Jahre Mitglied der Handelskammer und 1867 gehörte er zu den ersten neuernannten Handelsrichtern. Von 1887 bis 1891 war er Mitglied des Landtags. Im Jahre 1891 hatte er sein Mandat an die zum ersten Mal siegreiche Sozialdemokratie verloren, gewann es aber 1893 zurück, nachdem er nur dem starken Drängen der Parteifreunde zur nochmaligen Kandidatur gefolgt war. Über sein Wirken im Landtag, in dem er Mitglied der Budgetkommission war, schreibt Florian Waldeck: *Im Parlament hat er nicht oft das Wort ergriffen, wenn es aber geschah, so waren seine Darlegungen erfüllt von dem Geist des erfahrenen Mannes, der einer der besten Kenner unseres Wirtschaftslebens war*[2]. Das Stiftungswerk seines Vaters setzte er fort, indem er die 1867 begründete Stiftung durch eine Zustiftung von 18 000 Mark im Jahre 1884 und 50 000 Mark im Jahre 1897 vergrößerte[3].

Zu Beginn des 20. Jahrhunderts machte aber die Konzentration im Bankwesen auch vor dem großen Privatinstitut Ladenburg nicht halt. Nachdem schon in den siebziger Jahren des 19. Jahrhunderts die ersten Aktienbanken in Mannheim gegründet worden waren, entstanden 1896 noch die Oberrheinische Bank und die Süddeutsche Bank. Jetzt mußte sich auch die Ladenburgbank einen starken Partner suchen, der sich in der Berliner Discontogesellschaft anbot, zu der schon seit Jahrzehnten enge Beziehungen bestanden. Am 25. Januar 1905 wurde die Firma W. H. Ladenburg u. Söhne in die Süddeutsche Discontogesellschaft umgewandelt, wobei die Familie Ladenburg die Aktienmehrheit mit 12 000 von 20 000 Aktien im Wert von 12 von 20 Millionen Mark behielt[4]. In den folgenden Jahren übernahm die Süddeutsche Discontogesellschaft fünf Banken in Baden und der Pfalz, darunter auch die Mannheimer Bank Weil und Benjamin.

Zum 300. Stadtjubiläum 1907 wurde Carl Ladenburg als erstem jüdischen Bürger die Ehrenbürgerwürde verliehen. Zur Feier der goldenen Hochzeit am 11. Januar 1909 stiftete das Ehepaar 100 000 Mark zur Errichtung eines Damenheims, das dem Frauenverein angeschlossen wurde, dessen Präsidentin Ida Ladenburg seit 1904 war. Am 4. Oktober 1909 erlag Carl Ladenburg einem Schlaganfall, und seine sterblichen Überreste wurden in dem Familiengrab auf dem Mannheimer jüdischen Friedhof beigesetzt. Bei der Trauerfeier würdigte Oberbürgermeister Paul Martin (1859–1913) Ladenburgs Persönlichkeit: *Ein Mann ist von uns gegangen, der frei von jeder Eigensucht und Einseitigkeit noch Opfer zu bringen wußte, auch für das öffentliche Interesse, der bereitwillig hohe Intelligenz und reiche Erfahrungen, materielle Mittel und seine ganze Persönlichkeit zur Verfügung stellte, wenn es galt, dem allgemeinen Wohl, dem Vaterland, der Heimatstadt zu dienen*[5]. Zum Andenken an Carl Ladenburg wurde eine Straße im Mannheimer Villenviertel Neuostheim, das von der Süddeutschen Discontogesellschaft gegründet wurde, nach ihm benannt.

1 Vgl. G. JACOB (1971) S. 34.
2 F. WALDECK, Mannheimer Familien Tl. 1, S. 78.
3 Vgl. DIE DER STADT MANNHEIM ÜBERGEBENEN GRÖSSEREN STIFTUNGEN.
4 VGL. GLA 276/896a.
5 Zit. nach F. WALDECK, Mannheimer Familien Tl. 1, S. 79.
L BadB 6 S. 163; NDB 13 S. 388f.; KARL LADENBURG.
A StA MANNHEIM, S 1/1691.

Landmann, Ludwig, geb. 18.5.1868 Mannheim, gest. 5.3.1945 Voorburg (Niederlande).

V Moritz, Handelsmann, *M* Rosa Kaufmann; ∞ *1)* München 1910 Elisabeth Deutz (1877–1925), *2)* Frankfurt a. M. 1927 Margarete Merens (1881–1960).

Landmann bestand das Abitur am Gymnasium in Mannheim im Juli 1886 mit der Note »sehr gut«, studierte von 1886–1890 Rechtswissenschaft in Heidelberg, Berlin und München und legte die beiden Staatsexamen mit der Note »gut« ab. Von 1890 bis 1891 leistete er Militärdienst als Einjähriger. Am 1. Juli 1894 trat er als juristischer Hilfsarbeiter bei der Stadt Mannheim ein[1]. Ihm wurde die »Bearbeitung umfänglicher Rechtsfragen« und die »Stellvertretung des Grund- und Pfandbuchführers und des Gemeinderichters« übertragen[2]. Im Laufe der Jahre wurde er engster Mitarbeiter von Oberbürgermeister Otto Beck (1846–1908), der ihm wie einem persönlichen Referenten spezielle Aufgaben übertrug. Im Sommer 1898 erhielt er die Amtsbezeichnung »Syndikus der Stadt Mannheim« und wurde mit der Vertretung der Bürgermeister betraut, soweit dies gesetzlich zulässig war[3]. Seine Aufgeschlossenheit für die sozialen Probleme der Zeit bewies Landmann durch seinen Beitritt zum »Verein für Socialpolitik« und zum »National-Sozialen Verein«. Er schloß sich auch der von Eberhard Gothein (1853–1923) gegründeten »Süddeutschen Gesellschaft für staatswissenschaftliche Fortbildung« an und leitete Exkursionen von badischen Beamten in Städte mit preußischer Verwaltung. Seit 1909 hielt er Vorlesungen an der Mannheimer Handelshochschule, und am 12. Februar 1917 wurde ihm die Würde eines Ehrendoktors der Universität Heidelberg verliehen.
Eine außergewöhnliche Aufgabe stellte sich Landmann mit der zweimaligen interimistischen Übernahme der Intendanz des Nationaltheaters Mannheim in der Spielzeit 1912/13 und 1914/15. *Ludwig Landmann, der fast widerwillig die Verwaltung übernommen und dort zunächst die notwendige Neuregelung mancher etwas bürokratischen Anordnung durchzuführen hatte, fand zum ersten Male Gelegenheit, seinen ausgeprägten künstlerischen Sinn auch in der Öffentlichkeit seiner Vaterstadt zu bewähren und sich nicht nur als ein vortrefflicher Beamter, sondern auch – wie 1914/15 nochmals und in verstärktem Maße – als kluger Mittelsmann zwischen Künstlerschaft und Publikum wie andererseits auch unter den künstlerischen Vorständen selbst zu bewähren*[4]. Der im Dezember 1913 neu gewählte Oberbürgermeister Theodor Kutzer (1864–1948) wollte für Landmann eine vierte Bürgermeisterstelle schaffen, was aber beim Stadtrat nicht durchzusetzen war. Es gab erneut Differenzen mit dem Stadtrat, als Theodor Kutzer einen Teil seiner Amtsgeschäfte auf Landmann übertrug, so daß dieser erkannte, daß ein weiterer beruflicher Aufstieg für ihn in Mannheim nicht möglich war[5]. Am 18. Januar 1917 wechselte er als besoldeter Stadtrat zur Stadt Frankfurt am Main. Kurz vor der Übersiedlung trat Landmann aus der jüdischen Gemeinde aus und blieb konfessionslos. Er war mit einer getauften Holländerin jüdischer Herkunft verheiratet und hatte sich so weit vom Judentum entfernt, daß er daraus die äußeren Konsequenzen ziehen wollte[6].
Als Mitglied des Magistrats der Stadt Frankfurt verwaltete Landmann das Wirtschaftsdezernat, in dem er sich in den schweren Nachkriegsjahren als ein ideen-

reicher Kommunalpolitiker erwies, so daß er am 2. Oktober 1924 von den Parteien der Weimarer Koalition zum Oberbürgermeister gewählt wurde. In den folgenden Jahren des wirtschaflichen Aufstiegs hat Landmann durch großzügige Eingemeindungen die räumlichen Voraussetzungen für das Wachstum der Stadt Frankfurt geschaffen. Als Mitglied der Deutschen Demokratischen Partei zeigte er sich in der Öffentlichkeit bewußt als überzeugter Anhänger des demokratischen Staates: *Er hat aus voller persönlicher Überzeugung bei offiziellen Anlässen und besonders bei den regelmäßigen Verfassungsfeiern die parlamentarisch-demokratische Republik mit der in Frankfurt lebendig gebliebenen Erinnerung an die Paulskirchenversammlungen verknüpft und sie dadurch für die großstädtische Bevölkerung sinnfällig in die Tradition der deutschen Geschichte gestellt*[7]. Im Frühjahr 1933 wurde er aus dem Amt gejagt, wobei er noch um seine wohlerworbene Ruhegehaltsansprüche kämpfen mußte. Er lebte zunächst in Berlin und emigrierte 1939 nach den Niederlanden, wo er bei Freunden seiner Frau untertauchen konnte. Noch kurz vor Kriegsende starb er dort am 5. März 1945 an Unterernährung und Herzmuskelschwäche.

1 Vgl. GLA 234/2683 (Personalakten).
2 Vgl. Verwaltungsbericht des Stadtrates 1892–1894 Bd. 1, S. 24.
3 Vgl. Bürgerauschussprotokolle 1899, S. 226 ff.
4 E. Stahl S. 292.
5 Vgl. Stadtratsprotokoll Nr. 5960 vom 11.11.1915.
6 Vgl. D. Rebentisch S. 63.
7 Ebd. S. 223.

W Die rechtlichen und sozialen Grundlagen sowie die Verfassungs- und Verwaltungsorganisation der Stadt Mannheim (Schriften des Vereins für Socialpolitik Bd. 120, H. 3, S. 77–125). Leipzig 1906.
L BHDE 1 S. 415; Bibliographie Frankfurter Juden S. 516 f.; D. Rebentisch.

Lenel, Moritz, geb. 20.3.1811 Ladenburg, gest. 2.2.1876 Mannheim.

V Herz Löwenthal, Handelsmann; M Sara Simon; ∞ Düsseldorf 1836 Caroline Scheuer (1814–1857); 3 S, 4 T, u. a. Viktor (s. S. 117 ff.), Otto (1849–1935), Prof. für Römisches Recht in Freiburg i. Br.

Lenel wurde als Moritz Löwenthal geboren. Um 1820 änderte dieser Zweig der Familie seinen Namen in Lenel, um Verwechslungen mit gleichnamigen Verwandten zu vermeiden. Im Jahre 1833 ließ sich Moritz mit seinem älteren Bruder Simon in Mannheim nieder, wo er in O 3 eine Gewürzmühle verbunden mit einem Safran- und Vanillehandel betrieb[1]. Im Jahre 1848 unterzeichnete er den Aufruf des »Neuen Vaterländischen Vereins« vom 15. Dezember 1848 an alle *Freunde der deutschen Einheit und der gesetzlichen Freiheit*. In demselben Jahr wurde er in die Handelskammer aufgenommen, aus der er nach sechs Jahren wieder ausschied, da er die Ablehnung der Aufnahme einer auswärtigen jüdischen Firma durch die Handelskammer nicht billigte. Auf den Austritt Lenels schrieb das Präsidium ihm einen eingehenden Brief, aus dem hervorgeht, welchen großen Wert die Handelskammer auf die weitere Mitgliedschaft Lenels legte. Dieser war aber zunächst nicht bereit, seinen Entschluß rückgängig zu machen[2]. Nach sechs Jahren nahm Moritz Lenel seine erneute Wahl in die Handelskammer an und gehörte schon 1861 in Heidelberg zu den Initiatoren des Deutschen Handelstages[3]. In den sechziger Jahren war Moritz Lenel auch an der Gründung bedeutender Unternehmen wie der Badischen Assekuranzgesellschaft, der Mannheimer Lagerhausgesellschaft und der neuen Mannheimer Dampfschleppschiffahrtsgesellschaft beteiligt. Auch war er Mitgründer der Rheinischen Creditbank und der Badischen Bank, wo er Mitglied des Aufsichtsrates wurde. Am 18. März 1866 wurde Eduard Moll (1814–1896) zum Präsidenten und Moritz Lenel zum Vizepräsidenten der Mannheimer Handelskammer gewählt. Nach der Wahl Eduard Molls zum Oberbürgermeister wurde Moritz Lenel am 28. März 1871 zum Präsidenten der Handelskammer gewählt[4]. Dieses höchste Ehrenamt der Mannheimer Kaufmannschaft bekleidete er als erster jüdischer Inhaber bis zu seinem Tode.

Auf vielen Gebieten des öffentlichen Lebens war Moritz Lenel unermüdlich tätig. Im Jahre 1852 wurde er in den Großen Bürgerausschuß gewählt und 1855 wurde er Mitglied des Synagogenrates; beiden Gremien gehörte er bis zu seinem Tode an. Mit Eduard Moll setzte er sich für die Errichtung einer Töchterschule ein, die am 18. Mai 1863 eröffnet und schon im ersten Jahr von 100 Schülerinnen besucht wurde. Im Jahre 1868 war er Mitgründer eines überkonfessionellen Vereins für Krankenpflege, der unter Vorsitz von Oberbürgermeister Ludwig Achenbach (1812–1879) den Niederbronner Schwestern das Haus D 4,12 überließ. Im Jahre 1868 wurde Moritz Lenel auch zum Handelsrichter gewählt.

Mitten aus dem tätigen Leben wurde er am 2. Februar 1876 durch den Tod abberufen. In einem Nachruf lesen wir: *Der Ernst des Lebens hielt denselben nicht davon ab, in seinem Haus und in Vereinen die Kunst zu pflegen, und seine liebenswürdigen Reden bei Festen des Musikvereins sind unvergessen. Er war ein unermüdlicher Wohltäter der Armen jeden Bekenntnisses und seine freigebige Hand war immer bereit, wo es galt, unverschuldetes Unglück zu lindern*[5]. Seine sterblichen Überreste wurden neben seiner ihm im Tod vorausgegangenen Frau auf dem Mannheimer jüdischen Friedhof beigesetzt. Im Sinne des Verstorbenen errichtete die Familie die mit 25 000 Mark ausgestattete »Moritz-und-Caroline-Lenel-Stiftung« zur Förderung des Studiums fähiger und bedürftiger junger Leute ohne Ansehung der Konfession.

1 Vgl. M. v. d. Kall S. 9.
2 Vgl. Protokolle Handelskammer Mannheim 1854, Nr. 610, 630 und 661.
3 Vgl. F. Walter (1907) Bd. 2, S. 506.
4 Vgl. Protokolle Handelskammer Mannheim 1871, Nr. 99.
5 Rhein- und Neckarzeitung, Mannheim Nr. 34 vom 4. 2. 1876.

Lenel, Viktor, geb. 18. 6. 1838 Mannheim, gest. 7. 10. 1917 Mannheim.

V Moritz (s. S. 116f.); *M* Caroline Scheuer; ∞ Mannheim 1867 Helene Michaelis (1844–1917); 2 *S*, 1 *T*, u. a. Walter (1868–1937), Prof. für mittelalterliche Geschichte an der Universität Heidelberg, Richard (s. S. 119ff.).

Lenel trat nach Abschluß des Gymnasiums in Mannheim 1857 in das väterliche Geschäft ein, in dem er 1866 Teilhaber wurde. Durch Reisen nach England, Frankreich, Holland, Österreich und Spanien erweiterte er seinen Gesichtskreis und übernahm nach dem Tode des Vaters mit seinem jüngeren Bruder Alfred die Leitung des Unternehmens, das inzwischen seinen Schwerpunkt vom Handel auf die Industrie verlagert hatte. Im Jahre 1873 hatten die Brüder Lenel mit Friedrich Bensinger die Rheinische Hartgummifabrik gegründet, die später als Rheinische Gummi- und Celluloidfabrik Weltruhm erlangte. Von ihr spaltete sich 1885 die Fabrik wasserdichter Wäsche Lenel, Bensinger und Co ab.

Viktor Lenel betätigte sich wie sein Vater aktiv im öffentlichen Leben. Als Nationalliberaler war er von 1875 bis 1881 und 1887 bis 1893 Mitglied des Bürgerausschusses. 1876 wurde er Mitglied der Handelskammer, zu deren Vizepräsidenten er 1898 gewählt wurde. Von 1881 bis 1905 versah er das Amt eines Handelsrichters. Die Annahme des Präsidentenamtes der Handelskammer im Alter von 65 Jahren begründete er mit folgenden Sätzen: *Er wisse auch, daß in seinem Alter die Kraft im Schwinden sei und man eher darauf denken müsse, sich zu entlasten als neue Pflichten auf sich zu nehmen. Wenn er dessen ungeachtet sich zur Annahme entschlossen habe, sei das geschehen, weil er sich nicht für berechtigt halte, die höchste Ehre abzulehnen, welche die Vertreter der Kaufmannschaft einem der ihrigen verleihen könne*[1].

Als Präsident der Handelskammer war Viktor Lenel als erster jüdischer Bürger Badens von 1905 bis 1909 Mitglied der 1. Kammer der badischen Landstände. Er gehörte der Schul- und Steuerkommission und der Kommission für Eisenbahnen und Straßen an. Seine soziale Einstellung zeigt sich in vielen Diskussionsbeiträgen. So tritt er für die Einführung der Erbschaftssteuer ein: *Ich bin der Meinung, daß das Erbe des Deszendenten, das die leichteste Art des Erwerbs ohne jedes eigene Verdienst darstellt, eine Besteuerung sehr wohl verträgt und daß darin eine Ungerechtigkeit nicht zu erblicken ist*[2]. Zur Frage des Schulgeldes bei einer einzuführenden Handelsvorschule sagt er: *Ich bin der Meinung, daß das Schulgeld sehr mäßig gehalten werden müsse, denn für die Kreise, die hauptsächlich in Betracht kommen, für die Minderbemittelten, bedeutet der Schulbesuch der Kinder während eines weiteren Jahres ein großes Opfer*[3]. Im Interesse der Jugend setzt er sich für die Unterstützung der Museen der Stadt Mannheim ein: *In unserer materiellen Zeit kann nicht genug geschehen, um in der heranwachsenden Jugend die Liebe zur Naturwissenschaft und Kunst zu wecken. Dazu gehört, daß man die alten vorhandenen Sammlungen nicht nur bestehen läßt, sondern auch, daß man sie fortgesetzt mit neuen Gegenständen und neuen Kunstwerken bereichert, die geeignet sind, das Interesse zu erwecken und zu erhalten*[4].

Zu seinem 70. Geburtstag stiftete Viktor Lenel ein Erholungsheim für Kinder in Neckargemünd, das er 1911 der Stadt bezugsfertig übergab. In demselben Jahr legte er nach achtjähriger Amtszeit sein Amt als Präsident der Handelskammer aus gesundheitlichen Gründen nieder. Der neue Präsident Emil Engelhard (1854–1920) widmete ihm folgende Abschiedsworte: *Viktor Lenel war allezeit eine Stütze und ein Eckpfeiler unserer Kammer, und er hat es verstanden, ihr besonders während der Zeit seiner Präsidentschaft den Stempel der eigenen Persönlichkeit aufzudrücken. Das vermag aber nur eine markante Persönlichkeit zu erreichen. Daß er eine solche ist, wissen wir alle; eine Persönlichkeit, ausgestattet mit reichen Gaben und mit scharfer Verstandeskraft, ein festgefügter, ausgesprochener Charakter mit allen Ecken und Kanten eines solchen*[5]. Kurz nach dem Tod seiner Frau ist Viktor Lenel im 80. Lebensjahr am 7. Oktober 1917 gestorben. Beide Ehegatten ruhen in dem Familiengrab auf dem Mannheimer jüdischen Friedhof. Ein Ölgemälde Viktor Lenels von einem unbekannten Maler besitzt das Mannheimer Reiß-Museum.

1 PROTOKOLL HANDELSKAMMER MANNHEIM vom 27. 2. 1903.
2 VERHANDLUNGEN DER 1. KAMMER BADENS 1905/06, S. 82.
3 Ebd. 1907/08, S. 527.
4 Ebd. 1905/06, S. 157.
5 PROTOKOLL HANDELSKAMMER MANNHEIM vom 17. 2. 1911.

L H. Martini.

Lenel, Richard, geb. 29. 7. 1869 Mannheim, gest. 3. 8. 1950 Neckargemünd.

V Viktor (s. S. 117 ff.); *M* Helene Michaelis; ∞ Mannheim 1900 Milly Maas (1880–1959); 4 *S,* 5 *T.*

Lenel trat nach dem Besuch des Gymnasiums und Lehr- und Wanderjahren im Ausland mit 23 Jahren in die väterliche Firma ein. Im Jahre 1897 wurde er Geschäftsführer der Fabrik wasserdichter Wäsche Lenel, Bensinger u. Co. Nach der Geburt von zwei Töchtern trat Lenel mit seiner Familie im Jahre 1902 aus der jüdischen Gemeinde aus, ohne sich einer anderen Glaubensgemeinschaft anzuschließen. Die Gründe dieses Entschlusses sind uns nicht bekannt. Wie Vater und Großvater war Richard Lenel schon früh im öffentlichen Leben tätig. Im Jahre 1908 beteiligte er sich an der Gründung des allgemeinen Arbeiterverbandes Mannheim-Ludwigshafen und trat 1911 an die Spitze des Fabrikantenvereins. Im Jahre 1911 wurde er in die Handelskammer gewählt und von 1909 bis 1920 war er Handelsrichter. Nach seiner Wahl zum Präsidenten der Handelskammer im Jahre 1920 sagte er in seiner Einführungsrede: *Tief bewegt und voll Dank für das Vertrauen, das Sie mir entgegenbringen, trete ich die Stelle an, die bereits mein Großvater und mein Vater bekleidet hatten. Ich bin bereit, meine ganze Arbeitskraft daran zu setzen, den hohen Ruf, den die Handelskammer in allen Kreisen genießt, zu festigen und zu erhalten. Ich will alle Bestrebungen, die dem Aufbau des Mannheimer Wirtschaftsleben förderlich sein können, nach besten Kräften unterstützen*[1]. Diese bei seiner Wahl geäußerten Absichten hat Lenel in vollem Maße erfüllt, in dem er sein Ehrenamt mit unbestechlicher Objektivität und hohem Verantwortungsbewußtsein führte.
Bei seinem unermüdlichen Eintreten für Sparsamkeit war er doch immer dazu bereit, Kunst und Wissenschaft zu unterstützen. So wurde der 1921 gegründeten Förderungsgesellschaft für die Handelshochschule auf seinen Vorschlag eine jährliche Zuwendung der Handelskammer von 30 000 Mark zur Verfügung gestellt[2]. Es war daher eine verdiente Anerkennung seines Wirkens, daß ihm aus Anlaß seiner zehnjährigen Präsidentschaft am 3. Dezember 1930 der erste Ehrendoktor der Handelshochschule verliehen wurde.
Trotz seiner vielen Verpflichtungen trat Richard Lenel bei den Wahlen zum Bürgerausschuß am 19. November 1922 als Spitzenkandidat der Deutschen Volkspartei an. Seiner Überzeugung, daß es Aufgabe des Wirtschaftsführers sei, auch in der Politik mitzuwirken, hat er bei seiner Rede zur Einweihung des neuen Gebäudes

der Handelskammer im Jahre 1926 Ausdruck verliehen, als er ausführte, *daß es nicht genügt, nur selbst seine Kraft in den Dienst der Wirtschaft zu stellen, sondern daß es die vornehmste Aufgabe des Wirtschaftsführers ist, aus den Kreisen der Wirtschaft die Kräfte herauszuholen, die fähig und bereit sind, verantwortlich an den Aufgaben des Staates mitzuarbeiten*[3]. Nach zwei Legislaturperioden gab Richard Lenel Ende 1930 seine Mitwirkung im Bürgerausschuß auf, da er sich durch die sich verschärfende Wirtschaftskrise in der Handelskammer vor neue schwere Probleme gestellt sah. Um die bittere Not der Arbeitslosen zu lindern, stellte er sich an die Spitze des am 8. September 1931 vom Oberbürgermeister gegründeten Hilfswerks, von dem er ein Jahr später sagte, *es sei sittliche Pflicht jedes einzelnen, nach Kräften an der Linderung der Notlage, in der sich heute ein großer Teil der Bevölkerung Mannheims befinde, mitzuwirken. In Anbetracht der Notlage habe er sich, trotzdem er wenig genug Zeit zur Verfügung habe, entschlossen, zwanzig persönliche Besuche zu machen*[4].
Am 27. März 1933 mußte Lenel unter dem Druck der neuen Machthaber sein Amt als Präsident der Handelskammer niederlegen. In den folgenden Jahren versuchte er mit seinen beiden ältesten in Deutschland verbliebenen Söhnen, sein Unternehmen der Familie zu erhalten, bis die rigorosen Maßnahmen des Jahres 1938 ihn zwangen, sein Haus und seine Firma zu veräußern. Als seine Söhne bei den Pogromen vom 10. Novenmber 1938 nach dem KZ Dachau verschleppt wurden, mußte auch er erkennen, daß er seine geliebte Heimat im Alter von 70 Jahren verlassen mußte. Am 31. August 1939 – einen Tag vor Kriegsbeginn – traf das Ehepaar Lenel in London ein. Schwere Jahre der Emigration in England und den USA folgten, von denen die Briefe an seinen in der Schweiz wohnenden Sohn Heinz Walter (geb. 1914) ein erschütterndes Zeugnis ablegen. Als ihn im Oktober 1947 der Ruf des Oberbürgermeisters der Stadt Mannheim zur Heimkehr erreichte, bedeutete dies für Lenel die Erfüllung seines letzten Wunsches. Es dauerte noch ein-einhalb Jahre, bis eine geeignete Unterkunft in Neckargemünd in der Nähe des Viktor-Lenel-Stifts gefunden und eingerichtet werden konnte. Am 15. April 1949 trafen die Eheleute dort ein und erhielten von allen Seiten ein herzliches Willkommen.
Es war ein versöhnlicher Ausklang, daß dem schwer geprüften Mannheimer Bürger am 18. Oktober 1949 das Ehrenbürgerrecht und einen Tag später der Titel eines Ehrenpräsidenten der Industrie- und Handelskammer verliehen wurde. In seinem Dankesbrief an den Oberbürgermeister vom 19. Oktober 1949 lesen wir: *Leider ist es mir nicht möglich, wie es noch meinem Großvater und Vater vergönnt war, meine tiefe Verbundenheit mit meiner Vaterstadt durch eine Stiftung für meine Mitbürger zu deutlichem und dauerndem Ausdruck zu bringen. Ich werde aber veranlassen, daß dieser Tage ein Bild des badischen Künstlers Hellwag »Der Londoner Hafen« dem Stadtrat übersandt wird, und ich habe ferner im Verein mit meiner Frau verfügt, daß nach unserem Tode ein Bild des Altmeisters Adolf Menzel »Kopf eines alten Mannes« als dauerndes Zeugnis unserer Anhänglichkeit an meine Heimatstadt dem Stadtrat übergeben wird*[5]. Wenige Tage nach seinem 81. Geburtstag ist Lenel in Neckargemünd sanft entschlafen. Im Familiengrab auf dem Mannheimer jüdischen Friedhof wurde er und seine neun Jahre später verstorbene Frau beigesetzt. Eine Straße im »Ehrenbürgerviertel« in Mannheim-Feudenheim trägt seinen Namen, und an seinem ehemaligen Wohnhaus in der Maximilianstraße ist eine Gedenktafel angebracht.

1 Protokolle Handelskammer Mannheim 1920, S. 87.
2 Vgl ebd. 1921, S. 10.
3 Neue Badische Landeszeitung Nr. 612 vom 18. 12. 1926.
4 Protokolle Handelskammer Mannheim 1932, S. 198.
5 StA Mannheim, Zug. 1955–1964, Nr. 233.

L BHDE 1 S. 431; M. v. d. Kall.
A StA Mannheim, S 1/1209; S 2/18; S 2/641; S 2/1201; Kl. Erw. Nr. 275, Bl. 23 ff.; Nachlaß Richard Lenel, Zug. 18/1968, 48/1969, 35/1971; Nachlaß Heinz Walter Lenel, Zug. 16/1983.

Lesser, Ernst Josef, geb. 7. 2. 1879 Stettin, gest. 1. 3. 1928 Mannheim.

V Adolf, Seidenkaufmann; ∞ Straßburg 1907 Marianne Knapp (1879–1966), *Schw* von Elly Heuss-Knapp (1881–1953).

Lesser legte das Abitur am Gymnasium in Stettin 1895 ab und studierte Medizin an den Universitäten Freiburg, Berlin und München, wo er 1903 das medizinische Staatsexamen bestand und an der medizinischen Fakultät promovierte. Nach kurzer ärztlicher Tätigkeit in Altona kehrte Lesser im Herbst 1904 nach München zurück, wo er das Studium der Chemie aufnahm und 1906 die Vorprüfung für Nahrungsmittelchemiker bestand. In demselben Jahr habilitierte er sich an der Universität Halle und wurde Privatdozent für chemische Physiologie. Im Jahre 1910 wurde er zum Vorstand des Zentrallaboratoriums der Städtischen Krankenanstalten Mannheim berufen. In einer Gedächtnisvorlesung zum 50. Todestag Lessers führte der heutige Leiter des Laboratoriums Prof. Reinhard Kattermann zu dessen wissenschaftlicher Leistung aus: *Dieses Laboratorium war von dem 1905 berufenen ärztlichen Direktor, dem bekannten Internisten Franz Vollhard, als eine für die damalige Zeit ungewöhnliche Einrichtung geschaffen worden, die in erster Linie der Grundlagenforschung in der Klinik dienen sollte. Für diese Grundlagenforschung wurde Ernst Josef Lesser 1910 von Vollhard nach Mannheim berufen. In seiner wissenschaftlichen Arbeit beschäftigte sich Lesser vornehmlich mit dem Zuckerstoffwechsel und seinen Regulationen. Bereits 1914 hatte Lesser einen blutzuckersenkenden Extrakt aus der Bauchspeicheldrüse gefunden, also sieben Jahre vor der Publikation von Bantung und Best über die Entdeckung des Insulins*[1].
Lesser war aber nicht nur ein hervorragender Gelehrter, sondern auch ein politisch aktiver Staatsbürger und ein lebendiges Mitglied der jüdischen Gemeinde. Er gehörte der zionistischen Ortsgruppe in Mannheim an und half mit bei der Ausgestaltung des Israelitischen Gemeindeblattes, in dem er mehrere Aufsätze veröffentlichte, darunter eine Würdigung Spinozas zu dessen 250. Todestag[2]. Er lernte Hebräisch und und reiste 1914 mit seiner Frau nach Palästina, um die Gründung der Universität Jerusalem mit vorzubereiten. Aufgrund seiner Anteilnahme an der Lösung der sozialen Frage wurde Lesser Mitglied der SPD und beschäftigte sich eingehend mit der sozialistischen Literatur. Bei einer Feier der SPD zum 40. Todestag von Karl Marx am 18. März 1923 hielt er die Gedächtnisrede[3]. Er war mit Max Weber befreundet und führte einen politischen Schriftwechsel mit seinem Schwager Theodor Heuss.
Allzufrüh ist er am 1. März 1928 plötzlich verstorben. An seinem zweiten Todestag wurde in der Vorhalle der Krankenanstalten eine von Prof. Richard Scheibe ge-

schaffene Büste Lessers enthüllt, die schon drei Jahre später von den neuen Machthabern entfernt wurde. Seine Witwe bewahrte die Büste zu Hause auf und vermachte sie der Mannheimer Kunsthalle, wo sie heute aufgestellt ist. Zur Erinnerung an Ernst Josef Lesser und seinen Nachfolger Walter Siegfried Loewe (1884–1963) wurde im Jahre 1965 auf Initiative von Prof. Volker Klingmüller das Lesser-Loewe-Kolloquium am Klinikum Mannheim ins Leben gerufen, in dessen Rahmen monatliche Vorlesungen aus der klinischen Forschung zur Weiterbildung von Ärzten abgehalten werden. Im Jahre 1967 übergab Prof. Robert Ammon, Direktor des physiologisch-chemischen Instituts der Universität des Saarlandes in Homburg, dem Klinikum Mannheim fünf heute vergriffene Bände mit den wissenschaftlichen Schriften Lessers.

1 CHRONIK DER ÄRZTE MANNHEIMS S. 178.
2 Vgl. IGB 23. 2. 1927, S. 1.
3 Vgl. VOLKSSTIMME, Mannheim Nr. 72 vom 14. 3. 1923.

W Über die Ernährungsversuche mit den Endprodukten Peptischer und Trypischer Eiweißverdauung. Diss. München 1903; ferner viele wissenschaftliche Aufsätze.
L R. AMMON.
A StA MANNHEIM, S 1/1546; Zug. 20/1969, Nr. 11137 (Personalakten). Mitteilung des UA MÜNCHEN an den Verfasser vom 24. 7. 1983.

Levi, Josef, geb. 25. 12. 1862 Freudenthal b. Bietigheim (Württemberg), gest. 14. 2. 1933 Mannheim.

∞ Heilbronn 1895 Berta Kahn (1872–1938); 3 *T*.

Levi kam 1891 von Ulm nach Mannheim, wo er Teilhaber der Firma Götzl, Engrosgeschäft für Schneiderartikel, wurde. Im Jahre 1902 wurde er als Sozialdemokrat in den Bürgerausschuß gewählt, dem er bis 1919 angehörte. Von 1919 bis 1933 war er Mitglied des Stadtrats. Hier übte Levi eine sehr vielseitige Tätigkeit aus, indem er einer Vielzahl von Ausschüssen auf den verschiedensten Gebieten angehörte. Aufgrund seiner wirtschaftlichen Erfahrungen war er Mitglied des Hypothekenausschusses, des Finanzausschusses und der Haushaltskommission. Er gehörte dem Verwaltungsrat der Stadtsparkasse, dem Aufsichtsrat der Hotelgesellschaft, der Gemeinnützigen Baugesellschaft, des Kraftwerks Rheinau und des Großkraftwerks an. Er war Mitglied des Beirats der Badisch-Pfälzischen Lufthansa und als städtischer Vertreter des Aufsichtsrats der Motorenwerke. Darüber hinaus war er Mitglied der Schulkommission für die Volksschule, des Handelsschulbeirates und des Beirats der Liselotteschule. Er gehörte den Ausschüssen für die Verwaltung des Rosengartens, des Schloßmuseums und der Kunsthalle an und war Mitglied der Theaterkommission.
Einen Teil dieser Funktionen mußte Levi in den letzten Jahren wegen eines schweren inneren Leidens abgeben. Bei seiner Beisetzung am 16. Februar 1933, bei der Stadtrabbiner Oppenheim amtierte, waren die Oberbürgermeister und die drei Bürgermeister der Stadt anwesend, und eine große Trauergemeinde gab ihm mit

einer Ehrenwache des »Reichsbanners«, dem Levi als überzeugter Demokrat angehört hatte, das letzte Geleit[1]. Nachdem kurz zuvor Hitler die Regierung übernommen hatte, wollten viele Mannheimer dadurch ihre Anteilnahme am Tode des allseits beliebten jüdischen Mitbürgers zeigen und damit ihre ablehnende Haltung gegenüber dem Nationalsozialismus und seiner antisemitischen Propaganda demonstrieren. Auf dem Mannheimer jüdischen Friedhof fand er seine letzte Ruhestätte.

1 Vgl. NMZ Nr. 80 vom 16. 2. 1933.
A StA Mannheim, S 1/3963; Kl. Erw., Nr. 275, Bl. 26–28.

Lindmann, Isidor, geb. 26. 1. 1844 Mannheim, gest. 17. 12. 1910 Mannheim.

V Liebmann Lippmann (1808–1877), Stadtrabbiner; *M* Karoline Bensbach; ∞ Mannheim 1872 Pauline Oppenheimer (1849–1889); 3 *S*, 2 *T*.

Lindmann studierte nach Besuch des Lyceums in Mannheim von 1862 an Medizin an der Universität Heidelberg, wo er 1866 die ärztliche Lizenz erhielt. Danach kam er an die Städtischen Krankenanstalten in Mannheim und wurde 1884 leitender Arzt der 2. Inneren Abteilung. Seit 1883 Mitglied der ersten städtischen Kommission für Arbeiterversicherung und seit 1886 Vorsitzender des Vereins für Kinderpflege gehörte Lindmann seit 1896 der neu gebildeten Krankenhauskommission an[21]. An allen Fragen des Ärztestandes war er sehr interessiert, so daß er 1892 Vorsitzender der »Gesellschaft der Ärzte in Mannheim« wurde. Er gehörte dem Vorstand der Ärztekammer und dem Ehrengerichtshof der Ärzte an und war Mitglied des Geschäftsausschusses des Deutschen Ärztevereinsbundes[2].
In der jüdischen Gemeinde war Lindmann Mitglied der Gemeindevertretung und der Kommission für das israelitische Kranken- und Pfründnerhaus. Mitten aus der Arbeit riß ihn der Tod; er ruht an der Seite seiner früh verstorbenen Frau auf dem Mannheimer jüdischen Friedhof. Bürgermeister Eduard von Hollander (1852 bis 1935) widmete Lindmann in der Sitzung der Krankenhauskommission vom 20. Dezember 1910 einen warmherzigen Nachruf: *Als ein Arzt von ungewöhnlich vielseitigen und ausgebreiteten Kenntnissen auf dem Gebiet der ärztlichen Wissenschaft, als ein Mann von unermüdlicher Pflichttreue und edelster Menschenfreundlichkeit hat er in unserer Stadt gewirkt und hat sich die allseitige Hochachtung und Verehrung erworben. Die ungewöhnliche Stellung, die er unter den Ärzten Mannheims, unseres badischen Heimatlandes, ja des ganzen Deutschen Reiches eingenommen hat, beruhte aber vor allem darauf, daß er, im besten Sinne des Wortes, ein Mann von vornehmer Denkungsart, von jenem feinen Takt des Herzens war, der überall auszugleichen und zu versöhnen, zu lindern und zu trösten verstand*[3].

1 Vgl. Chronik der Ärzte Mannheims S. 118 und S. 123.
2 Vgl. ebd. S. 464 f.
3 Verwaltungsbericht Mannheim für 1910 S. 226.

Löwit, Ottokar, geb. 15. 9. 1864 Brandeis (Böhmen), gest. 27. 3. 1945 Leutershausen a. d. Bergstraße (heute Hirschberg).

V Joachim, Getreidekaufmann; ∞ Interlaken (Schweiz) 1893 Johanna Hitz (1874–1957); 5 T.

Löwit besuchte die Deutsche Technische Hochschule in Prag und beendete sein Studium an der Technischen Hochschule in Wien. Nach Ableistung seiner Militärdienstzeit wurde er zum Leutnant der Reserve ernannt. Nachdem er die zweite österreichische Staatsprüfung für Bauingenieure bestanden hatte, wurde er 1889 bei einer Bauunternehmung für Spezialbahnen in Bern eingestellt und wirkte beim Bau der Zahnradbahn von Wylderswil auf die Schynigeplatte bei Interlaken mit. Im Jahre 1893 heiratete Löwit die Tochter des Chefingenieurs dieses Bahnbaus, eine evangelische Schweizerin, und schloß sich selbst zugleich der Konfession seiner Frau an. In demselben Jahr trat er in die Dienste der Stadt Basel und wurde später Betriebsleiter und Direktor der Basler Straßenbahn.
Zu dieser Zeit wurde in Mannheim die Frage der Umwandlung der Pferdebahn in eine elektrische Straßenbahn überprüft, wozu Gutachten von Sachverständigen eingeholt wurden. Löwit, der einer der drei Gutachter war, gewann das Vertrauen des Oberbürgermeisters Otto Beck (1846–1908), so daß er vom Stadtrat einstimmig als Bau- und Betriebsleiter zum Direktor des neu geschaffenen Straßenbahnamtes gewählt wurde. Am 2. März 1900 nahm Löwit seine Tätigkeit in Mannheim auf, und unter seiner umsichtigen und tatkräftigen Führung wurde in den nächsten Jahren die Straßenbahn auf- und ausgebaut. Im Jahre 1909 wurde er deutscher Staatsbürger und im Ersten Weltkrieg erhielt er Auszeichnungen für Verdienste in der Heimat. Mit der Eröffnung der Straßenbahn in Mannheims linksrheinischer Schwesterstadt Ludwigshafen übernahm Löwit 1902 auch deren Leitung; 1911 wurde er überdies Geschäftsführer der neu gegründeten Rhein-Haardt-Bahn, 1921 stellvertretender Betriebsleiter und Mitglied des Vorstands der Oberrheinischen Eisenbahn AG. Anläßlich seines 25jährigen Dienstjubiläums am 2. März 1925 wurde ihm der Titel »Generaldirektor« verliehen. Dazu schreibt ihm Oberbürgermeister Theodor Kutzer (1864–1948): *Ihre Kraft wuchs mit den Anforderungen der Zeit; Sie suchten die Ihnen übertragene mächtige Einrichtung den Bedürfnissen des Verkehrs wie den Fortschritten der Technik anzupassen. Schwere Zeiten haben Ihr Werk bedroht; im Krieg schien der Betrieb aus Mangel geschulten Personals, nachher an dem Unheil der Geldentwertung zu erliegen. Daß es immer wieder gut gegangen ist, verdanken wir zum großen Teil Ihrer kundigen, energischen, umsichtigen Leitung*[1].
Im Herbst 1929 hatte er die Altersgrenze erreicht, blieb aber noch bis zum 1. Mai 1930, um einen nahtlosen Übergang zu seinem Nachfolger zu ermöglichen. Dem verdienten Mann hätte man einen friedvollen Ruhestand gewünscht, aber nach 1933 war auch er dem zunehmenden Druck der neuen Machthaber ausgesetzt. Im Jahre 1938 wurde ihm die »Judenvermögensabgabe« auferlegt und sein Ruhegehalt gekürzt, doch vor der Deportation war er durch seine Schweizer Frau geschützt. Kurz vor Kriegsende wurde er vom Theresienkrankenhaus, wo er zur Behandlung war, nach Leutershausen überführt; dort starb er zwei Tage vor dem amerikanischen

Einmarsch und wurde auf dem Friedhof in Leutershausen beigesetzt. Nach dem Tod seiner Ehefrau im Jahre 1957 wurde für die Gatten ein gemeinsames Grab auf dem Mannheimer Hauptfriedhof angelegt.

1 NMZ Nr. 102 vom 2.3.1925.

A StA Mannheim, S 1/2354; Nachlaß Ottokar Löwit, Zug. 47/1969; Zug. 20/1969, Nr. 11357 (Personalakten); Zug. 38/1972, Nr. 5099 (Personalakten Straßenbahnamt).

Maier, Pauline, geb. 21.10.1877 Baiertal b. Heidelberg, gest. 1942 KZ Auschwitz.

V Raphael, Viehhändler; *M* Hannchen Marx.

Pauline Maier wurde als Krankenschwester in Berliner und Breslauer Krankenhäusern ausgebildet und trat 1913 in das jüdische Krankenhaus in Mannheim ein. Im Ersten Weltkrieg war sie an der Front, in Kriegslazaretten und Verwundetenzügen tätig. Nach Kriegsende kehrte sie nach Mannheim zurück, wo ihr 1922 die Stelle der Oberin am jüdischen Krankenhaus übertragen wurde. Auf ihre Anregung wurde das alte Haus in E 5 umgebaut, so daß es modernen Erfordernissen entsprach. Nach der wegen des Baus des Technischen Rathauses 1936 notwendigen Räumung des Gebäudes in E 5 richtete Pauline Maier das neue Krankenhaus in der Collinistraße ein, das den Ostflügel des bisherigen Altersheims einnahm. Über ihre Tätigkeit berichtet Sara Lewinski, die Mitglied der jüdischen Gemeindevertretung war: *In ihrem neuen Arbeitsgebiet entfaltete Schwester Pauline ihre ganze Persönlichkeit. Sie war nicht nur Oberin, sie war Vertraute der Patienten, Hilfe für das Personal und die Mutter ihrer Mitschwestern. Sie machte das Krankenhaus zu einem Mittelpunkt, in dem nicht nur körperlich kranken Menschen geholfen wurde*[1]. Nach den Pogromen vom 11. November 1938 kamen 350 Flüchtlinge aus der Pfalz in das Haus, die untergebracht und verpflegt werden mußten. Auch nachdem die Flüchtlinge nach zehn Tagen das Haus wieder verlassen hatten, wurde die Versorgung immer schwieriger. Sara Lewinski schreibt: *Die Oberin verstand, das Krankenhaus unter großen Schwierigkeiten weiterzuführen, und gab durch ihr Vorbild ihren wenigen Mitarbeiterinnen Halt und Stütze*[2].

Bei der Deportation nach Gurs am 22. Oktober 1940 wurde das Krankenhaus bis auf die Transportunfähigen geräumt. Die Oberin sollte dableiben, aber sie wollte sich von ihren Schützlingen nicht trennen und trat mit ihnen den Leidensweg ins Unbekannte an. Auch in diesem schweren Augenblick dachte die Oberin an ihre Mitarbeiterinnen im Krankenhaus, denen sie ihre privaten Möbel, Bücher und Wäsche vermachte. Nicht einmal dieses Testament[3] wurde anerkannt, da alles Vermögen der Deportierten beschlagnahmt wurde. Über die Hilfe der Oberin im Lager Gurs berichtet Eugen Neter[4]: *Wer diese »Hölle von Gurs« damals miterlebt hat, begreift, mit welchem Gefühl der Erlösung die hilfsbereite und helfende Oberin von den Unglückseligen, schwer geprüften Menschen begrüßt wurde, wo und wann sie immer in den armseligen Baracken auftauchte. Wie oft sah ich die nicht mehr junge Oberin mit einem langen Bergstock durch den tiefen Morast stapfen, von einer Baracke zur anderen, Trost und Hilfe bringen, das Bild einer wahren Helferin*[5]. Als im August 1942 der größte Teil der überlebenden Insassen des Lagers in den Osten abtransportiert wurde, wollte der französische Kommandant Pauline Maier zurückbehalten. Dazu schreibt Eugen Neter: *Doch wiederum bestand die unvergleichliche Oberin auf ihrem Willen, die zur Deportation Kommenden zu begleiten. Doch diesmal nicht ins Unbekannte, sondern in den sicheren Untergang. Tief in meiner Erinnerung haftet jener Augenblick, als ich Abschied nahm von den beiden Frauen, die freiwillig ihre Leidensgefährten auf dem Weg zur Vernichtung begleiteten. Als letzte stiegen sie auf das Lastauto, das sie forttragen sollte nach dem Osten: Oberin Pauline Maier und die Ärztin Dr. Johanna Geismar, Heidelberg*[6].

Pauline Maier hat kein Grab gefunden, aber in den Herzen der Menschen, die sie betreut hat, lebt sie weiter. Die Stadt Mannheim hat 1964 in dem früheren jüdischen Krankenhaus und Altersheim ein Alters- und Pflegeheim errichtet, das »Pauline-Maier-Haus« benannt ist. Im Speisesaal hängt ihr Bild zur steten Erinnerung an die Oberin, die ihr Leben für die ihr anvertrauten Menschen dahingegeben hat. Ihre Heimatgemeinde Baiertal hat eine Straße bei der ehemaligen Synagoge in »Pauline Maier Straße« umbenannt.

1   H.-J. FLIEDNER, Judenverfolgung Bd. 2, S. 153.
2   Ebd.
3   StA MANNHEIM 31/70; abgedruckt bei H.-J. FLIEDNER, Judenverfolgung Bd. 2, S. 109 f.
4   Zu E. Neter s. S. 131 f.
5   H.-J. FLIEDNER, Judenverfolgung Bd. 2, S. 154.
6   Ebd.

L G. JACOB (1964).
A StA MANNHEIM, S 1/1694.

Mayer-Dinkel, G u s t a v , geb. 7. 9. 1853 Mannheim, gest. 13. 4. 1937 Mannheim.

V Salomon Mayer (1819–1898), Handelsmann; *M* Fanny Dinkelspiel (1822–1888); ∞ Mannheim 1881 Rosa Mayer-Brass (1862–1922); 2 *S*, u. a. Leopold (1883–1967), Kaufmann.

Mayer-Dinkel erhielt den Doppelnamen, als sein Vater 1896 seinem Namen Mayer in Abkürzung des Geburtsnamens seiner Frau den Namen Dinkel hinzufügen ließ. Gustav Mayer-Dinkel wurde Holzkaufmann und Mitinhaber einer Holzhandlung im Mannheimer Hafengebiet, so daß der Rheinschiffahrt sein besonderes Interesse galt. Seine politische Heimat fand er bei den Nationalliberalen, wurde Vorstandsmitglied des Mannheimer Ortsvereins und zählte zum engeren Kreis um den Parteiführer und Vorsitzenden der Reichstagsfraktion Ernst Bassermann (1854–1917). Im Jahre 1887 wurde Mayer-Dinkel Mitglied des Bürgerausschusses und gehörte den Ausschüssen zur Verwaltung der Stadtwerke, der Überwachung des Kassen- und Rechnungswesens und des Jugendamts an. Er war dafür bekannt, daß er keine Sitzung ohne dringenden Anlaß versäumte. Als 60jähriger Hauptmann der Landwehr rückte er 1914 ein, wurde Führer einer Genesungskompanie in Mannheim und erhielt mehrere Auszeichnungen[1]. Nach dem Tode Ernst Bassermanns im Jahre 1917 wurde er Vorsitzender des Mannheimer Ortsvereins der Nationalliberalen. Bei den ersten Nachkriegswahlen am 18. Mai 1919 kam er als Spitzenkandidat der Deutschen Demokratischen Partei wieder in den Bürgerausschuß. Zu seinem 40jährigen Jubiläum als Stadtverordneter am 21. September 1927 gab der Stadtrat zu seinen Ehren ein Fest im Friedrichspark und verlieh ihm die Ehrenmünze der Stadt Mannheim und einen aus Silber getriebenen Lorbeerkranz. Im Jahre 1929 schied er im Alter von 76 Jahren nach 42 Dienstjahren aus dem Bürgerausschuß aus.

Seine letzten Lebensjahre waren von der NS-Diktatur überschattet. Sein älterer Sohn Leopold mußte sein Geschäft aufgeben und wanderte 1936 mit seiner Familie in die USA aus. Da sein jüngerer Sohn und seine Frau schon verstorben waren, wurde es um den alten, verdienten Mann einsam. Er starb im Alter von 83 Jahren und ruht an der Seite seiner Frau auf dem Mannheimer jüdischen Friedhof.

1 Vgl. NMZ Nr. 433 vom 20. 9. 1927.

A STA MANNHEIM, S 1/2432; Kl. Erw., Nr. 275, Bl. 29 f.; Nachlaß Gustav Mayer-Dinkel, Zug. 3/1971; Nachlaß Leopold Mayer-Dinkel, Zug. 4/1971.

Moses, Julius, geb. 22. 1. 1869 Altdorf (Pfalz), gest. 12. 7. 1945 Tel Aviv.

V Friedrich, Lehrer; M Babette Meyer; ∞ Straßburg 1895 Rosa Meyer (1871–1943); 2 T.

Moses studierte nach Ablegung des Abiturs in Landau Medizin in München, Würzburg und Straßburg, wo er 1894 das medizinische Staatsexamen ablegte. Nach kurzer ärztlicher Tätigkeit in Rodalben (Pfalz) ließ er sich 1897 in Mannheim nieder. Sein besonderes Anliegen war die Hilfe für das schwer erziehbare Kind. Er wurde Leiter der städtischen Beratungsstelle für Schwererziehbare und Psychopathen und Dozent an dem Städtischen Seminar für Kindergärtnerinnen und an der Mannheimer Handelshochschule, wo er 1929 den Professorentitel erhielt. In Zusammenarbeit mit Stadtschulrat Anton Sickinger (1858–1930) schuf er das vorbildliche Mannheimer Schulsystem. Die Leiterin des jüdischen Wohlfahrts- und Jugendamtes, Mia Neter, schreibt über ihn: *Es ist nicht von ungefähr, daß er seine Praxis im Jungbuschviertel aufschlug und nie in der Gegend der Wohlhabenden tätig war. Dort fanden ihn die, die sich nicht selber helfen konnten, und die, die auch nicht nur als Arzt seinen Rat suchten, und dies führte ihn ganz natürlich in die Probleme der Fürsorge für Menschen hinein, der er sich verschrieben hatte mit aller seiner Kraft und seinem Können, seiner Geduld und seinem klaren Blick. Er kannte die Sprache des Volkes, und das Volk fand ihn, zu dem der Weg des einfachen Menschen selbstverständlich wurde*[1]. Moses gehörte zu dem kleinen Kreis der Zionisten in Mannheim und hatte persönliche Beziehungen zu Theodor Herzl (1860–1904). Er war Vorsitzender der 1900 gegründeten Mannheimer Zionistischen Ortsgruppe und nahm an fast allen internationalen Zionistenkongressen teil. Im Jahre 1907 gab der Großherzog einen Empfang für die Zionisten zu seinem 50. Regierungsjubiläum, zu dem auch Moses geladen war. Schon 1902 war Moses Mitglied der jüdischen Gemeindevertretung geworden, 1912 wurde er Mitglied des Synagogenrates und 1923 wurde er Vorsitzender der jüdischen Gemeinde, und zu seinem 60. Geburtstag schrieb Stadtrabbiner Oppenheim: *Obwohl zunächst von einer bestimmten Partei im Jahre 1902 für die Gemeindevertretung aufgestellt, ist er nie Sklave der Partei geworden, hat sich vielmehr zum Anwalt und Fürsprecher aller gerechten Ansprüche gemacht, von welcher Seite sie auch kommen mochten*[2].

Am 28. März 1934 wanderte er nach Palästina aus. Zu seinem Abschied schrieb sein Nachfolger im Vorsitz der Gemeinde, Rabbiner Max Grünewald: *Es ist Ihnen in hohem Maße gelungen, das Auseinanderstrebende zur Konzentration zu bringen. Wie sich unsere Gemeinde in dem intensiven Kulturleben ehrenvoll behauptete, so wurde sie mit manchen Einrichtungen vorbildlich für andere Gemeinden*[3]. In Palästina widmete sich Moses vor allem der Fürsorge für die Einwanderer bis zu seinem Tode am 12. Juli 1945.

1 H.-J. Fliedner, Judenverfolgung Bd. 2, S. 158.
2 IGB 18. 1. 1929, S. 1.
3 IGB 27. 3. 1934, S. 6.

A StA Mannheim, Kl. Erw., Nr. 275, Bl. 65 f. Mitteilung des UA München an den Verfasser vom 12. 11. 1982.

Moses Reinganum, Lemle, geb. 1666 Rheingönheim (heute Ludwigshafen a. Rh.), gest. 25. 3. 1724 Mannheim.

V Mendel Moses; M Süßche; ∞ Fromet Mayer-Hess.

Lemle Moses übersiedelte im Jahre 1687 nach Mannheim, wo er als Schutzjude aufgenommen wurde. Bei der Zerstörung der Stadt im März 1689 mußte er mit Frau und Schwiegervater nach Heidelberg fliehen. Nach dem Abzug der Franzosen war er einer der ersten Heimkehrer, der – zum Judenvorsteher gewählt – seine Glaubensgenossen zur Rückkehr aufforderte. Da Mannheim völlig zerstört war, wohnte er zunächst in einer der nördlich des Neckars erstellten Notunterkünfte. Später erwarb er mehrere Grundstücke innerhalb der Stadt, auf denen er neue Häuser errichtete. Im Jahre 1698 kam Lemle Moses mit dem Kurfürsten Johann Wilhelm (1658–1716) in Verbindung, wickelte viele Geschäfte mit ihm ab und wurde für 120000 Gulden jährlich Pächter des Salzmonopols des Kurfürsten, womit er die Grundlage zu seinem Vermögen legte. Der Kurfürst ernannte ihn zum Hof- und Obermilizfaktor, und er war auch Vertreter des kaiserlichen Obermilizfaktors Samuel Oppenheim (1630–1703) in Mannheim.

Im Jahre 1703 reiste Lemle Moses im Auftrag des Kurfürsten nach Wien, um Subsidiengelder des Kaisers in Empfang zu nehmen, und im Jahre 1709 konnte er dem Kaiser 400000 Gulden leihen. Im Jahre 1711 erbaute er in Mannheim in der Nähe des Rheintors ein Landhaus mit Stallungen, einer Orangerie und einem Garten mit kostbaren Pflanzen. Gleichzeitig pachtete er auf der Mühlau ein vom Rhein umflossenes Grundstück, auf dem er ein Mustergut für Obstbau und Viehzucht anlegte. Der modernen technischen Entwicklung aufgeschlossen, ließ er dort auch einen Webstuhl zum Wirken von Tapeten aufstellen[1].

Lemle Moses war aber nicht nur ein erfolgreicher Geschäftsmann, sondern auch ein frommer Jude, der etwas für die religiöse Förderung seiner Glaubensgenossen tun wollte, indem er in einem seiner Häuser in F1 ein Lehrhaus zum Studium der heiligen Schriften – eine Klaus – begründete. Aufgrund einer Konzession des Kurfürsten vom 31. Januar 1706 wurde im Jahre 1708 die Klaus eröffnet, deren Zulassung in der Konzession des Kurfürsten Karl Philipp (1661–1742) vom 23. März 1717 bestätigt wurde. Dabei wurden die sechs bis zehn Rabbinerfamilien der Klaus nicht in die Zahl von 200 jüdischen Familien, die in Mannheim wohnen durften, eingerechnet[2].

Lemle Moses, dem Kinder versagt blieben, setzte die Klaus in seinem hebräisch geschriebenen Testament vom 8. Dezember 1722 zu seiner Erbin ein. In der im Jahre 1753 angefertigten deutschen Übersetzung des Testaments lautet der Eingangssatz: *Der weilen das End von allen Menschen der Todt ist und derselbige auch täg- und stündlich, ja augenblicklich über seinen Werken gedacht und geprüfet wird, und die Lebzeiten des Menschen nichts als Narr- und Eitelkeiten, seine Tage seynd wie ein Schatten, nicht einmal wie ein Schatten vom Baum, sondern wie ein Schatten von einem Vogel, der vorbey fliehet, daß also mich bedacht und mit einem klaren Verstand mich entschlossen habe, hiermit zu befehlen, wie man mich mit meinem Leib und zum Besten meiner Seele und meiner Verlaßenschaft verhalten solle, damit es nicht zugehen mag, wie mit Schafen ohne Hirten, will ich hiermit alles aufzeichnen*[3]. Im folgenden gab Lemle Moses genaue Bestimmungen, wie sein Vermögen und dessen Zinsen verwendet werden sollten. Ein Beitrag von 100 000 Gulden in sicheren Effekten sollte ein ewiges Kapital der Klaus sein. Von den Zinsen sollten neun *hochgelehrte* Rabbiner und ein Vorsteher unterhalten werden. Von den übrigen Zinsen sollten zunächst arme Verwandte und dann arme Waisenkinder aus Mannheim ausgesteuert werden. Alle seine Häuser sollten *auf immer und ewiglich* der Klaus gehören. Zum Direktor der Klaus setzte er seinen Neffen Moses Mayer ein und bestimmte, daß in Zukunft in erster Linie Rabbiner aus seiner und seiner Mutter Linie eingesetzt werden sollten, fügte aber hinzu: *Wenn aber diejenigen aus meiner Familie nicht hierzu tauglich wären, so haben selbige auf keinerlei Weiß den Vorzug*[4].

Diese Bestimmung ist von den Nachfahren nicht immer eingehalten worden, und das wechselvolle Schicksal der Klaus ist von dem späteren Klausrabbiner Isak Unna[5] sehr eingehend beschrieben worden. Insgesamt aber erwies sich die Klaus als eine segensreiche Einrichtung, zumal sie im späteren 19. Jh. die Heimat für den orthodoxen Teil der jüdischen Gemeinde wurde, so daß eine Spaltung der Gemeinde vermieden werden konnte. Sie war auch die letzte Zufluchtstätte der Gemeinde nach der Zerstörung der Hauptsynagoge am 10. November 1938; hier wurden die Gottesdienste bis zur Deportation am 22. Oktober 1940 abgehalten[6].

Lemle Moses ist am 25. März 1724 gestorben und fand seine letzte Ruhestätte auf dem jüdischen Friedhof in F7; aber mit dessen befohlener Abräumung im Jahre 1938 wurde auch sein Grab vernichtet. Sein mit vielen Symbolen geschmückter Grabstein aus weißem Jurakalkstein konnte jedoch auf den neuen jüdischen Friedhof überführt werden und steht dort in der Mitte alter Grabsteine vor dem Sammelgrab für die von F7 überführten Gebeine.

1 Vgl. L. Göller.
2 Vgl. I. Unna Bd. 1, S. 42.
3 GLA 213/1167.

4   Ebd.
5   Zu Unna s. S. 139 ff.
6   Vgl. H.-J. FLIEDNER, Judenverfolgung Bd. 1, S. 199, Anm. 25.

L L. GÖLLER.
A StA MANNHEIM, S 1/1637.

Nauen, Jacob, geb. 3. 4. 1826 Mannheim, gest. 16. 2. 1894 Mannheim.

V Julius Abraham, Kaufmann; *M* Henriette Höber; ∞ München 1854 Clara Pflaum (1834–1908); 3 *S*.

Nauen war Urenkel von Salomon Abraham Nauen (1727–1789), der 1746 von Berlin nach Mannheim gekommen war, wo er sich als Schullehrer niederließ und später Vorsteher der jüdischen Gemeinde wurde. Salomon Abraham Nauen ist Stammvater einer großen Familie, die im wirtschaftlichen und politischen Leben Mannheims im 19. Jh. eine große Rolle spielen sollte[1]. Im Jahre 1865 waren drei Familienangehörige Mitglieder des Bürgerausschusses. Jacob Nauen besuchte das Mannheimer Lyceum und nahm anschließend bei der Firma Paul Eichner eine kaufmännische Lehre auf. Im Jahre 1848/49 gehörte er als Anhänger der Turnerbewegung dem Mannheimer Freikorps »Schar der Freiwilligen« unter Führung von Franz Sigel (1824–1902) an. Er beteiligte sich am badischen Aufstand im Mai 1849, wobei er als Wachhabender im Mannheimer Schloß dafür sorgte, daß die wertvollen Gobelins nicht durch Gewehre beschädigt wurden. Nach der Niederschlagung der Revolution mußte er ins Ausland fliehen und hielt sich fünf Jahre in Brüssel, Paris und London auf, wo er die Zeit dazu benutzte, seine kaufmännischen Kenntnisse zu erweitern.

Nach seiner Heimkehr trat Nauen in die von seinem Vater gegründete Kaffeefirma ein und gründete 1876 eine Niederlassung in Triest, die sein Bruder führte, die er aber auch jedes Jahr besuchte. Zehn Jahre später verlegte er die Firma ganz nach Triest, da sich der Kaffeehandel in Mannheim nicht mehr lohnte. Im übrigen war Nauen vielseitig im Mannheimer Wirtschaftsleben tätig; er gehörte zu den Mitgründern der Mannheimer Lagerhausgesellschaft und der Chemischen Fabrik Rheinau, in deren Aufsichtsrat er eintrat. Nach seinen schweren Erlebnissen in der Revolution 1848/49 verzichtete er auf eine politische Tätigkeit; der Loge »Carl zur Eintracht« trat er 1860 bei. In seinem Heim verkehrten viele Künstler, darunter auch der Geiger Jean Becker. Im 68. Lebensjahr ist er gestorben und ruht an der Seite seiner Frau auf dem Mannheimer jüdischen Friedhof. Otto Neuberger würdigt seine Persönlichkeit: *Jacob Nauen war ein Mann trefflichen Charakters von menschenfreundlicher Milde und abgeklärter Weisheit. Ohne in der Öffentlichkeit eine Rolle spielen zu wollen, genoß der schlichte, vornehm denkende Mensch allgemeine Achtung*[2].

1   Vgl. F. WALTER (1907) Bd. 1, S. 493.
2   Otto Neuberger: Jacob Nauen. In: F. WALDECK, Mannheimer Familien Tl. 5, S. 86.

A GLA 267/II/Mannheim 3543.

Neter, Eugen Isaak, geb. 29.10.1876 Gernsbach (Murgtal), gest. 8.10.1966 Deganja (Israel).

V Eli, Kaufmann; *M* Augusta Sinauer; *B* Richard (1882–1953), ∞ Mia Thalmann (1893–1976), Leiterin des jüdischen Wohlfahrtsamts; ∞ Mannheim 1909 Luise Janson (1876–1950); 1 *S*.

Neter studierte nach Ablegung des Abiturs am Gymnasium Rastatt im Sommer 1894 Medizin in München und Heidelberg, wo er 1899 die medizinische Staatsprüfung ablegte und 1900 an der medizinischen Fakultät promovierte. Zum 1. April 1900 wurde er Assistenzarzt an einem Berliner Krankenhaus, und 1903 ließ er sich als Kinderarzt in Mannheim nieder, wo er seine Praxis in Q 1,9 eröffnete und 1931 nach S 2 verlegte. Neters besonderes Anliegen war es, dem Kleinkind seine Rechte zu verschaffen. In dieser Richtung entfaltete er eine reichhaltige schriftstellerische Tätigkeit, wobei seine 1905 erschienene Schrift *Mutterpflicht und Kindesrecht* hervorzuheben ist. In ihr setzt sich Neter aus medizinischen und psychologischen Gründen für das Selbststillen der Mütter ein. Aus dem Brief einer früheren Patientin erkennen wir seine Liebe zu den Kindern: *Du hast uns von der Angst vor dem Doktor, jenem ernsten Mann, der nur wenig und dann nur zu Erwachsenen spricht, erlöst. Keiner war so krank, daß er nicht ein winziges Zuckerkügelchen bekommen konnte. Wir ahnten nicht, was ihn zu unserem wahren Onkel machte, wir liebten ihn mit ehrfürchtigem Vertrauen. Von ihm ging eine sonnige Wärme aus, eine Sprache, die jeder versteht. Er hat uns wenig getadelt, aber er wirkte als ein natürliches Vorbild. Dann kamen die Jahre, in denen wir nichts mehr zu tun hatten mit ihm als Doktor – er blieb unser Onkel. Es dauerte nicht lange, bis wir als Eltern unsere Kinder zu unserem alten Kinderdoktor brachten und nichts mehr wünschten, als daß er für sie tue, was er für uns getan hatte, ihr geliebter Onkel Doktor zu werden*[1].

Neter war auch Mitbegründer des Fröbelseminars für angehende Kindergärtnerinnen und wirkte dort als allseits beliebter Lehrer. Eine ehemalige Schülerin schreibt: *Das Fach Dr. Neters im Lehrplan hieß »Gesundheitspflege«. Es schien uns von vornherein trocken und wenig reizvoll. Aber schon in der ersten Stunde merkten wir, daß uns hier oben am Lehrpult ein Arzt gegenüberstand, der uns weit mehr zu vermitteln hatte als das, was der Lehrstoff besagte. Sehr bald wurde uns auf eine leuchtende Weise greifbar, was diesen Arzt zum Lehrer machte, weshalb er zu der jungen Generation der Erzieherinnen und Pflegerinnen des Kleinkindes sprechen mußte. Er sah in uns die Partner seiner Aufgabe. Ohne die Mütter, ohne die Erzieherinnen und Pflegerinnen konnte er seine ärztliche Aufgabe nicht lösen. Hier entdeckten wir etwas vom Anwalt des Kindes, der unsere Augen und Sinne schärfen wollte für das leibliche und seelische Wohl des Kindes in seinen frühesten Lebensjahren*[2].

Im Ersten Weltkrieg war Neter als Stabsarzt eingesetzt; nach dem Krieg wurde er Vorsitzender der Mannheimer Ortsgruppe des »Reichsbundes Jüdischer Frontsoldaten«. Nach 1933 leitete er die von der jüdischen Gemeinde eingerichtete Akademikerhilfe. Bei den Pogromen vom 10. November 1938 wurde Neter kurze Zeit verhaftet, danach übernahm er den Vorsitz der Gemeinde. In dieser schweren Zeit bemühte er sich vor allem um die Einrichtung von Lehrwerkstätten, um der Jugend für die Auswanderung eine handwerkliche Grundlage zu geben. Am 22. Oktober 1940 begleitete Neter die restliche Gemeinde freiwillig nach Gurs, obwohl er – in Mischehe lebend – von der Deportation verschont geblieben wäre. Im Lager Gurs stand er allen Notleidenden als Arzt und Helfer zur Seite[3].

Neter überlebte in Gurs und wanderte 1945 nach Palästina aus, wo seine Schwägerin Mia Neter schon seit 1939 lebte. Schwer traf ihn der Soldatentod seines Sohnes im Mai 1948 und das kurz darauf folgende Ableben seiner Frau. Seine innere Ausgeglichenheit schenkte ihm noch einen ruhigen Lebensabend im Kibbuz Deganja hoch über dem See Genezareth, wo er sich der Hühnerzucht mit großer Liebe zu den Tieren widmete. Im 90. Lebensjahr ist Neter in Deganja sanft entschlafen. Zu seinem Andenken hat die Stadt Mannheim an seiner ehemaligen Praxis in Q 1,9 eine Gedenktafel anbringen lassen und die Schule für geistig Behinderte im Stadtteil Blumenau »Eugen-Neter-Schule« benannt.

1 AMTSBLATT MANNHEIM Nr. 33 vom 8. 9. 1967.
2 StA MANNHEIM, S 1/1463.
3 Vgl. H.-J. FLIEDNER (1966).

W Die Behandlung der Rachitis mit Nebennierensubstanz. Diss. Heidelberg 1900; Mutterpflicht und Kindesrecht. München 1905; Muttersorgen und Mutterfreuden. München 1907; Die Behandlung der straffälligen Jugend. München 1908; Das einzige Kind und seine Erziehung. München 1910; Elternbriefe über Kinderpflege und Erziehung. München 1911; Die Pflege des Kleinkindes. München 1921.
L H.-J. FLIEDNER (1966).
A StA MANNHEIM, S 1/1463. UA HEIDELBERG Promotionsakten 1900.

Rosenthal, Berthold, geb. 17. 1. 1875 Liedolsheim b. Karlsruhe, gest. 16. 12. 1957 Omaha (Nebraska, USA).

V Emanuel, Viehhändler; M Babette Weil; ∞ Frankfurt a. M. 1914 Johanna Benzian (1884–1961); 1 S, 2 T.

Rosenthal besuchte die Präparandenschule in Tauberbischofsheim von 1889–1891 und bis 1894 das evangelische Lehrerseminar in Karlsruhe. In den Schuldienst kam er in Kirchen bei Basel, wurde dann nach Friesenheim bei Lahr und 1900 nach Mannheim versetzt. Zu Beginn des Ersten Weltkrieges wurde er, der schon 1897 in einer Lehrerkompanie in Kehl ausgebildet worden war, eingezogen und nahm im Winter 1914/15 an den Stellungskämpfen am Hartmannsweiler Kopf teil. Wegen eines Augenleidens wurde er im Februar 1916 entlassen und konnte seine berufliche Arbeit in Mannheim wiederaufnehmen; dazu gehörte auch seine Tätigkeit im jüdischen Knabenhort, den er mehrere Nachmittage in der Woche betreute. Rosenthal war Mitglied des »Israelitischen Lehrervereins in Baden« und im Vorstand des »Naphtali Epstein Vereins«, der kranken jüdischen Kollegen Unterstützungen und israelitischen Zöglingen der Lehrerbildungsanstalten Studienbeihilfen gewährte. Rosenthal war auch Mitglied der »August-Lamey-Loge«, und seine Frau gehörte dem jüdischen Schwesternbund »Caritas« an.

In der Nachkriegszeit beschäftigte sich Rosenthal intensiv mit der Geschichte der badischen Juden, besonders auch in den Kleingemeinden, die ihm von seiner Herkunft her vertraut waren. Er schrieb historische Abhandlungen im »Israelitischen

Gemeindeblatt« und veröffentlichte 1927 die *Heimatgeschichte der badischen Juden*, in der zum ersten Mal die gesamte Zeit von den Anfängen im Mittelalter bis zur Gegenwart dargestellt wurde. Das Werk ist heute auch als Quellenwerk unersetzlich, nachdem die Akten des Oberrats der Israeliten Badens und fast aller jüdischen Gemeinden verlorengegangen sind. Aus einem Satz des Schlußkapitels ersehen wir, daß Rosenthal in der einmaligen Symbiose von Deutschtum und Judentum gelebt hat: *Und dieser Wille zur Erhaltung der Eigenart wird den jüdischen Deutschen befähigen, jederzeit in dem Lande, wo seit Jahrhunderten die Gebeine seiner Väter ruhen und mit dessen Geschichte er mit allen Fasern seines Seins sich verwurzelt fühlt, als treuer Bürger seine Pflicht zu erfüllen und am geistigen und wirtschaftlichen Streben seiner Heimat fördernden Anteil zu nehmen*[1].

Aber auch Rosenthal mußte sich von seinen Wurzeln losreißen. Nach seiner vorzeitigen Pensionierung zum 1. Oktober 1933 befaßte er sich mit historischen Forschungen und legte für viele Familien Ahnentafeln an[2]. Als er aber bei den Pogromen vom November 1938 verhaftet wurde, mußte er schweren Herzens seine Auswanderung vorbereiten. Obwohl seine beiden Töchter schon in den USA lebten, dauerte es zwei Jahre, bis er die Einreisegenehmigung erhielt und am 10. November 1940 mit seiner Frau über Portugal in Amerika anlangte. Nur dadurch entging er der Deportation nach Gurs, daß er schon am 19. September 1940 nach Berlin abgereist war. In den USA trieb er weiterhin historische Studien und erlebte 1955 noch die Freude der Gründung des Leo Baeck Instituts in New York, an dem er noch zwei Jahre bis zu seinem Tode im Dezember 1957 mitarbeiten konnte.

1 B. ROSENTHAL (1927) S. 456.
2 Z.B. für die Familie Hachenburg in: M. HACHENBURG S. 11.

W Heimatgeschichte der badischen Juden. Bühl (Baden) 1927 (ND Magstadt bei Stuttgart 1981); ferner zahlreiche historische Aufsätze und Artikel.

A STA MANNHEIM, S 1/2433; JD, Nr. 63 Johanna Rosenthal: Einiges aus unserem gemeinsamen Leben. Dayton (Ohio, USA) 1959 (masch. Ms.). LEO BAECK INSTITUT NEW YORK Nachlaß Berthold Rosenthal.

Selz, Otto, geb. 14. 2. 1881 München, gest. 27. 8. 1943 KZ Auschwitz.

V Sigmund, Bankier (1850–1940); *M* Laura Wassermann (1857–1942).

Selz studierte nach Ablegung des Abiturs im Sommer 1899 auf Wunsch seines Vaters Rechtswissenschaft in Berlin und München, wo er 1904 die erste und 1907 die zweite juristische Staatsprüfung bestand. Im Jahre 1908 ließ er sich in München als Rechtsanwalt nieder, ohne diesen Beruf je auszuüben. Sein wirkliches Interesse gehörte der Philosophie und Psychologie, so daß er 1909 an der philosophischen Fakultät bei Prof. Theodor Lipps promovierte. Später wechselte er zur Universität Bonn, wo er sich 1912 bei Prof. Oswald Külpe habilitierte und Privatdozent wurde. Im Ersten Weltkrieg wurde Selz als Ungedienter am 1. Juli 1915 eingezogen, stand zwei Jahre an der Front in Lothringen, erhielt mehrere Kriegsauszeichnungen und wurde zum Vizefeldwebel befördert. Im September 1917 wurde er wegen einer

Krankheit in ein Lazarett eingeliefert und tat nach seiner Entlassung bis zum Kriegsende Dienst im Kriegsministerium. Nach dem Krieg kehrte Selz an die Universität Bonn zurück, wo er einen Lehrauftrag für Rechtsphilosophie erhielt und am 5. September 1921 zum außerordentlichen Professor ernannt wurde.
Zum 1. Oktober 1923 wurde er auf den Lehrstuhl für Philosophie, Psychologie und Pädagogik an der Handelshochschule Mannheim berufen. Er widmete sich vor allem der Grundlagenforschung auf dem Gebiet der Psychologie: *Sein Wille, unbeirrbar auf das Ziel wissenschaftlich-fundamentaler Arbeit gerichtet, war das Schicksal seines Lebens*[1]. Dabei vernachlässigte er seine Aufgabe als akademischer Lehrer nicht und baute die psychologische Abteilung der Handelshochschule aus, die er durch eine reichhaltige Bibliothek erweiterte. Im Jahre 1929/30 war er Rektor der Handelshochschule, und ein Jahr später wurde zum ersten Mal eine psychologische Untersuchung als Dissertation angenommen. Selz ist nicht im akademischen Elfenbeinturm verblieben, sondern beteiligte sich regelmäßig mit Vorträgen an der Arbeit der Volkshochschule; so hat er im Winter 1930/31 einen Vortrag über das Thema *Der schöpferische Mensch* gehalten. Über Hochschule und Volkshochschulbildung schrieb er: *Die schöne Fähigkeit zu gemeinverständlicher Darstellung wissenschaftlicher Ergebnisse, die in der Zeit der Universitätsausdehnungsbewegung allein gesucht war, genügt nicht mehr. Gefordert ist jener Pestalozzigeist, der auch in der Erwachsenenbildung die breiten Volksschichten in ihren ureigensten Bedürfnissen zu erhalten sucht und stets bereit ist, von ihnen selbst zu lernen, was sie brauchen*[2]. So hat Selz in vorbildlicher Weise das grundsätzliche philosophische Denken mit dem Sinn für die wirklichen Bedürfnisse der Menschen verbunden, denen letztlich seine wissenschaftlichen Erkenntnisse dienen sollten.
Am 7. April 1933 wurde Selz beurlaubt und zum 1. März 1934 aufgrund seines Vertrages mit der Stadt Mannheim vom 19. September 1923 zur Ruhe gesetzt. Am 6. November 1934 wurde ihm das Ehrenkreuz für Frontkämpfer *im Namen des Führers und Reichskanzlers* verliehen. Trotz weiterer unermüdlicher wissenschaftlicher Arbeit vermißte Selz seine Lehrtätigkeit: *Ich erlebe jetzt sehr wohl den Vorteil der Muße, und doch würde ich wegen der unersetzlichen Vorteile wohl jederzeit zugreifen, wenn ich wieder in Deutschland lehren könnte*[3]. Selz wurde erst dadurch veranlaßt, Deutschland zu verlassen, daß er bei den Pogromen vom November 1938 ins KZ Dachau verschleppt wurde. Im Mai 1939 wanderte er nach Holland aus, wo er seine wissenschaftliche Arbeit unter Mithilfe holländischer Gelehrter fortsetzen konnte. Da seine Versorgungsbezüge, die er bis zu seiner Ausbürgerung am 25. November 1941 noch erhielt, nicht nach Holland überwiesen werden durften, verwendete er sie zur Unterstützung seiner noch in Deutschland befindlichen Angehörigen. Er selbst lebte in dürftigen Verhältnissen mit einem kleinen Stipendium und Unterstützung von Freunden. Am 27. September 1943 wurde er verhaftet und über das KZ Westerbork nach Auschwitz deportiert, wo er am 27. August 1943 umgekommen ist. Im September 1970 verlieh ihm die Gesellschaft für Psychologie posthum die »Wilhelm-Wundt-Plakette«. Im Jahre 1972 wurde das Institut für Psychologie der Universität Mannheim in »Otto-Selz-Institut für Psychologie und Erziehungswissenschaft« umbenannt. Zu seinem 100. Geburtstag am 14. Februar 1981 veranstaltete die Universität Mannheim eine Gedenkfeier und eröffnete eine Ausstellung, in der Dokumente und Schriften von Selz gezeigt wurden.

1 H.-B. SEEBOHM S. 31.
2 Akademische Bildung und Volkshochschulbildung. In: DIE LEBENDIGE STADT 1929/30, H. 6, S. 166.
3 Brief vom 15.3.1934 an Julius Bahle, zit. nach H.-B. SEEBOHM Anlage B 2.
W Die psychologische Erkenntnistheorie und das Transzendenzproblem. Diss. München 1910; Über die Gesetze des geordneten Denkverlaufs. Eine experimentelle Untersuchung. Stuttgart 1913 (Habil. Bonn); ferner zahlreiche wissenschaftliche Publikationen (Bibliogr. bei H.-B. Seebohm).
L H.-B. SEEBOHM.
A StA MANNHEIM, S 1/2941; Zug. 13/1972, Nr. 5773 (Personalakten).

Sinzheimer, Max, geb. 20. 6. 1894 Frankfurt a. M., gest. 16. 10. 1977 Elm Grove (Wisconsin, USA).

V Siegmund, Kaufmann; *M* Bertha Marx; ∞ *1)* Mannheim 1924 Lene Hesse (1890–1957), *2)* 1960 Gertrude Schamber (geb. 1904).

Sinzheimer war schon mit 21 Jahren Korrepetitor am Landestheater Darmstadt und kam 1917 als Kapellmeister an das Mannheimer Nationaltheater. Erster Kapellmeister war in dieser Glanzzeit der Mannheimer Oper Wilhelm Furtwängler. Da auch noch ein zweiter Kapellmeister da war, konzentrierte sich Sinzheimer auf Spielopern und Operetten, die beim Publikum großen Anklang fanden, so daß Sinzheimer bald in Mannheim bekannt und sehr geschätzt wurde[1]. Im Jahre 1920 verließ Sinzheimer mit Hagemann und Furtwängler das Nationaltheater und gründete ein Jahr später ein Liebhaberorchester, das Stamitzorchester, das er bis zur erzwungenen Auflösung 1933 dirigierte. Konzertmeisterin war seine Frau, die Geigerin Lene Hesse-Sinzheimer. Im Jahre 1925 gründete Sinzheimer den Mannheimer Kammerchor, 1926/27 leitete er städtische Sinfoniekonzerte und 1928/29 die Sinfoniekonzerte des Bühnenvolksbundes. Zum fünfjährigen Bestehen des Stamitzorchesters 1926 wurde bei einer Dampferfahrt auf dem Rhein Händels Wassermusik aufgeführt und zum zehnjährigen Jubiläum 1931 wurde Paul Hindemith als Solist gewonnen.
Seit 1919 war Sinzheimer ständiger Leiter des Gesangvereins »Liederkranz«, der eine beachtliche Stellung im Mannheimer Musikleben einnahm. Zum Festkonzert anläßlich des 75jährigen Jubiläums am 18. Januar 1931 unter Stabführung von Sinzheimer schreibt die »Mannheimer Neue Zeitung«: *Kapellmeister Sinzheimer, dessen kapellmeisterliche Umsicht wir schon wiederholt rühmend hervorgehoben haben, hat sich mit der Vorbereitung und reibungslosen Durchführung der selbst gestellten schwierigen Aufgaben ein neues Ruhmesblatt erworben.«*[2] Nach 1933 konnte der »Liederkranz« nur noch im Bereich der jüdischen Gemeinde wirken, wo aber seine Arbeit um so wichtiger war, als der großen Zahl der musikliebenden Mannheimer Juden die öffentlichen Veranstaltungen verschlossen waren. *Neben der jüdischen Presse ... war es die bis zur Auflösung der Gemeinde hervorragende Kulturarbeit, die sich auch durch äußere Hemmnisse nicht abschrecken ließ, die die innere Widerstandskraft stärkte*[3]. An dieser Kulturarbeit hatte Sinzheimer, der seit 1933 auch als Organist an der Hauptsynagoge wirkte, einen wesentlichen Anteil[4].

Bei den Pogromen vom 10. November 1938 wurde auch Sinzheimer ins KZ Dachau verschleppt; im März 1939 emigrierte er mit seiner Frau über England in die USA. Im Alter von 45 Jahren auf der Höhe seines Schaffens konnte er dort noch Fuß fassen und eine umfangreiche Tätigkeit als Chordirigent und Musikpädagoge entfalten. Er wurde Professor für Musikgeschichte und -literatur am American Conversatory of Music und Musikdirektor an der St. Andrew-Lutheran-Church in Chicago. Seine Frau gehörte verschiedenen amerikanischen Orchestern an, lehrte an der Chicago School of Music und trat als Solistin auf. Nachdem die Stamitzgemeinde 1950 wiedererstanden war, wurden Sinzheimer und seine Frau zu Ehrenmitgliedern des wiedererstandenen Stamitzorchesters ernannt. Am 28. Mai 1977 wurde Sinzheimer die Stamitzplakette der Stadt Mannheim und des Kurpfälzischen Kammerorchesters vom deutschen Generalkonsul in Chicago feierlich überreicht.

1 Vgl. H. MEYER, Max Sinzheimer S. 14 f.
2 NMZ Nr. 29 vom 19. 1. 1931.
3 H.-J. FLIEDNER S. 58.
4 Vgl. E. G. LOWENTHAL S. 91.

L W. HERRMANN; A. HOLDE; H. FREEDEN; BIBLIOGRAPHIE FRANKFURTER JUDEN S. 401; W. WENDLING (1983).
A STA MANNHEIM, S 1/3924.

Steckelmacher, Moritz, geb. 23. 6. 1851 Boskowitz (Mähren), gest. 23. 5. 1920 Bad Dürkheim.

∞ 1880 Bianca Reinberger (1859–1928); 3 *S*, u. a. Ernst (1881–1943), Dr. phil., Bezirksrabbiner in Bad Dürkheim, umgekommen im KZ Lublin-Maidanek.

Steckelmacher studierte am Rabbinerseminar in Breslau und an den Universitäten Budapest, Preßburg und Breslau, wo er an der philosophischen Fakultät promovierte. Nach einer kurzen Tätigkeit in Hamburg kam er 1880 als Stadtrabbiner nach Mannheim. Berthold Rosenthal nennt ihn *einen Kanzelredner von sprachschöpferischer Begabung, dessen Predigten auch dem geistig Hochstehenden Anregung und Belehrung gaben*[1]. Wie viele Rabbiner seiner Zeit war er auch wissenschaftlich tätig. Sein bedeutendstes Werk war *Das Prinzip der Ethik,* in dem er sich mit der Kantschen Ethik auseinandersetzt. Er verwahrt sich gegen die Auffassung des berühmten Psychologen und Philosophen Wilhelm Wundt (1832–1920), daß die innere Gesinnung nur im Christentum, nicht aber im Judentum von Bedeutung sei: *Diese Form einer sittlich-religiösen Forderung gehört dem Judentum an und ist nur von ihm aus vermittels des Christentums, was dankbar anerkannt wird, zu den Weltvölkern gedrungen. Ob sie aber von den Weltvölkern immer erfaßt und bestätigt wurde? Man denke nur an die Judenverfolgungen seit zwei Jahrtausenden und den heutigen Antisemitismus*[2]. Im Jahre 1912 verfaßte Steckelmacher eine Schrift gegen das antisemitische Pamphlet des Berliner Professors für Nationalökonomie Werner Sombart (1863–1941) *Die Juden und das Wirtschaftsleben.* Er weist darin mit vielen Zitaten nach, wie unwissenschaftlich die Beweisführung Sombarts ist, der unbesehen judenfeindliche Schriften aus der ganzen Weltgeschichte zitiert. Nach schwerer Krankheit beschloß Steckelmacher im

Jahre 1920 sein Leben und ruht an der Seite seiner Ehefrau auf dem Mannheimer jüdischen Friedhof.

1 B. ROSENTHAL S. 429.
2 M. STECKELMACHER S. 229.
W Die formale Logik Kants in ihrem Verhältnis zur transzendentalen. Diss. Breslau 1879; Die Gottesidee der Offenbarung und des Heidentums. Mannheim 1890; Das Prinzip der Ethik. Mainz 1904; Randbemerkungen zu Werner Sombarts »Die Juden und das Wirtschaftsleben«. Berlin 1912.
L E. STECKELMACHER.
A StA MANNHEIM, S 1/1785; Kl. Erw., Nr. 275, Bl. 72.

Stein, Nathan, geb. 11. 11. 1857 Neckarsulm, gest. 8. 5. 1927 Mannheim.

V Benjamin, Kaufmann; ∞ Sinsheim 1884 Cäcilie Stein (1862–1888); 1 T.

Stein kam als Schüler nach Mannheim; er besuchte das Gymnasium und hielt 1874 die Abiturientenrede. Nach Studium der Rechtswissenschaft in Berlin, Leipzig und Heidelberg, wo er 1878 promovierte, legte er die beiden juristischen Staatsprüfungen mit der Note »gut« ab, wurde 1883 zum Amtsrichter in Sinsheim ernannt und kam 1886 nach Mannheim, wo er 1889 Oberamtsrichter wurde. Im Jahre 1892 wurde er als Landgerichtsrat nach Karlsruhe versetzt und dort im Jahre 1900 zum Oberlandesgerichtsrat befördert. Im Jahre 1914 wurde er als erster Jude in Deutschland Präsident eines Landgerichts, und zwar in Mannheim. In zehn schweren Kriegs- und Nachkriegsjahren übte er sein hohes Amt in vorbildlicher Weise aus, bis er mit Erreichen der Altersgrenze im Jahre 1924 in den Ruhestand trat. Politisch gehörte Stein den Nationalliberalen und nach 1918 der Deutschen Demokratischen Partei an, hielt sich aber als Richter von der aktiven Politik zurück. Am Leben der jüdischen Gemeinde nahm er lebhaften Anteil. Schon in seiner Zeit am Mannheimer Amtsgericht war er Mitglied des Synagogenrats und wurde beim Zusammentritt der ersten Landessynode am 18. März 1895 zu deren Präsidenten gewählt. Als Mannheimer Landgerichtspräsident gehörte er dem Vorstand der Gemeindevertretung an, aus dem er 1926 wegen eines schweren Leidens ausscheiden mußte. Nach langer Krankheit starb er am 8. Mai 1927 und fand sein Grab auf dem Mannheimer jüdischen Friedhof. Im Nachruf der Mannheimer Gemeinde lesen wir: *So wandelte er unter uns als ein feinsinniger Mensch von vornehmem, schlichtem Wesen, gesättigt mit deutscher und jüdischer Kultur, durch sein berufliches und menschliches Wirken dem jüdischen Namen Ehre und Ruhm bringend. In unserer Gemeindevertretung genoß er die Verehrung aller seiner Mitarbeiter, die gerne seinen klugen, knapp bemessenen Worten lauschten und den überlegten und überlegenen Ratschlägen folgten.«* [1].

1 IGB 17. 5. 1927, S. 11.

L B. ROSENTHAL (1927) S. 397 f.
A GLA 234/3078 (Personalakten). Mitteilung des UA HEIDELBERG vom 14. 3. 1983 an den Verfasser.

Stern, Sally, geb. 22. 2. 1861 Mannheim, gest. 14. 5. 1923 Mannheim.

V Samson, Landesproduktenhändler; *M* Mina Salomon.

Stern legte das Abitur am Mannheimer Gymnasium im Jahre 1879 ab und studierte Rechtswissenschaft in Heidelberg, wo er 1883 an der rechts- und staatswissenschaftlichen Fakultät promovierte. Im Jahre 1887 ließ er sich in Mannheim als Rechtsanwalt nieder, und 1890 beteiligte er sich an der Gründung des »Freisinnigen Vereins«, dessen Vorstandsmitglied er wurde. Im Jahre 1883 wurde er in den Bürgerausschuß und 1896 in den Stadtrat gewählt. Er war Mitbegründer und langjähriger Vorsitzender des Ausschusses für Volksmusikpflege, wo er sich für Volkssymphoniekonzerte, Volksmusikabende und Volksvorstellungen des Nationaltheaters einsetzte. Dem Vorstand des Philharmonischen Vereins gehörte er fast 40 Jahre an und spielte vor dem Ersten Weltkrieg auch im Orchester mit.
Im Stadtrat war Stern Mitglied der Kunsthallen-, Rosengarten- und Theaterkommission und setzte sich für alle Einrichtungen ein, die der Bildung und Ausbildung dienten. So befürwortete er die Gewährung eines Zuschusses an die private Ingenieurschule[1]. Weit vorausschauend empfahl er die Prüfung der Frage, ob in Mannheim eine Medizinische Akademie wie in Düsseldorf, Frankfurt und Halle errichtet werden könnte[2]. Seine besondere Liebe gehörte dem Mannheimer Nationaltheater. Er wünschte eine *Verstärkung des Chors und Orchesters, welche schon seit Jahren von Publikum und Presse entschieden begehrt worden und nach dem Urteil aller Sachverständigen eine dringende Notwendigkeit sei*[3]. Gegen eine beabsichtigte Herabsetzung der Autorenhonorare argumentierte er: *Er müsse es bedauern, wenn gerade an dieser Stelle Sparsamkeit geübt werden solle. Die Autoren, welche höhere Honorare beanspruchen, böten in der Regel eine Gewähr für eine gediegene Gegengabe. Auch sollte sich das Bestreben der Intendanz darauf richten, daß Opernneuheiten, welche andernwärts Interesse erweckt hätten, auch tunlichst rasch hier dem Publikum vorgeführt würden*[4].
Bei der Wahl eines Intendanten im Jahre 1904 bezeichnet er den 64jährigen Jubilar Hofmann als *Routinier, eine Eigenschaft, die ja an sich keinen Tadel verdiene, für einen Leiter der hiesigen Bühne aber schwerlich am rechten Platze sei*[5]. Hofmann wurde gewählt, aber schon nach zwei Jahren verschwand er wieder, eine Tatsache, die Sterns Bedenken zu bestätigen scheint. *Hofmann paßte nicht mehr in die Zeit. Aber er paßte überhaupt zu keiner Zeit nach Mannheim. Er wäre zehn Jahre früher, als er in Köln Triumphe feierte, hier genauso gescheitert wie jetzt. Denn er glaubte an die Kunst als Geschäft. Und die Mannheimer glaubten an die Kunst als Erlösung vom Geschäft*[6]. Der damalige Intendant Carl Hagemann (1871–1945) hebt die Bedeutung Sterns für das Mannheimer Nationaltheater hervor: *Gewiß danke ich Stern viel, aber Mannheim dankt ihm mehr. Groß in der Erkenntnis dessen, was der Stadt und ihrem Theater not tat, bescheiden und von seltener Anständigkeit der Gesinnung, die ihn, wie kaum jemanden sonst, zum Ratgeber taugen ließ, klug im Kampf, im Sieg und in der Niederlage, hat er jede freie Minute den kulturellen Interessen Mannheims, in erster Linie seinem Theater gewidmet ... Er war das gute Gewissen des Theaters, aber ein Gewissen, das etwas riskierte. Und das Mannheimer Theater ist wesentlich dadurch groß geworden, daß man in ihm etwas riskiert hat*[7].

Der rastlos tätige Mann erlitt im Sommer 1922 einen Schlaganfall, von dem er sich nicht mehr erholte, so daß er sein Mandat im Stadtrat niederlegen mußte; nur in der Theaterkommission blieb er noch bis zu seinem plötzlichen Tode am 14. Mai 1923. Bei der Trauerfeier sagte Oberbürgermeister Theodor Kutzer (1864–1948): *Eifersüchtig hat er darüber gewacht, daß unser Theater die »moralische Anstalt« im Sinne Schillers blieb*[8]. Auf dem Mannheimer jüdischen Friedhof hat er seine letzte Ruhestätte gefunden.

1 Vgl. STADTRATSPROTOKOLL Nr. 939 vom 3. 2. 1899.
2 Vgl. STADTRATSPROTOKOLL Nr. 5286 vom 23. 7. 1903.
3 Vgl. STADTRATSPROTOKOLL Nr. 3470 vom 30. 4. 1903.
4 Vgl. STADTRATSPROTOKOLL Nr. 5922 vom 15. 7. 1908.
5 Vgl. STADTRATSPROTOKOLL Nr. 5629 vom 22. 9. 1904.
6 E. L. STAHL S. 235.
7 C. HAGEMANN S. 79. Hagemann war Intendant des Mannheimer Nationaltheaters 1906–1910 und 1915–1920.
8 MANNHEIMER GENERAL-ANZEIGER Nr. 224 vom 17. 5. 1923.

A STA MANNHEIM, S 1/2331; Kl. Erw., Nr. 275, Bl. 36 f.

Unna, Isak, geb. 29. 5. 1872 Würzburg, gest. 19. 5. 1948 Jerusalem.

V Moses, Lehrer; *M* Zerla Bamberger; ∞ Mannheim 1898 Gertrud Goitein (1876–1954); 3 *S*, 5 *T*, u. a. Mosche (geb. 1902, lebt 1984 in Israel), Mitglied der Nationalreligiösen Partei, Knessethabgeordneter 1948–1970.

Unna begann sein Studium der Altphilologie im Jahre 1889 an der Universität Würzburg und führte es 1890 an der Universität Berlin weiter, wo er 1895 promovierte. Gleichzeitig studierte er am orthodoxen Rabbinerseminar in Berlin und erhielt dort 1896 das Rabbinerdiplom. Nach kurzer Tätigkeit als Rabbinatsassistent in Frankfurt a. M. wurde er zum 1. Januar 1898 als Rabbiner an die Klaus-Synagoge nach Mannheim berufen. Mit der Geschichte der Klaus-Stiftung befaßte sich Unna so intensiv, daß er zu ihrem 200jährigen Jubiläum im Jahre 1908 ein zweibändiges Werk veröffentlichen konnte. Bei der Tagung der Landessynode in Karlsruhe im Jahre 1920 wurde für Mannheim die Stelle eines dritten Stadtrabbiners geschaffen, so daß Unna seinen beiden Kollegen gleichgestellt wurde[1]. Im Jahre 1921 wurde Unna Mitglied der Synode und 1924 Konferenzrabbiner im Oberrat der Israeliten in Karlsruhe. Um die Kenntnisse des Hebräischen und der jüdischen Schriften der Jugend zu vermitteln, betrieb Unna den Ausbau der Klaus-Schule zur Religionsschule größeren Stils und veranlaßte im Jahre 1925 die Berufung von Rabbiner Chaim Lauer als hauptamtlichen Lehrer. Unter Unnas Leitung wurden alljährlich Ferienkurse für Lehrer in Mannheim abgehalten, in denen Kapitel aus Talmud, Mischna und den Propheten gelesen und geschichtliche und methodische Fragen erörtert wurden[2]. Unna bezog dabei auch das ostjüdische Geistesleben mit ein, insbesondere den Chassidismus und die litauische Gelehrsamkeit. Sein Sohn Viktor schreibt dazu in seinen sehr lebendigen *Erinnerungen aus meiner Jugend: Die Spannungen, die vielfach zwischen den alteingesessenen deutschen Juden und denen bestanden, die aus dem Osten (Rußland, Polen) zugewandert waren (Ostjuden), waren bei uns nicht bekannt. Wer zu Vater kam, wurde nach seinem Wert als Mensch geschätzt. Das wußte jeder, der mit ihm in Berührung kam, sowohl bei den Gesetzestreuen, die sich um die »Klaus« (Synagoge) konzentrierten, als auch bei allen anderen Gemeindeangehörigen*[3].

Wenn Unna im Alter von 60 Jahren Vorsitzender der »Gesetzestreuen Rabbinervereinigung Deutschlands« wurde, so war diese Wahl eine Anerkennung für seine jahrzehntelange lehrende und schriftstellerische Tätigkeit im Sinne des konservativen Judentums. Schon 1903 hatte er einen Vortrag über *Die Leichenverbrennung vom Standpunkt des Judentums* veröffentlicht, wobei er in Konsequenz seiner Einstellung zu einer ablehnenden Haltung kommen mußte. In den folgenden Jahrzehnten gab er rabbinische Gutachten ab, schrieb historische Aufsätze und griff auch in religiös-politische Tagesfragen ein; so wandte er sich in einer Zuschrift an die »Neue Mannheimer Zeitung« gegen einen Schächtverbotsantrag im badischen Landtag[4]. Wenn Unna auch seinen konservativen Standpunkt ohne Abstriche vertrat, strebte er doch nach Ausgleich und Versöhnung, so daß er an dem Grundsatz der Einheitsgemeinde festhielt. So konnte der Vorsitzende der Gemeinde Prof. Moses zu seinem 60. Geburtstag schreiben: *Wohl uns, daß wir Männer besitzen wie den Jubilar, der als Gelehrter in unablässigem Forschen die Goldkörner jüdischer Weisheit aus der Tiefe hob und als Lehrender zum Neuschöpfer der großen Wahrheiten der jüdischen Tradition geworden ist*[5]. Auch in der »Neuen Mannheimer Zeitung« wird Unna zu diesem Anlaß anerkennend gewürdigt[6], woraus wir ersehen, daß in Mannheim auch im Jahre 1932 des Geburtstages eines Rabbiners nicht weniger gedacht wurde, als es bei einem Geburtstag eines verdienten christlichen Geistlichen geschehen wäre.

Im Rückblick auf die langjährige Zusammenarbeit mit seinem Kollegen schrieb Max Grünewald: *Dr. Unna war mir Lehrer und Freund. Ich besuchte öfters den Gottesdienst in der Klause, nahm an seinen Kursen teil und hörte seinen Lehrvorträgen zu. Er hielt natürlich Abstand vom liberalen Judentum, aber das trübte nicht unsere persönlichen Beziehungen. Als ich zum Präsidenten der Gemeinde gewählt wurde, erklärte er, daß er als orthodoxer Rabbiner Bedenken habe, daß er aber nicht protestieren würde, denn die Interessen des orthodoxen Judentums würden von mir respektiert werden*[7]. Während es in anderen jüdischen Gemeinden oft erbitterte Kämpfe zwischen Orthodoxen und Liberalen gab, die bis zur Spaltung führten, waren auch Mannheims jüdische Bürger in das tolerante Klima dieser Stadt, das auf der Achtung vor dem Andersdenkenden beruhte, einbezogen. Als diese Toleranz nach 1933 durch Maßnahmen einer brutalen Staatsmacht zerstört wurde, entschloß sich auch Unna zur Auswanderung. Im September 1935 emigrierte er mit seiner Frau und seinen jüngeren Kindern nach Palästina, nachdem die älteren sich schon dort angesiedelt hatten. Im Exil führte er seine wissenschaftliche Arbeit weiter und durfte wenige Tage vor seinem Tod noch die von ihm heiß ersehnte Entstehung des Staats Israel erleben.

1 Vgl. B. ROSENTHAL (1927) S. 434.
2 Vgl. ebd. S. 446.
3 StA MANNHEIM, JD, Nr. 38.
4 Vgl. NMZ Nr. 113 vom 8. 3. 1930.
5 IGB 15. 2. 1932, S. 4.
6 Vgl. NMZ Nr. 95 vom 26. 2. 1932.
7 Mitteilung an den Verfasser vom 28. 12. 1978.

W Über den Gebrauch der Absichtssätze bei Philo von Alexandrien. Diss. Berlin 1895; Die Lemle Moses Klaus-Stiftung in Mannheim. 2 Bde. Frankfurt a. M. 1908/09; ferner viele Aufsätze in jüdischen Zeitungen und Zeitschriften.
L BHDE 1 S. 776; M. UNNA.
A StA MANNHEIM, S 1/2076; JD, Nr. 38.

Wachenheim, Eduard, geb. 14. 4. 1855 Mannheim, gest. 13. 6. 1898 Mannheim.

V Joseph, Kaufmann; *M* Bertha Michaelis; ∞ Mannheim 1890 Marie Traumann (1870–1934); 2 *T*, u. a. Hedwig (1891–1969), eng verbunden mit Ludwig Frank (s. S. 89 ff.), SPD-Mitglied, Abgeordnete des preußischen Landtags von 1928–1933, *W* u. a. Die deutsche Arbeiterbewegung 1844–1914. Opladen 1967 u. Vom Großbürgertum zur Sozialdemokratie. Memoiren einer Reformistin. Berlin 1973.

Wachenheim trat nach kaufmännischer Ausbildung in Mannheim und Amsterdam am 1. Juni 1880 in das Mannheimer Bankhaus von Ludwig Gernsheim ein, das seitdem »Gernsheim und Wachenheim« firmierte. Im Jahre 1890 gehörte er zu den Gründern des Freisinnigen Vereins, in dessen Vorstand er gewählt wurde[1]. Im Jahre 1893 wurde er Mitglied des Bürgerausschusses und 1896 des Stadtrats. Er gehörte der Kommission für Finanz- und Rechnungswesen, für den Industriehafen und für Unterricht an. Als die Stadt die Höhere Töchterschule übernahm, betonte Wachenheim, daß es auf ein gutes Lehrpersonal ankomme: *Wenn die Stadt dazu übergehe, die Töchterschule in eigene Verwaltung zu übernehmen, so sei mit Rücksicht auf die vorliegenden Verhältnisse das einzig Richtige, eine vollständig neue Schule einzurichten. Er werde deshalb auch lieber auf jeden Anspruch an das Stiftungsvermögen verzichten, wenn die Bedingung daran geknüpft würde, das jetzige Lehrpersonal zu übernehmen*[2]. Als im nächsten Jahr die Frage auftritt, ob der Höheren Töchterschule Klassen zur Erteilung des lateinischen und griechischen Unterrichts angegliedert werden sollen, kommt es ihm darauf an, damit auch eine bestimmte Berechtigung für die Mädchen zu erreichen: *Redner könne sich für das Vorgehen nur dann praktisch erwärmen, wenn die projektierten Gymnasialklassen der Höheren Mädchenschule eine derartige Ausgestaltung im Lehrplan überhaupt erhielten, daß ihnen seitens der Oberschulbehörde die gleichen Berechtigungen wie dem Karlsruher Mädchengymnasium zugestanden würden*[3].
Als nüchterner Kaufmann sieht er auch die besonderen Probleme von städtischen Wohnungen: *Er erklärt sich aus prinzipiellen Gründen gegen die Einmietung von Arbeitern in Gebäuden, welche dem Arbeitgeber gehören, da hierdurch der Arbeiter in doppelter Beziehung vom Arbeitsherrn abhängig sei. Speziell gegen die Erstellung von Wohngebäuden durch die Stadtgemeinde ist aber Stadtrat Wachenheim auch deshalb, weil die Bewohner derselben an die Stadt noch größere Anforderungen stellen werden, als durch die Mieter im Allgemeinen gestellt zu werden pflegen*[4].
Am 13. Juni 1898 erlag Wachenheim unerwartet einer Blinddarmentzündung, womit ein zu großen Hoffnungen berechtigendes Leben in der Blüte des Mannesalters abgebrochen wurde. Ein Nachruf hebt seine Menschlichkeit hervor: *Sein lauterer Charakter, sein biederes Wesen, sein offener redlicher Sinn sicherte ihm bei allen, die mit ihm in Berührung kamen, ungeteilte Hochachtung*[5]. In seinem Grab auf dem Mannheimer jüdischen Friedhof ruhen auch seine Frau und seine Tochter Hedwig.

1 Vgl. F. WALTER (1907) Bd. 3, S. 52.
2 STADTRATSPROTOKOLL Nr. 664 vom 24. 2. 1897.
3 STADTRATSPROTOKOLL Nr. 901 vom 28. 1. 1898.
4 STADTRATSPROTOKOLL Nr. 1400 vom 15. 2. 1898.
5 MANNHEIMER GENERAL-ANZEIGER Nr. 160 vom 14. 6. 1898.

Waldeck, Florian, geb. 15. 2. 1886 Mannheim, gest. 28. 9. 1960 Mannheim.

V Hermann (1854–1922) Kaufmann; *M* Helene Rosenfeld (1862–1942), *Schw* von Isidor (1850–1928), Rechtsanwalt; ∞ Mannheim 1917 Bertha Mackle (1890–1964).

Waldeck hatte die Liebe zu Mannheim schon von seinem Vater ererbt, der Pfälzer Mundartdichter und Vorsitzender des Mannheimer Altertumsvereins war. Er bestand das Abitur am Gymnasium im Jahre 1905 und studierte Rechtswissenschaft in München, Freiburg und Heidelberg, wo er 1910 das erste juristische Staatsexamen bestand. Als Rechtspraktikant war er in Heidelberg und am Bezirksamt Donaueschingen, das er im August 1914 als Soldat verlassen mußte. 1912 hatte er noch an der rechts- und staatswissenschaftlichen Fakultät in Heidelberg promoviert, aber sein zweites juristisches Staatsexamen konnte er erst im Jahre 1919 ablegen. Im Jahre 1917 heiratete er eine katholische Frau und trat zum evangelischen Glauben über. 1919 trat er in das Mannheimer Anwaltsbüro seines Onkels Isidor Rosenfeld ein und machte sich später selbständig.
Für die Deutsche Volkspartei rückte er 1925 als Stadtverordneter in den Bürgerausschuß nach und wurde nach der Neuwahl vom 14. November 1926 Fraktionsvorsitzender. Als Anwalt gehörte Waldeck den Gremien an, die seinen juristischen Rat benötigten, dem Beamtenschlichtungsausschuß als stellvertretender Vorsitzender und dem Verwaltungsrat der Sparkasse. In der Verwaltung trat Waldeck für strenge Objektivität und gute Zusammenarbeit ein: *Bezüglich der Auswahl der Beamten spreche ich die Bitte aus, daß bei der Auswahl der Persönlichkeiten stets die strengste Objektivität sowohl bei der Auswahl wie bei der Beförderung geübt wird und keine Rücksicht genommen wird auf politische Gesinnung. Ich will in der Personalfrage nicht auf einzelne Dinge eingehen, doch kann ich dabei die Bemerkung nicht unterdrücken, daß manchmal das Nebeneinanderspielen der Kräfte der einzelnen Ressorts gefühlt wird und daß wir wünschen, daß im Interesse der Stadt hier eine starke Hand eingreift und die Ressorts in ihre Grenzen einfügt, damit dadurch nicht der Allgemeinheit Schaden und Unannehmlichkeit entsteht*[1].
Waldeck betätigte sich auch in der Landespolitik, wurde 1927 in den badischen Landtag gewählt, wo er Fraktionsvorsitzender und 1929 Vizepräsident des Landtags wurde.
Im Innersten war Waldeck jedoch nicht der Politik, sondern der Kultur verpflichtet. Seine Liebe gehörte den kulturellen Einrichtungen der Stadt, die er in den verschiedenen Ausschüssen vertrat, im Ausschuß für die Verwaltung der Städtischen Schloßbücherei, der Städtischen Bücher- und Lesehalle, der Kunsthalle und des Rosengartens. Schon neben seinem Vater gehörte er dem Vorstand des Altertumsvereins an, dessen Vorsitz er 1930 übernahm. Er gab die Schrift *Alte Mannheimer Familien* heraus und war selbst Autor des ersten Bandes, in dem er Familien wie

Jolly und Ladenburg beschrieb. Auch in der schwersten Wirtschaftskrise vergaß er das kulturelle Leben der Stadt nicht: *Erfreulich ist immer noch das geistige Leben der Stadt in künstlerischer und wissenschaftlicher Beziehung, das einen Hochstand aufweist. Wenn er auch die einzelnen Richtungen nicht immer anerkenne, müsse er doch den Geist anerkennen*[2].

Mit der Zerstörung der deutschen Demokratie nach 1933 verlor Waldeck alle öffentlichen Ämter und emigrierte 1939 nach Belgien, wo er mit seiner Frau untertauchte. Opfer der Verfolgung wurden seine Mutter und Schwester, die sich vor der Deportation das Leben nahmen[3]. Nur einmal hat sich Waldeck zu diesem schweren Leid geäußert: *Die Dämonen haben mein Leben nicht verschont. Das Herz pocht, wenn ich an sie denke und ihre Opfer. Aber der tiefste Schmerz muß im Menschenherzen verschlossen bleiben. Das Glück echter Freundschaft ist mir in diesen Zeiten reich zuteil geworden*[4].

Nach dem Krieg war Waldeck einer der Männer der ersten Stunde. 1948 wurde er Präsident der Rechtsanwaltskammer Nordbadens, 1959 Präsident der Bundesrechtsanwaltskammer. Die Bedeutung des Anwaltsberufs in der heutigen Gesellschaft hat er treffend beschrieben: *In einer Zeit der Entpersönlichung, der Verbeamtung und der »Veraktung« muß versucht werden, den freien Existenzen auch ihre Freiheit und ihre Lebensmöglichkeit zu erhalten. Der Anwalt ist der klassische freie Beruf, und er steht noch frei dem Staat und seiner Omnipotenz und seinen Mechanismen gegenüber. Für diesen Stand einzustehen, ist eine große Aufgabe. Dafür, daß sie mir zufiel, bin ich dankbar*[5].

Waldeck trat auch wieder in die Mannheimer Kommunalpolitik ein und gehörte von 1947 bis 1953 der CDU-Fraktion des Gemeinderats an[6]. Dabei bemühte er sich vor allem um die kulturelle Wiederbelebung seiner Heimatstadt. Er wurde erneut Vorsitzender des Rechtsnachfolgers des Altertumsvereins, der »Gesellschaft der Freunde Mannheims und der ehemaligen Kurpfalz«. Nach dem Rücktritt des Intendanten Richard Payer übernahm er den Vorsitz des Triumvirats, das in der Spielzeit 1950/51 das Nationaltheater leitete; im Jahre 1953 wurde er in das Kuratorium der »Stiftung Nationaltheater-Bau Mannheim« berufen. Für seine Verdienste beim kulturellen Wiederaufbau der Stadt verlieh ihm der Gemeinderat am 6. April 1954 die Schiller-Plakette der Stadt Mannheim. Vom Bundespräsidenten wurde er am 27. Mai 1955 mit dem Großen Verdienstkreuz der Bundesrepublik Deutschland ausgezeichnet.

Es war ihm noch vergönnt, im Jahre 1959 das 100jährige Jubiläum des Altertumsvereins mitzugestalten. Als Vermächtnis für die nachfolgenden Generationen schreibt er: *Die meisten Kulturaufgaben eines Gemeinwesens sind heute überall der Verwaltung der Stadt zugefallen. Ein Teil des Schöpferischen und Gestaltenden muß aber dem Bürger, den Bürgern verbleiben*[7]. Schon ein Jahr später ist er gestorben und wurde in einem Ehrengrab auf dem Mannheimer Hauptfriedhof beigesetzt. Zu seinem Andenken wurde der Vortragssaal im Reiß-Museum, in dem heute der Gemeinderat tagt, »Florian-Waldeck-Saal« benannt.

1   NMZ Nr. 248 vom 31. 5. 1927 (Beilage).
2   NMZ Nr. 212 vom 8. 5. 1931.
3   Vgl. H.-J. FLIEDNER, Judenverfolgung Bd. 2 S. 114 f.
4   F. WALDECK (1954) 1, S. 15.

5 Ebd., S. 16.
6 Vgl. J. IREK Bd. 1, S. 121, S. 166 sowie S. 175.
7 F. WALDECK (1959) S. 6.

W Die Exemtion des Landesherrn und der Mitglieder der landesherrlichen Familien im Zivilprozeß. Leipzig 1918 (Diss. Heidelberg); Alte Mannheimer Familien. 6 Teile. Mannheim 1920–25.
L BHDE 1 S. 789; H. HEIMERICH; H. RESCHKE; W. KÖHLER (1961).
A StA MANNHEIM, S 1/890; Kl. Erw., Nr. 275, Bl. 38–41; Nachlaß Florian Waldeck, Zug. –/1960.

Wetzlar, Heinrich, geb. 30. 5. 1868 Mannheim, gest. 1943 KZ Theresienstadt.

V Isak, Kaufmann; *M* Henriette Löb; ∞ Mannheim 1893 Therese Joseph (1869–1943); 2 *S*.

Wetzlar studierte nach Besuch des Gymnasiums in Mannheim von 1886 bis 1891 Rechtswissenschaft in Berlin und Heidelberg. Im Jahre 1889/90 leistete er seine Militärdienstzeit als Einjähriger ab. Im Jahre 1891 bestand er die erste juristische Staatsprüfung, und 1892 promovierte er an der rechts- und staatswissenschaftlichen Fakultät der Universität Heidelberg. Nach der zweiten juristischen Staatsprüfung 1894 kam er als Amtsrichter nach Pfullendorf, Rastatt und Karlsruhe, wo er 1903 zum Oberamtsrichter, 1918 zum Oberlandesgerichtsrat und 1925 zum Landgerichtsdirektor befördert wurde. Im Jahre 1929 wurde er zum Präsidenten des größten Landgerichts in Baden in seiner Heimatstadt Mannheim ernannt.
Wetzlar war nicht nur ein hervorragender Richter, sondern auch ein mitfühlender Mensch, dem die Eingliederung der Strafgefangenen in die bürgerliche Gesellschaft Herzensanliegen war. Im Jahre 1905 wurde er Vorsitzender des Karlsruher Bezirksvereins für Jugendschutz und Gefangenenfürsorge, der 1919 das Erziehungsheim Schloß Stutensee bei Karlsruhe für gefährdete männliche Jugendliche eröffnete. In dem Heim wurden 50 junge Männer betreut, die eine Lehrlingsausbildung in Gärtnerei, Korbflechterei, Schusterei und Schreinerei erhielten. Das Ehepaar Wetzlar besuchte – auch nach seinem Umzug nach Mannheim – wöchentlich das Heim; Therese Wetzlar, die in Karlsruhe die Jugendgerichtshilfe mitaufgebaut hatte, unterstützte ihren Mann tatkräftig.
Am 29. März 1933 wurde Wetzlar beurlaubt und zum 1. August 1933 in den Ruhestand versetzt. 1936 zog er sich nach Baden-Baden zurück und suchte 1939 Zuflucht bei seinem ältesten Sohn in Holland. Kurz nach der goldenen Hochzeit, die das Ehepaar noch im Kreise seiner Familie am 29. März 1943 begehen konnte, wurde es nach Theresienstadt verschleppt, von wo es nicht mehr zurückkehrte.
Bei einer Gedenkfeier im Schloß Stutensee am 7. Dezember 1961 sprach Oberlandesgerichtspräsident Max Silberstein (1897–1966) aus eigener Erinnerung folgende Worte: *Herr Landgerichtspräsident Dr. Wetzlar, unter dessen kluger und gütiger Anleitung ich bis zum Einbruch des rechtsvernichtenden Unglücks zu wirken die Ehre hatte, war mehr als ein ernannter und gekürter Richter. Er war ein solcher aus innerer Berufung. Der Rechtsidee lebend, Recht gebend, in Güte abwägend, verstehend und ausgleichend, aber dem Unrecht gegenüber so unerbittlich hart, wie er es nur gegen sich selbst sonst gewesen, hat er mich und so viele andere gelehrt und hat mir den Blick geöffnet für die Ästhetik, für die Schönheit,*

für die Notwendigkeit der Rechtsverwirklichung. Er hat mir gezeigt, daß ein Richter Gelehrter zugleich sein kann, ohne den Theorien zu verfallen[1]. Gleichzeitig wurde am Schloß Stutensee eine Gedenktafel mit folgendem Text angebracht: *Als Helfer der Jugend erfüllten ihr Leben Landgerichtspräsident Dr. Heinrich Wetzlar und seine Gattin Therese Wetzlar. Sie gründeten und leiteten das Heim von 1919–1933. Sie wurden vertrieben und starben 1943 fern der Heimat. Ihr Geist lebt in ihrem Werk.*

1 M. SILBERSTEIN S. 49.
L R. WETZLAR.
A Mitteilung des UA Heidelberg an den Verfasser vom 14. 3. 1983.

Wolff, Simon, geb. 13. 3. 1789 Hechingen, gest. 3. 12. 1860 Mannheim.

V Simon Wolff; *M* Lea Hirsch; ∞ Mannheim 1833 Babette Böttinger (1810–??); 2 *S*, 1 *T*.

Wolff besuchte in Hechingen die Talmudschule und war seit 1806 an mehreren Orten als Hauslehrer tätig. Im Jahre 1809 begann er in Heidelberg ein Medizinstudium, das er aber nicht weiterführte. Stattdessen ließ er sich 1811 in Heidelberg für Mathematik immatrikulieren, wobei in den Universitätsakten vermerkt ist, daß er *propter Paupertatem* nur einen Gulden zu bezahlen hatte. Seinen Lebensunterhalt erwarb er sich als Lehrer der Mathematik am Schwarzschen Knabeninstitut in Mannheim und durch hebräischen Privatunterricht. Im Jahre 1814 promovierte Wolff in Heidelberg mit einer Arbeit *Der Jude und der Christ, ein Dialog,* die aber ungedruckt blieb[1]. Das Thema legt den Schluß nahe, daß er auch historische und philosophische Studien betrieben hat. Im Jahre 1816 eröffnete Wolff mit dem Philologen E. Straßburger eine jüdische Lehranstalt in Mannheim. Von 1819 bis 1824 wirkte Wolff in Karlsruhe als Lehrer und Prediger an dem neu gegründeten Tempelverein. Im Jahre 1824 kehrte er nach Mannheim zurück und übernahm die Leitung der von ihm gegründeten Schule, die inzwischen staatlich anerkannt war. Knaben wurden vom 6. bis zum 13., Mädchen erst ab dem 7. Lebensjahr unterrichtet. Die Schule mit vier Lehrern und etwa 100 Schülern war im Gebäude der Klaus-Stiftung untergebracht. Wolff war damit zum Schöpfer des jüdischen Schulwesens in Baden geworden; viele Lehrer verdanken ihm ihre Ausbildung[2].
Im Alter von 67 Jahren reichte Wolf nach über 30 jähriger erfolgreicher Lehrtätigkeit ein Pensionierungsgesuch mit folgender Begründung ein: *Während dieser langen Reihe von Jahren war trotz mancher Körperleiden die berufsgetreue Pflichterfüllung das Ziel meines Strebens*[3]. Er fügte ein ärztliches Zeugnis bei, wonach er unter chronischem Katarrh und einer Verschleimung der Luftwege litt. Man kann daraus den Schluß ziehen, daß Wolff schon sehr leidend war, als er sich entschloß, von seiner geliebten Lebensaufgabe Abschied zu nehmen. Dem Vorschlag des Synagogenrates, Wolff das volle Gehalt als Pension zu bewilligen, obwohl er die erforderlichen 40 Dienstjahre noch nicht zurückgelegt hatte, stimmte der Oberrat der Israeliten zu. Der Synagogenrat wollte Wolff seine Dankbarkeit aber noch dadurch zum Ausdruck bringen, daß er ihm zum Abschied einen silbernen Pokal schenkte. Zur Annahme

dieses Geschenks bedurfte Wolff der Genehmigung des Ministeriums des Innern, die über den Schulvisitator und den Oberrat einzuholen war. Der evangelische Pfarrer Koch gab als Schulvisitator dazu folgende Stellungnahme ab: *Vom Jahre 1823 wirkte Wolff zunächst bei Errichtung der israelitischen Volksschule dahier durch sein ausgezeichnetes Lehrtalent, verbunden mit der bewährtesten Lehrmethode und unermüdlichem Berufseifer, schon sogleich in solch vorteilhaft bestimmender Weise, daß die Schule unverkennbar schnell den nützlichsten Einfluß auf Unterrichtung und Erziehung der Jugend entfaltete und rasch zur Hebung des intellektuellen und sittlichen Lebens der jüngeren Gemeindeglieder in großem Maße beitrug*[4]. Aufgrund dieser guten Beurteilung traf das Karlsruher Ministerium eine positive Entscheidung. Schon nach drei Jahren ist Wolff im Alter von 71 Jahren gestorben und wurde auf dem Mannheimer jüdischen Friedhof beigesetzt.

1 Mitteilung des UA HEIDELBERG an den Verfasser vom 30. 8. 1982.
2 Vgl. B. ROSENTHAL (1927) S. 330 f.
3 GLA 236/22760.
4 Ebd.

L BadB 2 S. 520; B. ROSENTHAL (1926).
A GLA 236/22760-761.

Abb. 1: Julius Appel. 1881–1952. Foto um 1935

Abb. 2: Julius Bensheimer. 1850–1917. Foto um 1910

Abb. 3: Alice Bensheimer. 1864–1935. Foto um 1910

Abb. 4: Samuel Billigheimer (links). 1889–1983. Foto um 1910 mit Anna und Karl Billigheimer

Abb. 5: Arthur Blaustein. 1878–1942. Foto um 1928

Abb. 6: Gustav Cahen. 1871–1956. Foto um 1925

Abb. 7: Viktor Darmstädter. 1858–1923. Foto vor 1907   *Abb. 8:* Eller, Elias. 1813–1872. Foto um 1870

Abb. 9: Paul Eppstein. 1902–1944. Foto um 1934

Abb. 10: Ludwig Frank. 1874–1914. Foto um 1907

Abb. 11: Rosa Grünbaum. 1881–1942. Foto vor 1933   *Abb. 12:* Max Grünewald. Geb. 1899. Foto um 1960

Abb. 13: Max Hachenburg. 1860–1951. Foto 1885

Abb. 14: Felix Hecht. 1847–1909. Foto eines Gemäldes aus Privatbesitz, um 1890

Abb. 15: Hermann Hecht. 1877–1969. Foto um 1930

Abb. 16: Bernhard Herschel. 1837–1905. Foto um 1900

Abb. 17: Stefan Heymann. 1896–1967. Foto 1958

Abb. 18: Berta Hirsch. 1850–1913. Foto um 1870

Abb. 19: Fritz Hirschhorn. 1845–1908. Foto um 1900

Abb. 20: Franz Hirschler. 1881–1956. Foto um 1945

Abb. 21: Joseph Hohenemser. 1794–1875.
Foto nach einer Zeichnung, 1847

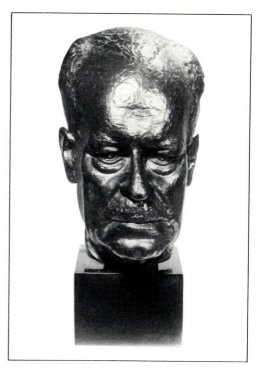

Abb. 22: Max Jeselsohn. 1871–1937.
Foto seiner Büste, 1934

Abb. 23: Wolf Hajum Ladenburg. 1766–1851.
Foto eines Portraitgemäldes um 1820

Abb. 24: Seligmann Ladenburg. 1797–1873.
Foto eines Gemäldes, 1863

Abb. 25: Carl Ladenburg. 1827–1909. Foto um 1900

Abb. 26: Ludwig Landmann. 1868–1945. Foto um 1925

Abb. 27: Moritz Lenel. 1811–1876. Foto vor 1857

Abb. 28: Viktor Lenel. 1838–1917. Foto um 1900

Abb. 29: Richard Lenel. 1869–1950. Foto um 1900 mit Frau Emilie geb. Maas

Abb. 30: Josef Levi. 1862–1933. Foto 1930

Abb. 31: Ernst Josef Lesser. 1879–1928. Foto um 1920

Abb. 32: Isidor Lindmann. 1844–1910. Foto um 1900

Abb. 33: Ottokar Löwit. 1864–1945. Foto um 1920

Abb. 34: Pauline Maier. 1877–1942. Foto um 1930

Abb. 35: Gustav Mayer-Dinkel (links). 1853–1937. Foto um 1917 mit Otto (Mitte) und Leopold Mayer-Dinkel (rechts)

Abb. 36: Julius Moses. 1869–1945. Foto um 1930

Abb. 37: Jacob Nauen. 1826–1894. Foto um 1880

Abb. 38: Eugen Neter *(links)*. 1876–1966. Foto um 1938 mit Rabbi Rosenthal

Abb. 39: Berthold Rosenthal. 1875–1957. Foto um 1935

Abb. 40: Otto Selz. 1881–1943. Foto um 1930

Abb. 41: Max Sinzheimer. 1894–1977. Foto um 1920

Abb. 42: Moritz Steckelmacher. 1851–1920. Foto um 1900

Abb. 43: Sally Stern. 1861–1923. Foto vor 1907

Abb. 44: Isak Unna. 1872–1948. Foto um 1925

Abb. 45: Heinrich Wetzlar. 1868–1943. Foto um 1939 mit Frau Therese

Abb. 46: Florian Waldeck. 1886–1960. Foto vor 1954

Übersicht über die Quellen im Stadtarchiv Mannheim zur Geschichte der Juden

Funktionen des Stadtarchivs

Das Stadtarchiv hat das in der Mannheimer Stadtverwaltung erwachsene Schriftgut zur dauernden oder befristeten Verwahrung zu übernehmen, sobald es von den Dienststellen nicht mehr laufend benötigt wird. Es sammelt darüber hinaus alle außerhalb der Stadtverwaltung entstandenen schriftlichen und bildlichen Unterlagen, die als Quelle zur Mannheimer Stadtgeschichte dienen können. Damit ist es die Dokumentationszentrale zur Mannheimer Stadtgeschichte. Rechtsgrundlagen hierfür sind die Akten- und Archivordnung des Landes Baden-Württemberg vom 29. Juni 1964 und das Denkmalschutzgesetz vom 25. Mai 1971.

Das pflichtgemäß oder freiwillig an das Stadtarchiv abgegebene Schrift- und Bildgut ist überaus vielfältig: es umfaßt nicht nur Urkunden, Amtsbücher, Akten – sie überwiegen der Masse nach –, Karteien, Pläne und Zeichnungen, sondern auch Briefe, Tagebücher, Fotografien, Filme, Tonbänder, Plakate und Flugblätter.

Die Stadtarchivare bewerten zunächst dieses Dokumentationsgut, ordnen, verzeichnen und halten es – soweit dies im Rahmen der geltenden Gesetze oder Auflagen zulässig ist – für die Stadtverwaltung, die Wissenschaft und die interessierten Bürger bereit. Ferner werten sie es im Rahmen des ihnen durch das Denkmalschutzgesetz zugewachsenen Forschungs- und Bildungsauftrags in eigener Forschung aus und machen quellenkritisch gesicherte Daten, Fakten und Erkenntnisse in aufbereiteter Form jedermann zugänglich.

Damit wird das Stadtarchiv zu der fachlich kompetenten Stelle in allen Fragen der Stadtgeschichte und zu einem Element kommunaler Kulturarbeit, dies um so mehr, als das historische Bewußtsein auch in Mannheim wieder im Wachsen begriffen ist. Der Geschichte der zweitgrößten Stadt in Baden-Württemberg, zugleich Kern eines der bedeutendsten Ballungsgebiete der Bundesrepublik, kommt überörtliche Bedeutung zu und damit auch der Funktion ihres Stadtarchivs.

Das Stadtarchiv ist direkt dem Oberbürgermeister unterstellt.

Geschichte des Stadtarchivs

Die Geschichte des Stadtarchivs als selbständiges Amt beginnt mit der Berufung des Historikers Dr. Friedrich Walter im Jahre 1907, ein verheißungsvoller Anfang, denn soeben hatte dieser zum Stadtjubiläum das monumentale zweibändige Geschichtswerk »Mannheim in Vergangenheit und Gegenwart« vorgelegt. Kaum zwei Jahre später, am 25. März 1909, erließ der Stadtrat eine »Dienstanweisung für die Verwaltung des Städtischen Archivs und der Städtischen Zentralbibliothek«. Danach sollte der Archivar »im allgemeinen die Pflege und Erforschung der heimatlichen Geschichte fördern«. Die Fürsorge für die städtischen Archivalien sollte hauptsächlich unter dem Gesichtspunkte erfolgen, sie »als die wichtigsten Quellen der Geschichte Mannheims zu erhalten und zugänglich zu machen«.

Nach den uns vorliegenden Verwaltungsberichten, leider heute die einzige Quelle zur Geschichte des Stadtarchivs, wurden in den folgenden Jahren das Schriftgut der eingemeindeten Vororte Feudenheim und Sandhofen sowie Verlassenschafts- und Vormundschaftsakten des Amtsgerichts Mannheim (1911 mit Zustimmung des Generallandesarchivs Karlsruhe) übernommen. Aber bereits 1911 zeigte sich, daß der Raum nicht ausreiche und daher die Theaterarchivalien nicht aufgenommen werden konnten; dies obwohl mit dem kurz zuvor (1910) erfolgten Umzug des Rathauses in das Kaufhaus der Turm mit seinen oberen Geschossen dem Archiv zugewiesen worden war.

Außerstädtisches Schriftgut gelangte in den Anfangsjahren – wenn man von den Verlassenschaftsakten absieht – nur in Form von Einzelstücken an das Archiv. Walter scheint sich in dieser Hinsicht nur auf die Durchsicht der Antiquariatskataloge beschränkt zu haben. Als größeres Geschenk werden 1919/20 Glückwunsch- und Ehrenurkunden von Karl Reiß genannt. Zu unserem Thema verdient jedoch ein Vorgang besondere Erwähnung: Im Jahre 1911 übersandte der Synagogenrat 26 Fotografien historisch bemerkenswerter Grabsteine des im 17. Jahrhundert errichteten und 1841 geschlossenen jüdischen Friedhofs in F 7, 1/2. Zum ersten Mal ist hier von Judaica und von Fotografien die Rede.

Die Ordnungs- und Verzeichnungsarbeiten am Archivgut mußten in den ersten Jahren ganz hinter den Geschäften der in Personalunion verbundenen Zentralbibliothek zurücktreten. Hinzu kam, daß Walter auch das mit Beschluß des Stadtrats vom 30. September 1909 gegründete Literarische Bureau (die Pressestelle der Stadt) übernahm. Das Hauptinteresse Walters richtete sich aber weit darüber hinaus auf den Aufbau eines stadthistorischen Museums, dessen Direktor er 1921 wurde. Damit wurden seine Möglichkeiten, sich um das Stadtarchiv intensiv zu kümmern, notgedrungen eingeengt, wobei ihm hier (1909) lediglich ein Verwaltungsassistent und ein Schreiblehrling zur Verfügung standen.

Gleichwohl gelang es, die Ordnungsarbeiten an dem älteren, bis 1871 reichenden Schriftgut der Stadtverwaltung in den zwanziger Jahren voranzutreiben und anscheinend auch weitgehend abzuschließen. Entsprechend der Dienstanweisung von 1909 übertrug man dem Stadtarchiv während des Ersten Weltkriegs auch stadthistorische Aufträge: der Oberbürgermeister wies es an, ein »Verzeichnis der im Kampf für das Vaterland gefallenen Mannheimer« zu erstellen. Darüber hinaus sollte es eine »Geschichte Mannheims während des Krieges« erarbeiten, woraus allerdings nichts geworden ist. Unter maßgeblicher Beteiligung Walters bzw. des Archivs waren aber in der Vorkriegszeit eine heute noch gültige Arbeit zur Methode der Straßenbenennung und ein Verzeichnis der größeren Stiftungen erschienen. Mit Verfügung des Oberbürgermeisters vom 5. März 1919 wurde es dann auch mit der Führung des Stadtprotokolls beauftragt.

Als eine große Schwierigkeit hatte sich von Beginn an die Raumnot erwiesen.

Walter hatte sie bis zu seiner vorzeitigen Pensionierung im Jahre 1935 nicht zu beheben vermocht.

Der im Oktober 1935 berufene Leiter Dr. Wolfgang Treutlein, unter dem das Stadtarchiv für kurze Zeit selbständig war, stieß bei der nationalsozialistischen Stadtverwaltung auf so großes Desinteresse, daß er bald resignierte und zum Jahresende 1937 seine Stelle wieder aufgab. Jetzt wurde es wieder dem Schloßmuseum unter der Leitung von Dr. Gustaf Jacob angegliedert.

Die räumliche Situation hatte sich inzwischen so verschlechtert, daß die Archivalien, die der Stadtrat 1909 dem Archivar als »wichtigste Quellen« der Mannheimer Stadtgeschichte anvertraut hatte, in höchstem Maße gefährdet waren. Der Leiter der Reichsstelle für Sippenforschung machte in einem Schreiben an das Badische Generallandesarchiv Karlsruhe vom 22. November 1938 auf die teilweise »völlig unzulängliche und feuergefährliche Unterbringung des Stadtarchivs in Mannheim« aufmerksam, und der Vertreter des Generallandesarchivs Dr. Ruge, der das Stadtarchiv im Juni 1939 in Augenschein nahm, stellte fest, die jetzige Unterbringung der Archivalien sei ungenügend und für eine so große Stadt wie Mannheim unwürdig. Die in verschiedenen Kellerräumen untergebrachten Amtsbücher hatten infolge großer Feuchtigkeit zu schimmeln begonnen; unter den damals eingetretenen Schäden, die sich im Kriege noch vermehrten, leiden die Archivalien, soweit sie erhalten sind, noch heute.

Die Stadt beabsichtigte aber damals, das Stadtarchiv in dem der Lamey-Loge gehörenden Haus C 4, 12 nach dessen Umbau unterzubringen.

Der Ausbruch des Zweiten Weltkriegs vereitelte dies. Das Stadtarchiv wurde geschlossen. Mit Ausnahme der Amtsbücher, »Autographen« und Plakate, die in ein Salzbergwerk bei Heilbronn ausgelagert wurden, verblieb die Hauptmasse der städtischen Archivalien in der Stadt und wurde ein Opfer des schweren Luftangriffs vom 5./6. September 1943. Im Unterschied zu seiner Schwesterstadt Ludwigshafen, die zwar jünger, aber sich um ihre historische Überlieferung mehr gesorgt hatte, ist Mannheim eine arme Stadt geworden. Immerhin blieb die Findkartei der bei dem Luftangriff verbrannten Akten erhalten.

Durch Verfügung des Oberbürgermeisters vom 27. August 1948 wurde das Stadtarchiv neu errichtet und zuerst der Leitung der Amtsbücherei (Dr. Wendling), 1949 sodann der Pressestelle (Dr. Poensgen) übertragen. Mit der Wiederanstellung von Dr. Gustaf Jacob zum 1. Januar 1952 wurde es endgültig verselbständigt. Die Verfügung des Oberbürgermeisters hatte die »Erfassung und Sammlung von Nachrichten und von Bildmaterial aller Art über Mannheim und die Anlage einer Stadtchronik über alle Ereignisse und Persönlichkeiten« als Hauptaufgabe gesehen. Jacob hat in seinen »Vorschlägen zum Neuaufbau des Stadtarchivs als wissenschaftlicher Forschungsstätte zur Mannheimer Stadtgeschichte – Archivplan« vom 29. Januar 1952 den Rahmen weitergezogen. Aber er war hauptsächlich durch die redaktionelle Betreuung der »Mannheimer Hefte« gebunden, konnte aber bis 1965 drei Stellen gewinnen. Neben neuhergerichteten Räumen im Rathaus E 5 erhielt das Archiv 1961 weitere Räume in U 3, 1 (Herschelbad), nachdem es 1959 erstmals wieder die städtischen Dienststellen zur Abgabe archivreifer Akten aufgerufen hatte; damals wurde das Inspektionsrecht des Archivs gegenüber den Registraturen verankert.

Der systematische Neuaufbau des Stadtarchivs begann mit der Übernahme der Leitung des Stadtarchivs durch Dr. Johannes Bleich im Februar 1965. Ihm kam zugute, daß das baden-württembergische Innenministerium inzwischen die Aktenordnung erlassen hatte, auf deren Basis die Stadt Mannheim im Jahre 1966 ihre eigene Aktenordnung schuf. Damit erlangte das Stadtarchiv die zusätzliche Funktion eines Zwischenarchivs. Es folgten räumliche Erweiterungen in der Hauptstelle Rathaus E 5 und in der Nebenstelle U 3, 1. Jetzt konnten endlich ältere städtische Registraturen, die den Krieg überdauert hatten, sowie das nicht mehr laufend benötigte Schriftgut übernommen werden. Ebenso wurde nun die Sammeltätigkeit in erheblichem Maße verstärkt und entsprechende Bestände (Zeitgeschichtliche Sammlung, Bilder, Plakate) aufgebaut. Stärker als zuvor wird seit 1952 auch außerstädtisches Schriftgut zur Ergänzung und zum Ersatz für Kriegsverluste von Privaten (Nachlässe), Vereinen sowie von Firmen und örtlichen Gliederungen von Parteien und Verbänden gesammelt. Ferner werden die Mannheimer Betreffe in staatlichen Archiven systematisch ermittelt und in Form von Filmen und Ablichtungen zusammengetragen.

Im Zusammenhang mit Aufträgen des Oberbürgermeisters und des Gemeinderats – der erste größere dieser Art betraf die Verfolgung der Mannheimer Juden 1933–1945 – sind archivische Dokumentationsbestände entstanden und noch im Entstehen.

Die Ergebnisse eigener und fremder Forschungen werden in zwei Reihen publiziert, den Veröffentlichungen und Sonderveröffentlichungen des Stadtarchivs.

Ferner führt das Stadtarchiv fortlaufend die Chronik der Stadt Mannheim, die in Auszügen in den Mannheimer Heften erscheint.

Das Stadtarchiv umfaßt derzeit 18 Personalstellen. An technischen Einrichtungen bestehen eine Buchbinderei und eine Fotostelle. Dringend erforderlich ist eine neue räumliche Unterbringung, die die auf die Dauer unökonomische Zweiteilung des Amts beendigt, ihm die Übernahme anstehender Zugänge erlaubt und Öffentlichkeitsarbeit in Form von Vorträgen und Ausstellungen ermöglicht. Ebenso dringend ist die Anstellung eines Restaurators, um endlich die bereits vor einem halben Jahrhundert eingetretenen Schäden zu beheben.

Im Rahmen kommunaler Kulturarbeit bemüht sich das Stadtarchiv ferner um eine Verstärkung der Stadtteilsarbeit.

Judaica

Es gibt keine Hinweise dafür, daß das Stadtarchiv vor seiner Zerstörung 1943 an speziellen Übersichten über die Quellen zur Geschichte der Juden gearbeitet hätte. Bekanntlich haben staatliche Stellen bei der Verfolgung der Juden während der NS-Zeit damit begonnen, entsprechende Archivalien vor allem im staatlichen Bereich zu erfassen und nach der Reichskristallnacht auch Archivgut jüdischer Provenienz in staatliches Gewahrsam zu nehmen. Aus diesen Maßnahmen ist beispielsweise eine Liste von Judaica im Generallandesarchiv Karlsruhe erwachsen.

Daß es entsprechende Aktionen im kommunalen Bereich gegeben hat, ist nicht auszuschließen. Für den Bereich der Stadt Mannheim ist uns aber bisher nichts bekannt geworden. Die antisemitischen Artikel der örtlichen NS-Presse geben, soweit sie geschichtliche Vorgänge bemühen, nichts derartiges zu erkennen, ebensowenig der Nachlaß Treutlein.

Die ersten Bemühungen des Stadtarchivs um Erfassung von Judaica knüpften an den Auftrag der Stadt, die Verfolgung der Mannheimer Juden 1933–1945 darzustellen.

Die folgende Übersicht, die von Stadtarchivrat Dr. Martin erstellt wurde, versucht eine qualitative Beschreibung der in Frage kommenden Bestände des Stadtarchivs zur Geschichte der Juden. Auf eine detaillierte und quantitative Erfassung von archivalischen Einheiten wurde von ihm mit Rücksicht auf den unterschiedlichen Ordnungs- und Verzeichnisstand bewußt verzichtet. Dennoch dürfte der Forscher einen umfassenden Überblick erhalten.

Übersicht

Trotz der schweren Verluste im Zweiten Weltkrieg läßt die heute verfügbare städtische Überlieferung dennoch die Bedeutung des jüdischen Teils der Mannheimer Bevölkerung für die Stadtgeschichte erkennen[1].

Sowohl die gewaltsame Zäsur durch die Verfolgung der Juden unter dem Naziregime und der zaghafte Neubeginn jüdischen Gemeindelebens nach 1945 als auch die verschiedenen rechtlich bedingten Benutzungssperren für städtisches Schriftgut, das nach 1945 entstanden ist, ließen es angeraten sein, die Übersicht zeitlich nur bis zum Jahre 1945 durchzuführen, wobei sich aufgrund der Laufzeiten freilich die Grenze nicht bei jedem Bestand durchhalten ließ. Wie die Staatsarchive hält sich das Stadtarchiv an die Sperrfrist für Akten, die nicht älter als 30 Jahre sind. Für Ausnahmen bei der Benutzung sind die jeweiligen Dezernenten oder Amtsleiter zuständig.

Überprüft wurden alle Bestände. Die Erhebungen für die Bestände, die vorwiegend Schriftgut nach 1945 enthalten, bleiben dem internen Dienstgebrauch vorbehalten. Aufgenommen wurden nur solche Bestände, die in größerem Umfang personen- und sozialgeschichtliches Material enthalten oder enthalten können wie die Ratsprotokolle und die anderen Amtsbücher, bei denen sich Judaica nicht quantifizieren lassen. Ebensowenig möglich ist dies bei dem umfangreichen Zeitungsbestand, der mit Einzelnummern 1766 beginnt und der fast lückenlose Serien der Neuen Mannheimer Zeitung und des Hakenkreuzbanners bis 1945 enthält.

Nicht aufgenommen wurde die schriftliche Überlieferung für die früher selbständige Gemeinde und den jetzigen Stadtteil Feudenheim, die u. a. Gemeinderats- und Gerichtsprotokolle, Bürgermeisterei- und Gemeinderechnungen enthält. Judaica wurden bei bisherigen Benutzungen nur sehr vereinzelt gefunden. Da es in Feuden-

---

1 Die erhalten gebliebene Findkartei der im Krieg vernichteten städtischen Akten weist 53 Aktenfaszikel aus, die vor allem das kulturelle Leben (Schule und Synagoge) sowie die wirtschaftliche und soziale Situation der Juden in Mannheim zwischen 1688 und 1873 belegten.

heim im 19. Jahrhundert eine jüdische Gemeinde mit eigener Synagoge (1819 erbaut) und eigenem Friedhof (1859 angelegt) gab, lassen die genannten Quellen aber weitere Hinweise erwarten[2].

Die Übersicht gliedert sich in die vier Gruppen:
1. Städtische Bestände
2. Sammlungen und Dokumentationen
3. Außerstädtische Bestände
4. Bibliothek.

Die Bestände sind in alphabetischer Reihenfolge aufgeführt. Um die Quellenübersicht zu vereinfachen, wurde stets folgendes Schema verwendet:

Bezeichnung des Bestands mit Zugangsnummer
1. Inhalt mit Bewertung und Hinweise auf Besonderheiten
2. Laufzeit
3. Umfang (Zahl der Verzeichnungseinheiten des gesamten Zugangs)
4. Findmittel: Ablieferungsverzeichnis, Findkartei, Findbuch und Erschließungszustand
5. Benutzungsbeschränkungen. Die Benutzung verschiedener Bestände ist durch die Vorschriften des Personenstandsgesetzes (PSTG), des Meldegesetzes (MG) sowie des Landesdatenschutzgesetzes Baden-Württemberg (LDSG) eingeschränkt. Auf die jeweiligen Bestimmungen wird bei den einzelnen Beständen mit den Abkürzungen hingewiesen. Eigens erwähnt sind auch die Benutzungsbeschränkungen bei Nachlässen, Dokumentationen und Deposita.

Einige Beispiele an Archivalien werden zur Veranschaulichung in Abbildungen vorgestellt.

1. Städtische Bestände

Amtsbücher Mannheim
Die im folgenden genannten sechs Positionen sind im Bestand Amtsbücher aufgestellt.

Grundrißbücher
Unter Nr. 9 wird ein Verzeichnis der Mannheimer Juden aus dem Jahre 1739 verwahrt. Ansonsten enthalten die Grundrißbücher neben den Grundrissen der Quadrate und Grundstücke Angaben über die steuerliche Belastung der Eigentümer.
2. 1684–1804.
3. 16 Bde. (Nr. 1–16).
4. Findbuch; zum Teil mit Namensregister (Stichwort »Jud« mit folgendem Namen).
5. Keine.
Beispiel siehe Abb. 1a/b.

---

2 Watzinger, Karl Otto: Die Jüdische Gemeinde in Feudenheim. In: MH, 1965, H. 3, S. 14–17.

Hypothekenbücher
2. 1749–1840.
3. 6 Bde. (Nr. 49–54).
4. Findbuch. Indizes in den Bänden (Stichwort »Jud« mit folgendem Namen).
5. Keine.

Kaufprotokolle
2. 1682–1811.
3. 19 Bde. (Nr. 59–77).
4. Findbuch. Indizes in den Bänden (Stichwort »Jud« mit folgendem Namen).
5. Keine.
Beispiel siehe Abb. 2.

Obligationsprotokolle
2. 1697–1809.
3. 41 Bde. (Nr. 78–118).
4. Findbuch. Indizes in den Bänden (Stichwort »Jud« mit folgendem Namen).
5. Keine.

Ratsprotokolle
1. Dem Stichwort »Juden« in den Indizes bis ungefähr 1803 folgend, bieten die Protokolle reiches Material zum Alltagsleben der Juden (Rechtsstreitigkeiten, Heiraten, Erbschaftsangelegenheiten u. a.). Von 1804 an ist unter Familiennamen zu suchen. Daneben sind auch Sachbetreffe wie »Lehranstalten«, »Friedhöfe« u. a. zu berücksichtigen.
2. 1661–1983 mit vereinzelten Lücken.
3. Bis 1945: 361 Bde.
4. Findbuch. Sach- und Personenindizes in fast allen Bänden.
5. Keine.
Beispiel siehe Abb. 3.

Steigerungsprotokolle
2. 1692–1804.
3. 11 Bde. (Nr. 119–129).
4. Findbuch. Indizes in den Bänden (Stichwort »Jud« mit folgendem Namen).
5. Keine.

Erhebungsbogen über die während des Ersten Weltkriegs gefallenen Mannheimer
1. Die Bogen stellen die Grundlage für ein Ehrenbuch der gefallenen Mannheimer dar, das vom Stadtarchiv im Auftrag des Oberbürgermeisters verfaßt werden sollte, aber nie erschienen ist.
2. 1914–1920.
3. 5700 Bogen.
4. Alphabetische Ablage der Bogen.
5. Keine.

Personen- und Auswandererkartei
1. Die beiden Karteien wurden von dem Stadtarchivar Dr. Wolfgang Treutlein während seiner Dienstzeit von 1935 bis 1937 angelegt. In beiden Karteien sind im Krieg vernichtete Stadtakten, Kirchenbücher, Quellen aus dem Generallandesarchiv Karlsruhe und in der Personenkartei zusätzlich die Stadtgeschichten von Feder, Barrogio und Walter verkartet. Die Auswandererkartei enthält eine eigene Abteilung »Juden«.
2. [1662]–1935.
3. 83 Karteikästen.
4. Findkartei.
5. Keine.

Polizeipräsidium, Zug. –/1962: **Familienbogen**
1. In den Familienbogen sind die in Mannheim wohnhaften Bürger aufgeführt. Sämtliche in einem Haushalt lebenden Familienmitglieder, zum Teil auch Gesinde und Dienerschaft, werden mit Geburts- und Sterbedaten, Beruf sowie Wohnungsänderungen registriert. Als Beilagen enthalten sie z. B. Heimatscheine, Reisepässe, Strafregisterauszüge usw. Die Familienbogen wurden in der u. g. Meldekartei fortgesetzt.
2. 1807–1900.
3. ca. 80 000 Bogen.
4. Alphabetisch formiert.
5. LDGS §§ 10, 11.
Beispiel siehe Abb. 4.

Polizeipräsidium, Zugge. –/1964, 1/1968, 6/1983: **Meldekartei**
Die Kartei hält die Meldedaten der in Mannheim gemeldeten Einwohner fest, soweit sie bis 1970 verzogen oder verstorben sind. Neben den Familienvorständen werden sämtliche Familienmitglieder nachgewiesen.
2. 1900–1970.
3. ca. 1 500 000 Karteikarten.
4. Zwei Alphabete: Zugge. –/1964, 1/1968 und Zug. 6/1983.
5. LDSG §§ 10, 11 und MG §§ 11, 28–34.

Polizeipräsidium, Zug. 7/1971: **Einbürgerungen** (= Aufnahmen in den badischen Staatsverband)
1. Bei jüdischen Einwanderern handelt es sich vor allem um Juden aus dem Osten. Des weiteren finden sich Widerrufe von Einbürgerungen und Aberkennungen der Staatsangehörigkeit. Der Bestand wurde für die weiter unten beschriebene »Dokumentation zur Geschichte der Mannheimer Juden« ausgewertet.
2. 1869–1958 (Masse 1903–1940).
3. 328 Positionen.
4. Findbuch. Alphabetisch geordnet.
5. Keine.

Stadtarchiv, Zug. 22/1893
1. Korrespondenz des Stadtarchivs mit Behörden, Archiven und Privatpersonen, zumeist Erlebniszeugen, für die Veröffentlichung des Stadtarchivs[3] »Die Judenverfolgung in Mannheim 1933–1945«[4].
2. 1953–1983.
3. 710 Positionen, davon Nr. 1–73 Judaica.
4. Findbuch.
5. Sekretiert.

Standesamt Mannheim-Innenstadt, Zugge. 1952, 7/1969, 62/1970
1. Beilagen zu Geburts-, Heirats- und Sterberegister. Die Akten enthalten Staatsangehörigkeitsausweise, Geburtsurkunden, Aufgebote, Militärpässe, Ehescheidungsurteile u. a.
2. 1870–1939.
3. 3657 Positionen, 31 Amtsbücher.
4. Ablieferungsverzeichnis. Benutzbar nur mit Kenntnis der Registriernummer.
5. PSTG § 61.

2. Sammlungen und Dokumentationsbestände

Bildsammlung
1. Die Bildsammlung gliedert sich in die Abteilungen Personen, Topographie und Zeitgeschehen. An Judaica finden sich Portraits jüdischer Persönlichkeiten, Kultusgebäude, Synagogen und Bilder von der Deportation 1940.
2. ca. 1900–1984.
3. ca. 25 900 Fotografien, z. T. auch Reproduktionen von Glasplatten und aus Zeitungen und Büchern.
4. Einzelverzeichnung beim Bild.
5. Reproduktion im archiveigenen Fotolabor möglich, soweit keine urheberrechtlichen Auflagen der Fotografen oder Überlasser vorliegen.

Dokumentation zur Geschichte der Mannheimer Juden 1933–1945
1. Dokumente über ehemalige jüdische Bürger Mannheims und über ihre Verfolgung. Originale und Ablichtungen aus Privatbesitz, Behörden und anderen Archiven. Die Sammlung entstand im Zuge der Veröffentlichung des Stadtarchivs »Die Judenverfolgung in Mannheim 1933–1945«.
2. 1711–1967.
3. 65 Positionen.
4. Kartei (Verzeichnis einzelner Dokumente, Personenkartei); Findbuch.
5. Sekretiert.

---

3 In der hier vorgelegten Darstellung von Watzinger als »Amtsakten D 9-3 und D 9/5« bezeichnet.
4 H.-J. Fliedner: Die Judenverfolgung in Mannheim 1933–1945, Bd. 1: Darstellung. Bd. 2: Dokumente (Veröffentlichungen des Stadtarchivs Mannheim 1 und 2). Stuttgart/Berlin/Köln/Mainz 1971.

Erhebungsbogen zur Dokumentation der Judenschicksale 1933–1945 in Baden-Württemberg aufgrund der Akten des Landesamts für die Wiedergutmachung, Zug. 16/1967
1. Die alphabetisch lose formierten Bogen weisen die nach dem 30.1.1933 in Mannheim lebenden jüdischen Bürger nach. Sie geben Auskunft über die biographischen Daten, die wirtschaftlichen Verhältnisse und über Auswanderung, Deportation und Verfolgung aufgrund der nationalsozialistischen Gesetzgebung. Die Erhebung bildete die Grundlage für die Publikation: Die Opfer der nationalsozialistischen Judenverfolgung in Baden-Württemberg 1933–1945. Ein Gedenkbuch. Veröffentlichungen der staatlichen Archivdirektion Baden-Württemberg. Beiband zu Bd. 20. Stuttgart 1969.
2. 1933–1945.
3. 87 Leitzordner.
4. Alphabetisch formiert.
5. Bei Auskunftserteilung ist der Persönlichkeitsschutz zu beachten.

Kleine Erwerbungen
1. Einzelschriftstücke (Briefe, Akten, Manuskripte) verschiedenen Inhalts, die sich anderen Beständen nicht zuordnen lassen. Unter den Judaica sind hervorzuheben: Korrespondenzen Mannheimer Juden (Pauline Maier, Josef Arnold Bestreng, Max Hachenburg, Ludwig Frank, Julius Simon, Julius Moses u. a.), kurfürstl. Verordnungen, Erinnerungen (Hedwig Wachenheim, Ida Jauffron-Frank), persönliche Papiere (Gödelmann, Isidor Freundlich, Sam. Darmstädter), Verzeichnis jüdischer Bürger (1919–1933), Erinnerungen, Chronik des Männergesangvereins zum 25jährigen Bestehen (1925).
2. 18. Jahrhundert – 1983.
3. 770 Positionen, davon etwa 40 Judaica.
4. Findkartei. Personen- und Sachindex mit Verweisen.
5. Keine, sofern nicht der Persönlichkeitsschutz betroffen ist.

Personen- und ortsgeschichtliche Sammlung
S 1 / Personen
S 2 / Ortsgeschichte, Sachbetreffe
1. Zeitungsausschnitte, Einladungen, Programme, Flugblätter, kleine Broschüren, wichtige Betreffe: S 2, 43 Friedhöfe; 515 Judentum, 196 Synagoge, 64 jüdische Gemeinde; 1292 Stiftungen; 1559 Synagogenchor; 1431 Kristallnacht; 1984 Israel. Wohlfahrts- und Jugendamt, 2245 jüdisches Lehrhaus.
2. 1914–1984.
3. S 1 umfaßt derzeit 4487 Positionen, S 2 2396 Positionen.
4. Findkartei; Indizes.
5. Keine.

Plakatsammlung
1. Plakate aus den Bereichen Politik, Wirtschaft, Kultur, vorwiegend Mannheimer Betreffe; Schwerpunkte bilden die Revolution 1848/49, der Erste Weltkrieg, die Weimarer Republik und die Zeit nach 1945. Als Sonderveröffentlichung des Stadtarchivs Mannheim Nr. 3 erschien 1979 das Buch »Mannheim in Plakaten 1900–1933«.
2. 1847–1852, Masse 1918 ff.
3. 5800 Positionen, davon ca. 10 Judaica.
4. Findkartei nach Numerus currens; nicht erschlossen.
5. Keine.
Beispiel siehe Abb. 5.

3. Außerstädtische Bestände

Gewerbeschule, Zug. 56/1975 und 39/1978
1. Dienststellenverwaltung der Schule, Durchführung des Unterrichtsbetriebes, Schulgelderhebung, Notenlisten, Zeugnisausstellung.
2. 1890–1946 (Masse: 1900–1937).
3. 229 Positionen, davon bei fünf durch Intus-Vermerke auf Judaica (3. Reich) hingewiesen.
4. Sachtitelkartei.
5. Keine.

Industrie- und Handelskammer (Depositum), Zug. –/1966
1. Protokolle, Rechnungen, Innungssachen, Handelsgerichte, Steuern, Handel, Eisenbahn, Post, Schiffahrt; Judaica sind vor allem in den vier zuerstgenannten Quellen zu erwarten.
2. 1728–1937.
3. 455 Amtsbücher und Aktenbände.
4. Findbuch; nicht erschlossen.

Kirchenbuchzweitschriften (Ablichtungen)
Israelitische Geburts-, Ehe- und Sterberegister, Zug. 48/1977
Mannheim 1805–1870, Nr. 2857–2865,
Feudenheim 1810–1870, Nr. 2876–2877.
2. 1805–1870.
3. 11 Bücher.
4. Chronologisch; Indizes jahrweise.
5. Aus den Kirchenbüchern dürfen keine Urkunden ausgestellt werden. Auskünfte dürfen erteilt werden. Einsichtnahme ist gestattet.

Karl-Friedrich-Gymnasium, Zug. 40/1971 und 4/1977
1. Schüler- und Notenlisten, Schul- und Stiftungsakten, Jahresberichte, Personalakten von Lehrern. Neben den fünf Aktentiteln, bei denen durch Intus-Vermerke

auf Judaica hingewiesen ist, können bei Kenntnis der Namen in den Schüler- und Notenlisten jüdische Schüler ermittelt werden.
2. 1739–1963 (Schwerpunkt ab 1807).
3. 451 Amtsbücher und Aktenbände, davon bei fünf durch Intus-Vermerke auf Judaica (19. Jh. und 1933) hingewiesen.
4. Findkartei, Findbuch; Personenindex für Zug. 40/1971.
5. Keine.
Beispiel siehe Abb. 6.

Kunstverein (Depositum), Zug. 12/1981
1. Vereinsakten, Sitzungsprotokolle, Rechnungen. Da der Bestand noch unbearbeitet ist, können Judaica nur vermutet werden. In Betracht kommen dabei die sehr umfangreichen Akten über Ausstellungen des Vereins mit Korrespondenzen beteiligter Künstler (ab 1905) und die Mitgliederlisten in den Rechnungsbänden.
2. 1865–1970.
3. 514 Positionen.
4. Liegt noch nicht vor; nicht erschlossen.
5. Benutzung nach Rücksprache mit dem Vereinsvorstand.

Nachlässe
Eine Übersicht über die Nachlässe bietet: Marianne Pöltl und Jörg Schadt: Die schriftlichen Nachlässe im Stadtarchiv Mannheim. In: Badische Heimat, Heft 2, 1982, S. 215–226. In die Übersicht sind neben Nachlässen, die Judaica enthalten, auch solche von jüdischen Persönlichkeiten aufgenommen.

Nachlaß Fritz Cahn-Garnier (1889–1949), Zug. 33/1968
Jurist, Stadtsyndikus 1923–1933, 1945, Pberbürgermeister 1948/49.
1. Persönliches, berufliche und politische Tätigkeit, Vertretung jüdischer Belange.
2. 1898–1949.
3. 43 Positionen.
4. Findbuch.
5. Zum Teil sekretiert.

Nachlaß Joseph Gentil (1875–1956), Zug. 18/1965
Rechtsanwalt.
1. Handakten (Vertretung jüdischer Klienten während des nationalsozialistischen Regimes).
2. 1930–1945.
3. 157 Positionen.
4. Findbuch.
5. Sekretiert.

Nachlaß Jakob Gödelmann (Kunstmaler 1898–1980) und
Johanna Gödelmann (Krankenschwester 1901–1975)[5], Zug. 21/1983
1. Persönliches, Korrespondenzen, u. a. Briefe von Internierten an Johanna Gödelmann.
2. 1914–1972.
3. 67 Positionen.
4. Findbuch.
5. Keine.

Nachlaß Curt Sigmar Gutkind (1896–1940), Zug. 37/1969
Romanist
1. Persönliches; wissenschaftliche Tätigkeiten.
2. 1903–1969.
3. 27 Positionen.
4. Findbuch.
5. Keine.

Nachlaß Max Hachenburg (1860–1951), Zugge. 50/1973, 41/1974, 41/1975, 33/1980
Jurist
1. Persönliches, Familiengeschichte, wissenschaftliche Tätigkeit, Korrespondenz. Dazu siehe: Hachenburg, Max: Lebenserinnerungen eines Rechtsanwalts und Briefe aus der Emigration. Hrsg. und bearb. von Jörg Schadt (= Bd. 5 der Veröffentlichungen des Stadtarchivs Mannheim) Stuttgart 1978.
2. 1861–1971.
3. 102 Positionen.
4. Findbuch.
5. Keine.

Nachlaß Heinz Walter Lenel (geb. 1914), Zug. 16/1983
Chemiker
1. Briefe Richard Lenels an seinen Sohn H. Walter.
2. 1936–1950.
3. 391 Positionen.
5. Nur mit Genehmigung von Herrn H. W. Lenel.

Nachlaß Richard Lenel (1869–1950), Zugge. 18/1868, 48/1969, 35/1971
Handelskammerpräsident
1. Persönliches, Moritz-und-Karoline-Lenel-Stiftung.
2. 1857–1949.
3. 13 Positionen.
4. Findbuch.

---

5 Johanna Gödelmann leitete nach der Deportation der badischen und Mannheimer Juden 1940 das israelitische Krankenhaus in Mannheim.

5. Keine.
Beispiel siehe Abb. 8.

Nachlaß Ottokar Löwit (1864–1945), Zug. 47/1969
1. O. Löwit war von 1900–1930 als Direktor bzw. Generaldirektor der Verkehrsbetriebe Mannheim und seit 1911 Geschäftsführer der Rhein-Haardtbahn.
2. 1908–1953.
3. 6 Positionen.
4. Findbuch.
5. Keine.

Nachlaß Gustav Mayer-Dinkel (1853–1937), Zug. 3/1971
Kaufmann, Stadtverordneter (Nationalliberale Partei, DDP)
1. Politische Tätigkeit, Militärdienst.
2. 1870–1927.
3. 13 Positionen.
4. Findbuch.
5. Keine.

Nachlaß Leopold Mayer-Dinkel (1883–1967), Zug. 4/1971
Kaufmann
1. Abwehr nationalsozialistischer Maßnahmen gegen Nichtarier.
2. 1927–1936.
3. 6 Positionen.
4. Findbuch.
5. Keine.

Nachlaß Walter Schmitthenner (geb. 1916), Zug. 50/1974
Historiker
1. Rund 1300 Briefe von Maria Krehbiel-Darmstädter (1892–1943) aus Internierungs- und Konzentrationslagern in Frankreich an verschiedene Korrespondenten, Briefe an und über M. K.-Darmstädter; siehe auch: Krehbiel-Darmstädter, Maria: Briefe aus Gurs und Limonest 1940–1943. Hrsg. von Walter Schmitthenner, Heidelberg 1970.
2. 1940–1950.
3. 156 Positionen.
5. Keine.

Nachlaß Friedrich Walter (1870–1956), Zug. –/1956
Historiker, Leiter des Stadtarchivs 1907 bis 1935
1. Persönliches, Handakten, Manuskripte und Materialsammlung zur Geschichte der Pfalz und Mannheims, Mannheimer Familien, Kunst und Kulturleben.
2. 1820–1956.
3. 458 Positionen.
5. Keine.

Nationalliberaler Verein Mannheim, Zug. 11/1974
1. Der Bestand (Ablichtungen, im Original im Zentralen Staatsarchiv Potsdam) dokumentiert im wesentlichen die Gründungsphase des Vereins. Die starke Beteiligung von Juden läßt sich anhand des Mitgliederverzeichnisses von 1869 und der Spendenlisten von 1869 bis 1878 aufzeigen.
2. 1869–1878.
3. 23 Positionen.
4. Findbuch.
5. Sekretiert.

Reichsmusikkammer, Kreismusikerschaft Mannheim, Zug. –/1962
1. Verwaltungsangelegenheiten, Personalakten einiger jüdischer Musiker.
2. 1932–1945.
3. 135 Positionen.
4. Findbuch.
5. Keine, sofern nicht Persönlichkeitsrechte betroffen sind.

Rijksinstituut voor Oorlogsdocumentatie, Zug. 6/1967
(= Niederländisches Staatl. Institut für Kriegsdokumentation)
1. Der Bestand, der auf Umwegen über die United Restitution Organisation an das Institut und später an das Stadtarchiv gelangte, besteht aus dem Schriftwechsel niederländischer Spediteure mit deutschen Besatzungsbehörden und Akten des Mannheimer Wirtschaftsprüfers Dr. Bruno Rappmann, der von 1942 bis 1945 die Geschäftstätigkeit der Mannheimer »Verwertungsstelle für das volksfeindliche Vermögen« überwachte.
2. 1941–1947.
3. 5 Positionen.
4. Findbuch.
5. Keine.

Turn- und Sportverein 1846 (Depositum), Zug. 7/1982
1. Vereinsakten, Feldpostbriefe 1914–1918 (alphabetisch geordnet), Fotosammlung von bedeutenden Vereinsmitgliedern, Mitgliederlisten. Aufgrund der Bedeutung des Vereins und der hohen Mitgliederzahlen ist mit Judaica zu rechnen.
2. 1864–1973.
3. 90 Normalpakete.
4. Provisorisches Ablieferungsverzeichnis; nicht erschlossen.
5. Benutzung nach Rücksprache mit dem Vereinsvorstand.

Verlassenschaftsakten, Zug. 1911 und 1952
1. Testamente, Güterbeschreibungen, Inventare, Eheverträge. Die Verlassenschaftsakten sind, auch wenn sie unvollständig sind (ergänzen lassen sie sich durch die Abteilungen 213 und 276 im Generallandesarchiv Karlsruhe), eine unschätzbare Quelle für die Familienforschung. Sie geben Einblick in die wirtschaftlichen Verhältnisse jüdischer Privathaushalte und Wirtschaftsbetriebe.

2. ca. 1750–1880.
3. ca. 4000 Namen, davon ca. 120 jüdische Namen.
4. Zwei alphabetische Verzeichnisse; nicht erschlossen.
5. Keine.
Beispiel siehe Abb. 7.

4. Bibliothek

1. Die Präsenzbibliothek des Stadtarchivs im Rathaus E 5 ist zu den üblichen Öffnungszeiten benutzbar. Folgende Sachgruppen sind von Bedeutung: Abtl. J (= Judaica); Abtl. A 13 (= Religion, Kirchen in Mannheim); Abtl. B 5 (= Religion, Kirchen in Baden); Abtl. C 5 (= Religion, Kirchen in der [Kur-]Pfalz); Adreßbücher; Israelitisches Gemeindeblatt 1922–1938. Verwaltungsberichte ab 1892 (mit Lücken) bis heute.
2. 19. und 20. Jahrhundert.
3. Abtl. J: 206 Titel; AB: 163 Titel; B 5: 113 Titel; C 5: 29 Titel.
4. Alphabetischer Katalog und Standortkatalog.
5. Keine.
Beispiel siehe Abb. 9.

Abb. 1a/b: Quadrat 64, heutiges Quadrat E 4, aus dem Grundrißbuch 1774 mit dem Judenspital und der Judenschranne (1069). Sie befand sich dort schon 1684. Der schwarze Punkt gibt die Lage eines Brunnens an. – Amtsbücher Mannheim, Nr. 12

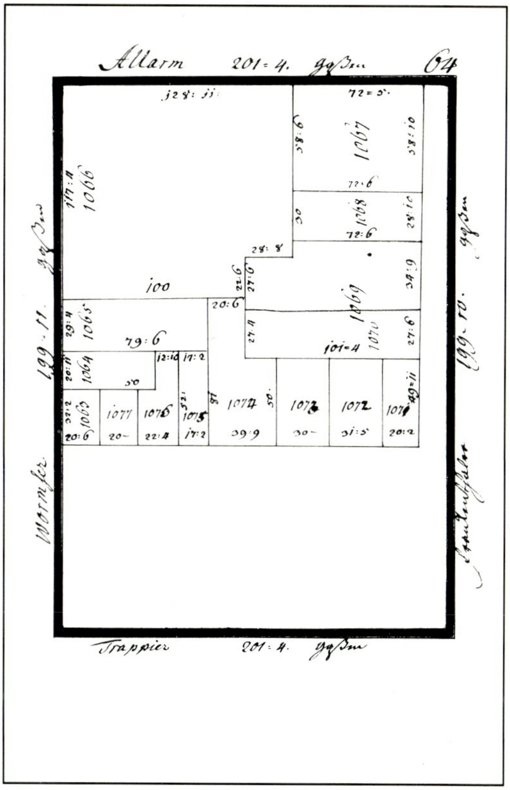

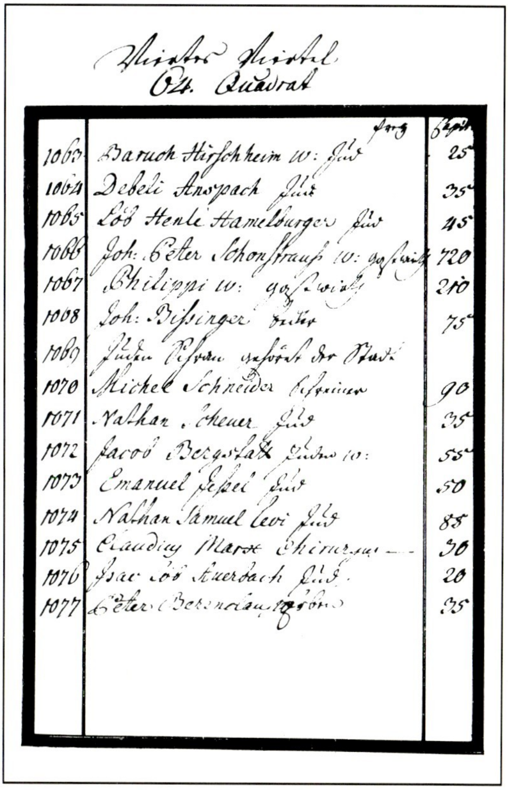

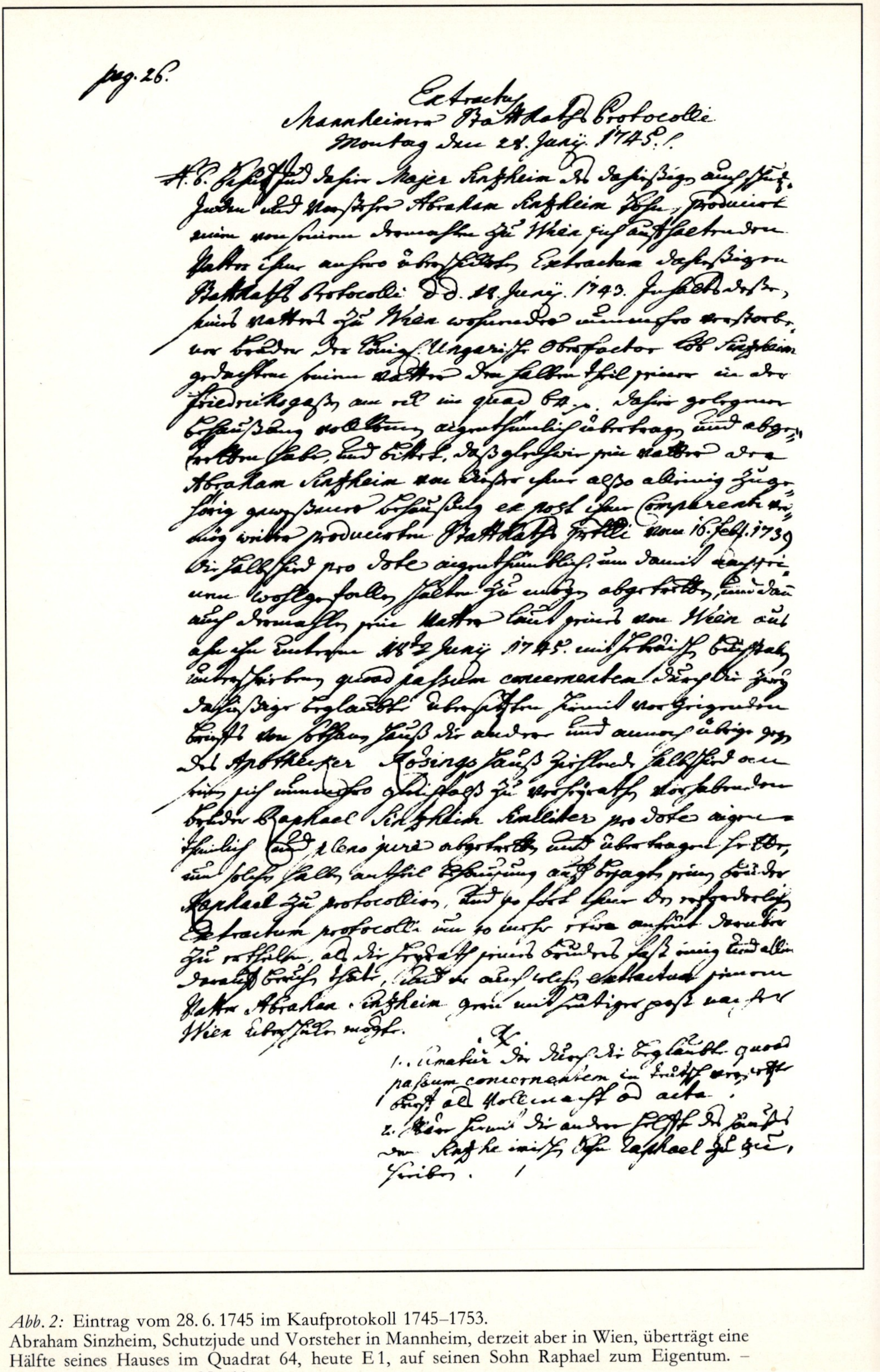
pag. 26.

Extractus
Mannheimer Statthalts Protocolli
Montag den 28. Junij 1745.

Abb. 2: Eintrag vom 28. 6. 1745 im Kaufprotokoll 1745–1753.
Abraham Sinzheim, Schutzjude und Vorsteher in Mannheim, derzeit aber in Wien, überträgt eine Hälfte seines Hauses im Quadrat 64, heute E 1, auf seinen Sohn Raphael zum Eigentum. – Amtsbücher Mannheim, Nr. 66

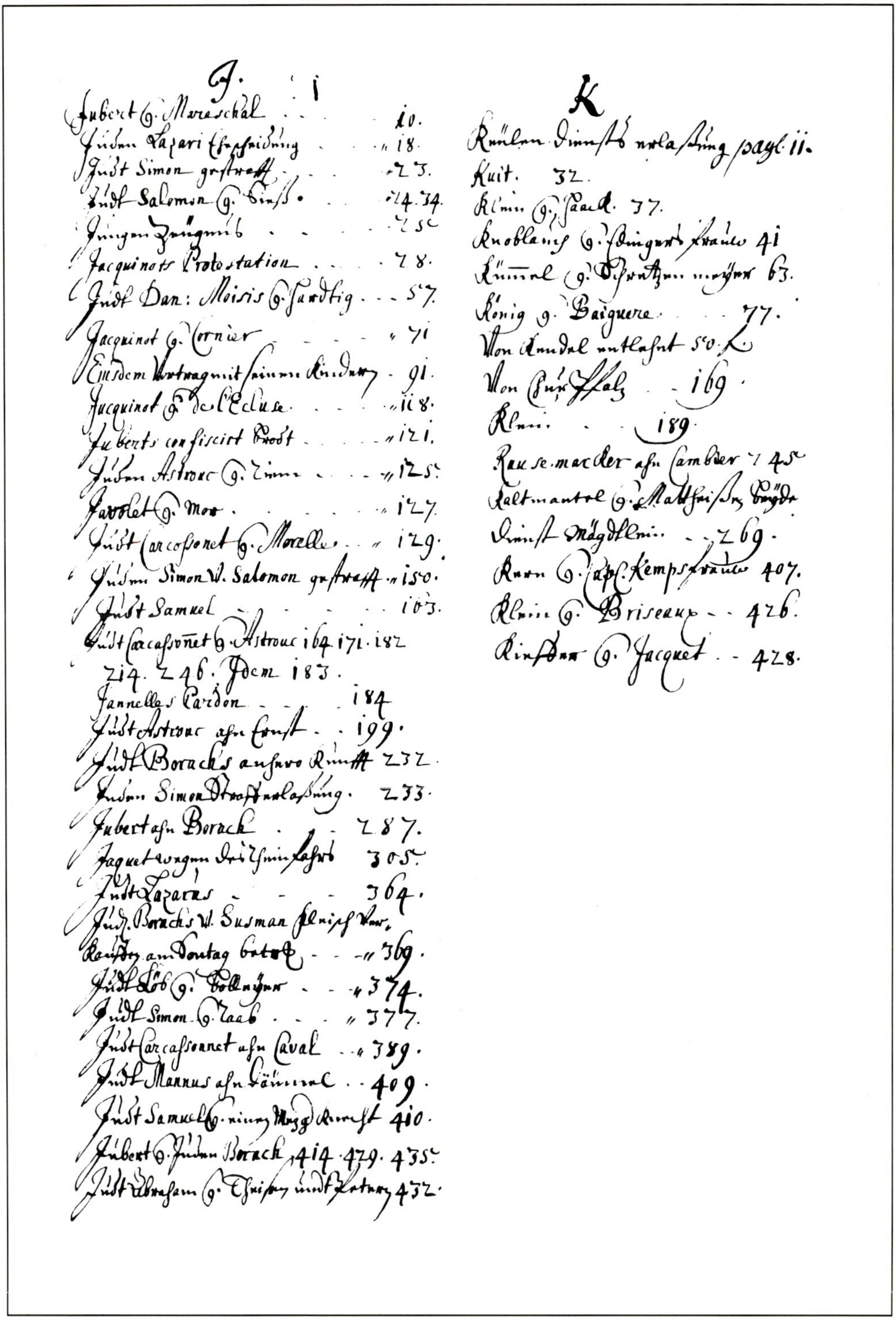

J.

Hubert g. Mareschal 10
Juden Lazari Kopfscheidung . . " 18
Judt Simon gestrafft . . . " 23
Judt Salomon g. Hinß . . . " 24. 34
Jungen Zeugnuß . . . " 25
Jacquinots Protestation . . " 28
Judt Dan: Moisis g. Jundtig . . " 57
Jacquinot g. Cornier . . . " 71
Eiusdem Vertrag mit seinen Kindern . " 91
Jacquinot g. de l'Ecluse . . . " 118
Huberts confiscirt Brod . . . " 121
Juden Astrouc g. Zim . . . " 125
Jacolet g. Moo . . . " 127
Judt Carcassonet g. Morelle . . . " 129
Judin Simon W. Salomon gestrafft " 150
Judt Samuel . . . 163
Judt Carcassonet g. Astrouc 164.171.182
214. 246. Idem 183
Jannelles Cardon . . . 184
Judt Astrouc afn Const . . 199
Judt Borach's anfuro Zinst 232
Juden Simon Straffnachlassung . 233
Hubert afn Borach . . 287
Jaquet wegen des Zinsfahrs 305
Judt Lazarus . . . 364
Judt Borach's W. Susman fleisch vor .
Reißen am Sontag betrf . . " 369
Judt Löb g. Bollinger . . " 374
Judt Simon g. Laab . . . " 377
Judt Carcassonnet afn Caval " 389
Judt Mannus afn Cümmel . 409
Judt Samuel g. einem Meyg Knecht 410
Hubert g. Juden Borach 414. 429. 435
Judt Abraham g. Chisen undt Zoteney 432

K

Rüßlan Dinst verlassung pag: 11
Kuit . 32
Klein g. Saal . 37
Knoblauch g. Bingerts Frauen 41
Kümmel g. Schwartzen mesner 63
König g. Baiguere . 77
Von Amudal entlaßen 50 K
Von Kurpfaltz . 169
Klein . 189
Rausemackler afn Cambler 245
Kaltmantel g. Matthisen Bruder
Dinst Magdtlein . . 269
Ruen g. Cap: Kempsfrauen 407
Klein g. Briseaux . . 426
Kinder g. Jacquet . 428

Abb. 3: Index des Ratsprotokollbandes von 1662/63. – Ratsprotokolle 1662/63

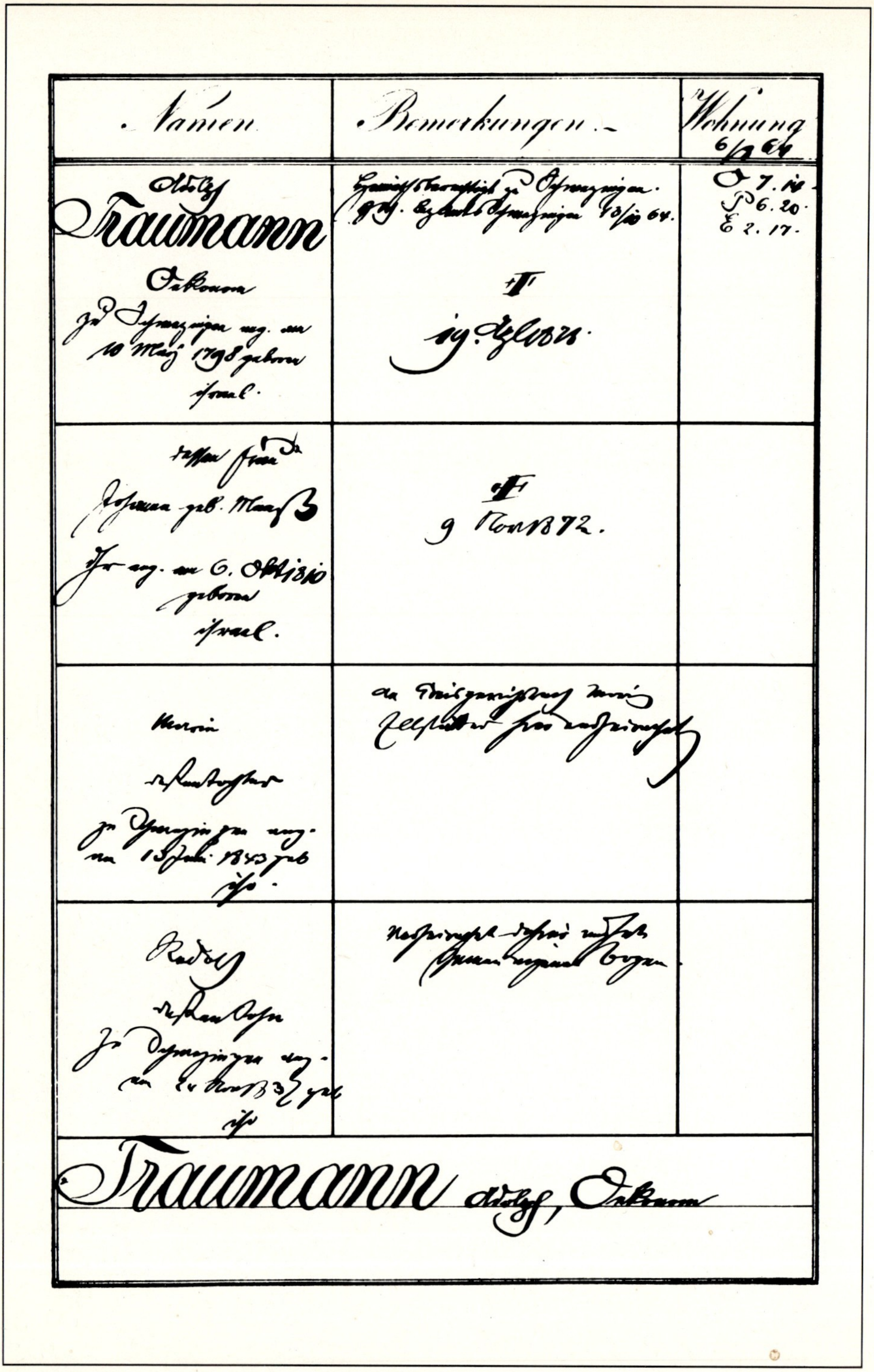

Abb. 4: Familienbogen von Adolph Traumann.
Sein Vater Lazarus Raphael war im Jahre 1802 der erste Vollbürger in Schwetzingen, der Schwiegersohn Moritz Ellstädter der erste jüdische Minister in Deutschland. – Polizeipräsidium, Zug. –/1962

Mitbürger!

Über 12000 Juden sind im Weltkrieg für unser deutsches Vaterland gefallen.

Mit einer Gefühlsroheit, die echt deutschem Empfinden geradezu Hohn spricht, wagen es jetzt die Deutschvölkischen und deren Anhang, durch

gemeine und gehässige Wahlflugblätter
und Wahlplakate

Kriegswitwen und Kriegswaisen, welche ihr Teuerstes, Gatten, Väter, Söhne, verloren haben, in ihren heiligsten Gefühlen aufs schwerste zu verletzen und

die Gefallenen zu verunglimpfen.

Wir sind überzeugt, daß der vornehme Geist, von dem die Mehrheit unserer christlichen Mitbürger beseelt ist, solch niedriges Gebaren mit stärkster Entrüstung weit von sich weist.

Wir jüdischen Frontsoldaten aber, die wir im Kampfe für die deutsche Heimat mutig dem Tod ins Auge geschaut, stehen allen rohen Haßausbrüchen zum Trotz in nie wankender Treue zum deutschen Vaterland und seinem Schicksal.

Reichsbund jüdischer Frontsoldaten
Ortsgruppe Mannheim

Plak 258

Abb. 5: Plakat des Reichsbunds jüdischer Frontsoldaten 1924. – Plakatsammlung, Nr. 258

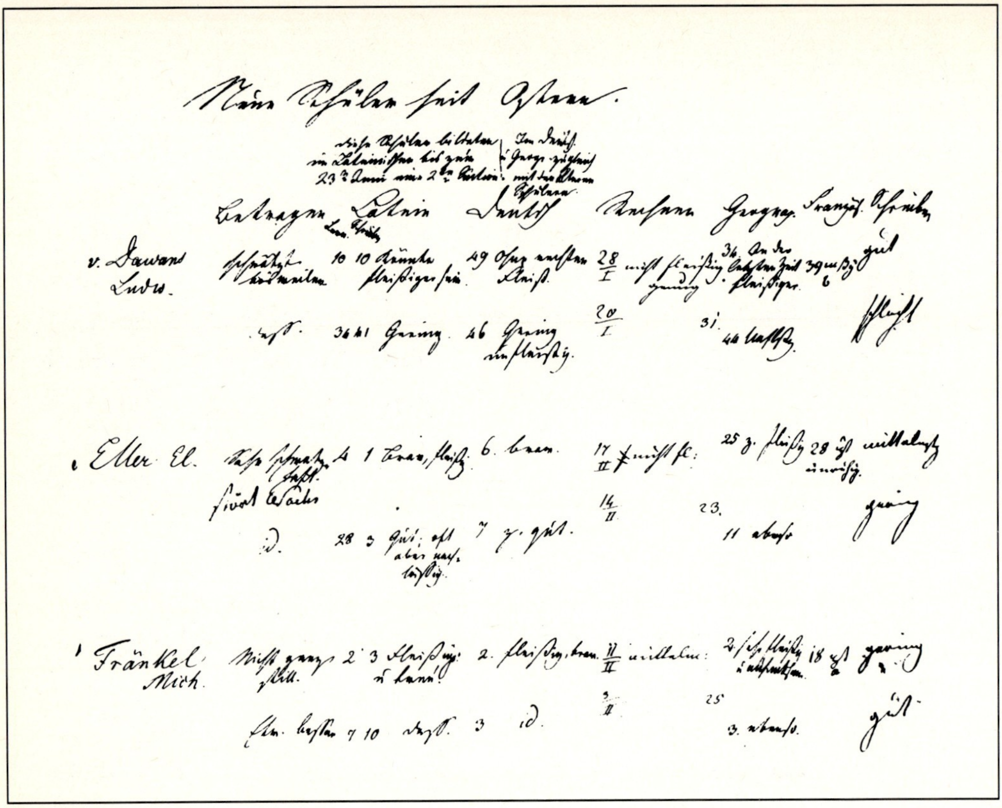

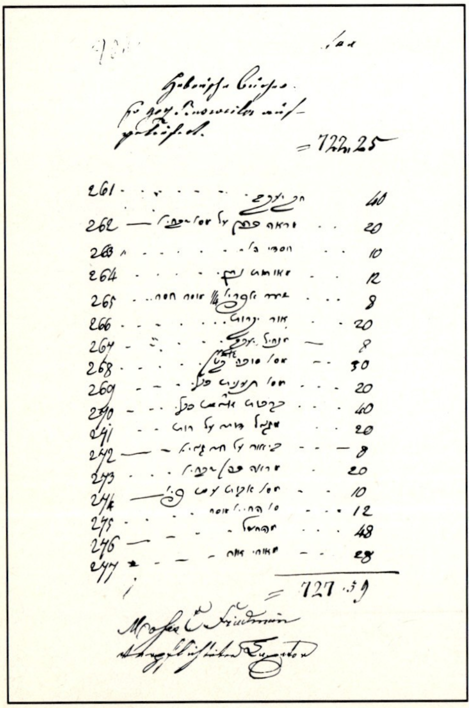

Abb. 6: Ausschnitt aus einer Notenliste des Karl-Friedrich-Gymnasiums mit der Beurteilung von Elias Eller aus dem Schuljahr 1822/23. – Karl-Friedrich-Gymnasium, vorl. Nr. 142

Abb. 7: Auszug aus den Verlassenschaftsakten des Handelsmannes Samuel Carlebach aus Mannheim, verstorben am 27. 7. 1835. Außer den 277 hebräischen Büchern ist noch eine umfangreiche Sammlung deutscher und französischer Literatur aufgeführt. Geschätzt wurden die Bücher von dem Klausrabbiner Moses Friedmann. – Verlassenschaftsakten, Zug. –/1911

Abb. 8: Gründungsanzeige der »Rheinischen Hartgummiwaaren-Fabrik« mit Faksimile-Unterschriften von Victor Lenel und Friedrich Bensinger 1874. – Nachlaß Richard Lenel, Zug. 18/1968, Nr. 6

Israelitisches Gemeindeblatt

Offizielles Organ der Israelitischen Gemeinde Mannheim

| Abonnementspreis: für Nichtmitglieder Mk. 60.— pro Jahr | Das Israelitische Gemeindeblatt erscheint bis auf weiteres am 17. jeden Monats (Geschäftsstelle P 7 4 - Vereinigte Druck- und Verlags-Anstalten G. m. b. H.) | Anzeigen: Die einspaltige 33 mm breite Millimeterzeile 3. Zt. Mk. 6. Bei Wiederholungen Rabatt nach Tarif |

| Nr. 1 | 17. September 1922 | 1. Jahrgang |

Alle für die Schriftleitung bestimmten Zuschriften sind an Herrn Dr. J. Zlocisti, Mannheim, H 7. 28 (Telefon 6681) zu richten.

Gemeindeaufgaben und Gemeindeverwaltung.

Zur Einführung des Gemeindeblatts.

Wenn man die Vorschläge und Rechnungen der israelitischen Gemeinde in Mannheim aus den letzten Jahren durchblättert, entrollt sich ein Bild von der Not unserer Zeit, die sich am empfindlichsten in der Geldentwertung ausdrückt. Im Rechnungsjahr 1914 hatten wir ein Gemeindebudget von rund 180 000 Mark, im Jahre 1921 von 700 000 Mark. Aber der Voranschlag für das letztgenannte Jahr wurde überrannt und übersteigert von der unaufhaltsamen Markentwertung und Teuerung. Im laufenden Jahre haben wir ein Millionenbudget. An Gehältern und Pensionen wurden beispielsweise im Jahre 1914 insgesamt etwa 45 000 Mark bezahlt, im gegenwärtigen Augenblicke beträgt der Gehaltsaufwand 1 200 000 Mark und schon ist unsere Gehaltskommission in neue Beratungen eingetreten, um durch Erhöhung der Gehälter und Pensionen diese einigermaßen der rapid sich vollziehenden Verteuerung der Lebensbedürfnisse anzugleichen. So hat schon rein ziffernmäßig der Aufgabenkreis der Gemeinde eine Ausdehnung erfahren, die unseren Altvordern direkt schwindelhaft erscheinen müßte. In dieser Zeitepoche, die an die Verwaltung der Gemeinde die höchsten Anforderungen an Arbeit, Umsicht und Ueberlegung stellt, gewährt es eine hohe Befriedigung, feststellen zu dürfen, daß unsere Gemeindemitglieder, die neben den Gemeindesteuern noch die naturgemäß in gleichem Verhältnis angestiegenen allgemeinen Landeskirchensteuern zu tragen haben, willig und opferfreudig die schwere Belastung auf sich genommen haben und durch ihr einsichtsvolles Verständnis der Verwaltung die schwere Verantwortung erleichtern. Diese Verantwortlichkeit des Gemeindevorstandes erschöpft sich nicht in der finanziellen Verwaltung der Gemeinde, sondern auch inmitten schwerer wirtschaftlicher Bedrängnis ist sich der Synagogenrat seiner Aufgabe bewußt, das jüdische Leben in unserer Gemeinde wachzuhalten, zu fördern und zu vertiefen. Immer mehr hat sich, besonders in den letzten beiden Jahrzehnten, unsere Gemeinde aus dem enggezogenen Rahmen einer behördlichen Verwaltungsorganisation befreit und mit Ernst und Hingebung versucht, eine Zentrale für alle jüdischen Strebungen und Interessen zu werden. Daneben wurde unablässig das Ziel verfolgt, die Einheit der Gemeinde und den Frieden unter allen Richtungen, die in ihr vertreten sind, zu erhalten und zu festigen. Unter diese großen Gesichtspunkte stellt die Gemeindeverwaltung ihre Arbeit, darin unterstützt von einer arbeitsfreudigen und weitsichtigen Gemeindevertretung. Die Abwicklung der sich dauernd vermehrenden und komplizierenden Verwaltungsangelegenheiten, aber auch die Erfüllung idealer Interessen wird am besten gewährleistet, wenn der Verwaltungsapparat glatt und reibungslos funktioniert. Die Zunahme der Zahl der Gemeindemitglieder, die Steigerung der finanziellen Lasten, die Vermehrung der Gemeindebeamten und -bediensteten usw. bedingten die Notwendigkeit einer Sicherung des verwaltungstechnischen Dienstes, in dem zwar die gebotene Sparsamkeit an Personen und sachlichem Aufwand herrscht, der aber unter Leitung eines Verwaltungsdirektors den Anforderungen eines neuzeitlichen Verwaltungsbetriebes voll entspricht. Unsere Gemeindekanzlei soll nicht nur eine Dienststelle für alle Verwaltungsangelegenheiten sein, sondern sie dient den Gemeindemitgliedern in allen Angelegenheiten auch geistiger, sozialer Art usw. Aeußerlich kommt dies schon dadurch zum Ausdruck, daß in unseren Verwaltungsräumen die Verwaltung der so segensreich wirkenden Krankenvereine, die Ortsgruppe des jüdischen Wohlfahrtsbundes in Baden und vor allem die von den Gemeindemitgliedern noch viel zu wenig benützte Gemeindebibliothek untergebracht ist.

Im Mittelpunkt des Aufgabenkreises der Gemeinde steht die Sorge für die religiösen Bedürfnisse der Gemeindemitglieder. Träger der religiösen Fürsorge sind vor allem die Rabbiner. Die Gemeindeverwaltung hat sich bemüht, die Rabbinatsfrage in einer allen religiösen Interessen entgegenkommenden Weise zu lösen. Die frühere Einrichtung, wonach dem Stadtrabbiner allein alle Rechte und Pflichten

Wir bitten alle Mitglieder bei Bedarf unsere Inserenten zu bevorzugen.

Abb. 9: Titelblatt der ersten Ausgabe des Israelitischen Gemeindeblattes vom 17. September 1922. Die letzte Ausgabe trägt das Datum vom 3. November 1938. – Bibliothek, Signatur J/1

Abkürzungen

A	Archivalien	JD	Judendokumentation
a. d.	an der	Jh.	Jahrhundert
a. d. L.	an der Lahn	Kl. Erw.	Kleine Erwerbungen
a. M.	am Main	kr.	Kreuzer
a. Rh.	am Rhein	*L*	Literatur
Aufl.	Auflage	M	Mark
B	Bruder	*M*	Mutter
b.	bei	MdR	Mitglied des Reichstags
BADB	Badische Biographien	MH	Mannheimer Hefte
Bd.	Band	*N*	Neffe
Bde.	Bände	ND	Neudruck
bearb.	bearbeitet	NDB	Neue Deutsche Biographie
BHDE	Biographisches Handbuch der deutschsprachigen Emigration nach 1933	NF	Neue Folge
		NMZ	Neue Mannheimer Zeitung
		Prof.	Professor
d.	der, des	REG.BL.	Großherzoglich Badisches Regierungsblatt
Diss.	Dissertation		
E	Enkel(in)	RM	Reichsmark
ebd.	ebenda	Rthlr.	Reichsthaler
f.	eine folgende Seite	*S*	Sohn, Söhne
ff.	zwei folgende Seiten, folgende Jahre	s.	siehe
fl.	Gulden	*Schw*	Schwester
geb.	geboren, geborene	STA	Stadtarchiv
gef.	gefallen	*T*	Tochter, Töchter
gest.	gestorben	u.	und
GLA	Generallandesarchiv Karlsruhe	UA	Universitätsarchiv
H.	Heft	u. a.	unter anderem
Habil.	Habilitationsschrift	*V*	Vater
Hg.	Herausgeber(in)	v. d. H.	vor der Höhe
hg.	herausgegeben	VR	Vereinsregister beim Amtsgericht Mannheim
i. Br.	im Breisgau		
IGB	Israelitisches Gemeindeblatt Mannheim		
IWK	Internationale wissenschaftliche Korrespondenz zur Geschichte der deutschen Arbeiterbewegung		

Ungedruckte Quellen

Archive und Behörden

GENERALLANDESARCHIV KARLSRUHE

69/Nachlaß Adolf Geck/352
213/1166–67
230/18404, 20333
231/1424
233/18457, 18666
234/2344, 2683, 3078
235/1935, 18214, 18635, 30891
236/953, 22760–761
267/II, Mannheim 3543
276/256, 640, 896 a, IV/7693
313/1282

STADTARCHIV MANNHEIM

Stadtratsprotokolle
Bürgerausschußprotokolle
Einwohnermeldekartei
Geburts-, Sterbe- und Taufregister der
  israelitischen Gemeinde
Bestand Judendokumentation, Nr. 38,
  61–63
Bestand Kleine Erwerbungen, Nr. 275, 679,
  721–723
Nachlaß Hans Hachenburg, Zug. 41/1975

Nachlaß Max Hachenburg, Zug. 50/1973,
  41/1974, 33/1980
Nachlaß Hermann Heimerich, Zug. –/1963
Nachlaß Heinz Walter Lenel, Zug. 16/1983
Nachlaß Richard Lenel, Zug. 18/1968,
  48/1969, 35/1971
Nachlaß Ottokar Löwit, Zug. 47/1969
Nachlaß Gustav Mayer-Dinkel, Zug. 3/1971
Nachlaß Leopold Mayer-Dinkel, Zug. 4/1971
Nachlaß Florian Waldeck, Zug. –/1960
Industrie- u. Handelskammer Mannheim
  (Depositum)
S 1: Personengeschichtliche Sammlung
S 2: Ortsgeschichtliche Sammlung
Hauptregistratur, Zug. 1955–1964, Nr. 233
Personalamt, Zug. 20/1969
Personalamt, Zug. 13/1972
Stadtwerke/Verkehrsbetriebe, Zug. 38/1972
Nationalliberaler Verein Mannheim
  (Ablichtungen), Zug. 11/1974
Bildsammlung
Amtsakten D 9–3 und D 9–5

AMTSGERICHT MANNHEIM

Vereinsregister

Auskünfte

RUDY APPEL, Woodbury (N.Y., USA)
ELIESER BE'ERI, Kibbuz Hasorea (Israel)
MAX GRÜNEWALD, Millburn (New Jersey, USA)
OTTO E. HIRSCHLER, Buenos Aires
HADY MANNHEIMER (geb. Löwit), New York
GERDA OPPENHEIMER (geb. Cahen), Hallandale
  (Florida, USA)

AUGUSTE RESTIAUX-JESELSOHN, Paris
GERTRUDE SINZHEIMER, Waukesha (Wis., USA)
NAFTALI STAHL, Kibbuz Giwath-Brenner
  (Israel)
SUSE UNNA, Jerusalem
UNIVERSITÄTSARCHIV HEIDELBERG
UNIVERSITÄTSARCHIV MÜNCHEN

Gedruckte Quellen und Literatur

ADLER, HANS G.: Theresienstadt 1941–1945. Das Antlitz einer Zwangsgemeinschaft. Geschichte, Soziologie, Psychologie. 2. verb. u. erg. Aufl. (Civitas Genijum). Tübingen 1960
ADLER, HUGO: Die Entwicklung des synagogalen Gesangs in Mannheim. Tl. 1. In: IGB 28. 1. 1924, S. 5 f.
ADLER-RUDEL, S.: Ostjuden in Deutschland 1880–1940. Zugleich eine Geschichte der Organisationen, die sie betreuten. (Schriftenreihe wissenschfatlicher Abhandlungen des Leo-Baeck-Instituts 1). Tübingen 1959.
–: Jüdische Selbsthilfe unter dem Naziregime 1933–1939 im Spiegel der Berichte der Reichsvertretung der Juden in Deutschland. M. e. Vorw. von Robert Weltsch. (Schriftenreihe wissenschaftlicher Abhandlungen des Leo Baeck Instituts 29). Tübingen 1974
AMMON, ROBERT: Ernst Josef Lesser und sein Beitrag zur Entdeckung des Insulins. In: MH, 1968, H. 1, S. 29–37
AMTLICHE KREISBESCHREIBUNG der Stadt- und Landkreise Heidelberg und Mannheim. Hrsg. von der Staatlichen Archivverwaltung Baden-Württemberg in Verbindung mit den Städten und den Landkreisen Heidelberg und Mannheim. Bd. 3: Die Stadt Mannheim und die Gemeinden des Landkreises Mannheim (Die Stadt- und Landkreise in Baden-Württemberg). Karlsruhe 1970.
AMTSBLATT für den Stadt- und Landkreis Mannheim. Mannheim Jg. 1 (1946) – Jg. 28 (1972)
BADISCHE BIOGRAPHIEN. Im Auftrag der Badischen Historischen Kommission hg. von Friedrich von Weech, A. Krieger, K. Obser. Heidelberg 1875 ff.
BADISCHE BIOGRAPHIE. NEUE FOLGE. Im Auftrag der Kommission für geschichtliche Landeskunde in Baden-Württemberg hg. von Bernd Ottnad. Stuttgart/Berlin/Köln/Mainz 1982 ff.
BENSHEIMER, ALICE: Die Frau im Dienste der Gemeinde. In: Die Frau, 1908, H. 4, S. 195 f.
BERGDOLT, WILHELM: Mannheimer Verleger. In: Badische Heimat 14, 1927, S. 174–180
BIBLIOGRAPHIE ZUR GESCHICHTE DER FRANKFURTER JUDEN 1871–1945. Hg.: Kommission zur Erforschung der Geschichte der Frankfurter Juden. Bearb. von Hans O. Schembs. Frankfurt a. M. 1978
BILLIGHEIMER, SAMUEL: Karl Billigheimer. In: MH, 1972, H. 1, S. 38 ff.
BIOGRAPHISCHES HANDBUCH DER DEUTSCHSPRACHIGEN EMIGRATION nach 1933 = International biographical dictionary of central European emigrés 1933–1945. Hrsg. vom Institut für Zeitgeschichte München und von der Research Foundation for Jewish Immigration. Bd. 1 Politik, Wirtschaft, Öffentliches Leben. München, New York, London, Paris 1980
BLAUSTEIN, ARTHUR (Hg.): Das befreite Mannheim. Rechenschaftsbericht und Zukunftsprogramm. Mannheim 1924
– (Hg.): Die Handelskammer Mannheim und ihre Vorläufer 1728–1928. Mannheim o. J. [1928]
BLUMENBERG, WERNER: Kämpfer für die Freiheit. Berlin, Hannover 1959
BOHLMAN, PHILIPP: The Musical Culture of Central European Jews to Israel. Ann Arbor/Michigan 1984
BÖTTGER, RICHARD: Wohlfahrtspflege in Mannheim. In: Neue Badische Landeszeitung 19. 10. 1930
–: Mannheimer Frauen. In: MH, 1954, H. 3, S. 6–11
BOLLMUS, REINHARD: Handelshochschule und Nationalsozialismus. Das Ende der Handelshochschule Mannheim und die Vorgeschichte der Errichtung einer Staats- und Wirtschaftswissenschaftlichen Fakultät an der Universität Heidelberg 1933/34. (Mannheimer Sozialwissenschaftliche Studien 8). Meisenheim a. Gl. 1973
BRAHMS, JOHANNES: Briefwechsel mit dem Mannheimer Bankprokuristen Wilhelm Lindeck 1872–1882. Hg. vom Stadtarchiv Mannheim, bearb. von Michael Martin (Sonderveröffentlichungen des Stadtarchivs Mannheim 6). Heidelberg 1983
BRUCHSALER, SIEGFRIED: Die Bevölkerungsverhältnisse der Juden in Mannheim. In: IGB 8. 11. 1934, S. 5–9
CHRONIK DER ÄRZTE MANNHEIMS. 350 Jahre Medizin in der Stadt der Quadrate. O. Herbert Gawliczek, Walter E. Senk, Hansotto Hatzig. Hg. von der Bezirksärztekammer Nordbaden. Mannheim 1978
CHRONIK ZUM 100JÄHRIGEN JUBILÄUM DER RESSOURCEGESELLSCHAFT Mannheim 1829–1929. Mannheim 1929.
DIE DER STADT ÜBERGEBENEN GRÖSSEREN STIFTUNGEN. Alphabetisches Verzeichnis mit kurzen Erläuterungen. [Mannheim 1913]

DRÖS, HUGO: Festschrift zur Feier des 50jährigen Bestehens der Spinoza-Loge Nr. 5 von Baden e. V. in Mannheim. Mannheim 1927
EPPSTEIN, HEDWIG: Zur jüdischen Wirtschafts- und Berufssituation. In: IGB 19. 5. 1931, S. 9–11
FEDER, HEINRICH VON: Geschichte der Stadt Mannheim. Bd. 1. Mannheim 1877
FELSENTHAL, SIMON: Zur Geschichte des israelitischen Kranken- und Pfründnerhauses E 5, 9 in Mannheim. (Schluß) in: IGB 11. 12. 1925, S. 5 f.
–: Zur Entstehungsgeschichte des israelitischen Hospitalfonds. (Ein Beitrag zur Geschichte des israelitischen Krankenhauses). In: IGB 20. 4. 1926, S. 3 f.
–: Jüdische Ärzte in Alt-Mannheim. In: Mannheimer Geschichtsblätter 30, 1929. Sp. 38–41
–: Ein jüdischer Arzt der Carl-Theodor-Zeit als medizinischer Schriftsteller. In: IGB 21. 2. 1933, S. 3 f.
FLIEDNER, HANS-JOACHIM: Eugen Neter. In: MH, 1966, H. 3, S. 34 f.
–: Die Judenverfolgung in Mannheim 1933–1945. Bd. 1: Darstellung. Bd. 2: Dokumente (Veröffentlichungen des Stadtarchivs Mannheim 1 und 2). Stuttgart/Berlin/Köln/Mainz 1971
–: Johanna Gödelmann. In: MH, 1978, H. 1, S. 31 ff.
FREEDEN, HERBERT: Jüdisches Theater in Nazideutschland. (Schriftenreihe wissenschaftlicher Abhandlungen des Leo Baeck Instituts 12). Tübingen 1964
FRIEDMANN, BERNHARD: Rede, gehalten an der Bahre des seligen Herrn Joseph Hohenemser. Mannheim 1875.
FRIEDRICH-FRÖBEL-SCHULE in Zusammenarbeit mit dem Schulverwaltungsamt (Hg.): Mannheimer Fröbelseminar/Friedrich-Fröbel-Schule 80 Jahre. Mannheim 1980
GÄRTNER, HANS: Probleme der jüdischen Schule während der Hitlerjahre. In: Robert Weltsch (Hg.): Deutsches Judentum. Aufstieg und Krise. Gestalten, Ideen, Werke. 14 Monographien. (Veröffentlichung des Leo Baeck Instituts). Stuttgart 1963
GEISSMAR, BERTA: Musik im Schatten der Politik. Erinnerungen. Zürich 1945
GÖLLER, LEOPOLD: Lemle Moses. In: Kurpfälzer Jahrbuch. Heidelberg, 1927, S. 103–110
GÖPPINGER, HORST: Die Verfolgung der Juristen jüdischer Abstammung durch den Nationalsozialismus. Unter Mitarb. von Johann Georg Reißmüller. M. e. Geleitw. von Wolfgang Haussmann. Villingen 1963.
GOLDBERG, JAKOB: Die wirtschaftlichen Leistungen der Jüdischen Gemeinde Mannheim. Diss. Heidelberg 1920
GROSSHERZOGLICH BADISCHES REGIERUNGSBLATT. Karlsruhe Jg. 1 (1803) ff.
GRÜNEBAUM, S[ALLY]: Ludwig Frank. Ein Beitrag zur Entwicklung der deutschen Sozialdemokratie. Heidelberg 1924
HAAS, RUDOLF: Die Entwicklung des Bankwesens im deutschen Oberrheingebiet. Zur 100. Wiederkehr des Gründungstags der Rheinischen Creditbank Mannheim am 15. Juni 1970. (Veröffentlichung der Gesellschaft der Freunde Mannheims und der ehemaligen Kurpfalz, Mannheimer Altertumsverein von 1859). Mannheim 1970
HACHENBURG, MAX: Lebenserinnerungen eines Rechtsanwalts und Briefe aus der Emigration. Hg. und bearb. von Jörg Schadt (Veröffentlichungen des Stadtarchivs Mannheim 5). Stuttgart, Berlin, Köln, Mainz 1978
HAEBLER, ROLF GUSTAV: In memoriam Ludwig Frank. Ein Beitrag zur Geschichte der badischen und der deutschen Sozialdemokratie und des internationalen demokratischen Sozialismus. Mannheim 1954
HAGEMANN, CARL: Bühne und Welt. Erlebnisse und Betrachtungen eines Theaterleiters. Wiesbaden 1948
HAMBURGER, ERNEST: Juden im öffentlichen Leben Deutschlands. Regierungsmitglieder, Beamte und Parlamentarier in der monarchischen Zeit 1848–1918. (Schriftenreihe wissenschaftlicher Abhandlungen des Leo Baeck Instituts 19). Tübingen 1968
HECHT, HERMANN: Die Entstehung des Rhenania-Konzern. Die ersten dreißig Jahre. Heidelberg 1983
HEIMERICH, HERMANN: Florian Waldeck 70 Jahre. In: MH, 1956, H. 1, S. 26 f.
HERMANN, WILHELM: Musizieren um des Musizierens willen. 125 Jahre Mannheimer Liebhaberorchester. Mannheim 1954
HEUSS, THEODOR: Erinnerungen 1905–1933. Tübingen 1963
HOLDE, ARTUR: Jews in Music from the Age of Enlightenment to the Present. New York 1959
HUNDSNURSCHER, FRANZ / TADDEY, GERHARD: Die Jüdischen Gemeinden in Baden. Denkmale – Geschichte – Schicksale. Hg. von der Archivdirektion Stuttgart (Veröffentlichungen der staatlichen Archivverwaltung Baden-Württemberg 19). Stuttgart/Berlin/Köln/Mainz 1968
HUTH, HANS: Die Kunstdenkmäler des Stadtkreises Mannheim. Bearb. von Hans Huth. Mit Zeichnungen von Doris Hermann-Böser u. Beitr. von E. Reinhard, E. Gropengießer, M. Schaab u. B. Kommer. Bd. 1. 2. (Die Kunstdenkmäler in Baden-Württemberg). München 1982

IREK, JOACHIM: Mannheim in den Jahren 1945 bis 1949. Geschichte einer Stadt zwischen Diktatur und Republik. Bd. 1: Darstellung. Bd. 2: Dokumente (Veröffentlichungen des Stadtarchivs Mannheim 9 und 10). Stuttgart/Berlin/Köln/Mainz 1983
JACOB, GUSTAF: Mannheimer Warenhäuser. In: MH, 1953, H. 3, S. 18–23
–: Zur Stiftung von Frau Olga Hirsch. In: MH. 1963, H. 3, S. 44 f.
–: Pauline Maier. In: MH, 1964, H. 3, S. 30 f.
–: W. H. Ladenburg & Söhne. Aus der Geschichte eines Mannheimer Privatbankhauses. In: MH, 1971, H. 2, S. 20–38
KALL, MAX VON DER: Richard Lenel 1869–1950. (Schriften der Gesellschaft der Freunde Mannheims und der ehemaligen Kurpfalz, Mannheimer Altertumsverein von 1859 11). Mannheim 1972
KARL LADENBURG: Sein Leben und Wirken, von seinen Enkeln und Kindern dargestellt. 0. 0. 1907 (Privatdruck). StA Mannheim Bibliothek E 86/1
KELLER, VOLKER: Die ehemalige Hauptsynagoge in Mannheim. In: MH, 1982, H. 1, S. 2–14
–: Die Klaus-Synagoge in Mannheim. Zur Geschichte der Lemle Moses Klaus-Stiftung. In: MH, 1984, H. 1, S. 32–53
KIRCHGÄSSNER, BERNHARD: Felix Hecht und die Rheinische Hypothekenbank in Mannheim in der Aufbauphase des deutschen Realkreditsystems. In: Bankherren und Bankiers (Deutsche Führungsgeschichte in der Neuzeit 10). Limburg a. d. L. 1978. S. 45–79
KNACKE, ERNST / MUTHESIUS, PETER: Aus der 100jährigen Geschichte der Rheinischen Hypothekenbank. In: 100 Jahre Rheinische Hypothekenbank. Frankfurt a. M. 1971, S. 23–100
KÖHLER, WALTER: Mannheimer Rechtsanwälte nach 1870. In: MH, 1967, H. 2, S. 29–38
–: Worte des Gedenkens für Florian Waldeck. In: MH, 1961, H. 1, S. 4
KREHBIEL-DARMSTÄDTER, MARIA: Briefe aus Gurs und Limonest 1940–1943. Hg. von Walter Schmitthenner. Heidelberg 1970
KRIEGSBRIEFE GEFALLENER DEUTSCHER JUDEN. M. e. Geleitw. von Franz-Josef Strauß. Neuaufl. Stuttgart 1961
KRUEDENER, JÜRGEN FRHR. VON: Die Bevölkerung Mannheims im Jahre 1719. In: ZGO 116, 1968, S. 291–347
KÜHN, HANS: Politischer, wirtschaftlicher und sozialer Wandel in Worms 1789–1866. Unter besonderer Berücksichtigung der Veränderungen in der Bestellung, den Funktionen und der Zusammensetzung der Gemeindevertretung. (Der Wormsgau. Beih. 26). Worms 1975
LABSCH-BENZ, ELFIE: Die jüdische Gemeinde Nonnenweier. Jüdisches Leben und Brauchtum in einer badischen Landgemeinde zu Beginn des 20. Jahrhunderts. Freiburg i. Br. 1981
LADENBURG, LEOPOLD: Die rechtlichen Verhältnisse der Israeliten in Baden. Eine Abhandlung aus dem Gebiete des badischen öffentlichen Rechts. Mannheim 1832
–: Die Gleichstellung der Israeliten Badens mit ihren christlichen Mitbürgern, mit besonderer Berücksichtigung der Verhandlungen der 2. Kammer der Landstände und des dort gefaßten Beschlusses vertheidigt. Mannheim 1833
LEWIN, ADOLF: Geschichte der badischen Juden seit der Regierung Karl Friedrichs 1738–1909. Karlsruhe 1909
LOEWE, IDA A.: Walter S. Loewe (1884–1963) In: MH, 1972, H. 2, S. 44–51
LÖWENSTEIN, LEOPOLD: Geschichte der Juden in der Kurpfalz. (Beiträge zur Geschichte der Juden in Deutschland 1) Frankfurt a. M. 1895
LOWENTHAL, ERNST G.: Nochmals: Max Sinzheimer. In: MH, 1979, H. 2, S. 91
MANNHEIM IN PLAKATEN 1900–1933, Hg. vom Stadtarchiv Mannheim (Sonderveröffentlichungen des Stadtarchivs Mannheim 3). Mannheim 1979
MARTINI, HANS: Vom Viktor-Lenel-Stift zum Viktor-Lenel-Heim. In: MH, 1969, H. 3, S. 8–13
MARX, HUGO: Das Schicksal der im Jahre 1933 in Mannheim amtierenden jüdischen Richter. Ein Beitrag zur Soziologie der Mannheimer Justiz. In: MH, 1961, H. 3, S. 19–25
MEYER, HERBERT: Das Nationaltheater Mannheim 1929–1979. (Forschungen zur Geschichte Mannheims und der Pfalz. N. F. 7). Mannheim 1979
–: Max Sinzheimer. Ein Beitrag zur Mannheimer Musikgeschichte. In: MH, 1979, H. 1, S. 14 f.
MEYER, PAUL S.: Erinnerungen an die jüdische Ärzteschaft in Mannheim. In: MH, 1962, H. 1, S. 35–38
MOSES, JULIUS: Zum 75jährigen Jubiläum der Hauptsynagoge in Mannheim. In: IGB 25. 6. 1930, S. 5 f.
MÜLLER VON ASOW, ERICH HERMANN: Ernst Toch in Mannheim. Zum 75. Geburtstage. In: MH, 1962, H. 3, S. 19–22
MUNDHENKE, KARLHEINZ: Versuch einer sozialpsychologischen Analyse des oberbadischen Aufstands im September 1923. Diss. Heidelberg 1930
NAUMANN, FRIEDRICH: Frau Kultur. In: Die Hilfe, 1913, H. 4, S. 56 ff.

NEUE DEUTSCHE BIOGRAPHIE. Hg. von der Historischen Kommission bei der Bayerischen Akademie der Wissenschaften. Berlin 1953 ff.
OPPENHEIM, AUGUST (Hg.): Stammbaum. Mannheim 1908
PROBST, HANSJÖRG: Die soziale Herkunft der Schüler des Karl-Friedrich-Gymnasiums in Mannheim von 1807–1970. In: Karl Albert Müller (Hg.): Dreihundert Jahre Karl-Friedrich-Gymnasium. Vergangenheit und Gegenwart einer Mannheimer Schule. Mannheim 1972. S. 149–165
PULZER, PETER: Die jüdische Beteiligung an der Politik. In: Werner E. Mosse (Hg.): Juden im Wilhelminischen Deutschland 1890–1914. (Schriftenreihe wissenschaftlicher Abhandlungen des Leo Baeck Instituts 33). Tübingen 1976, S. 143–239
RAPP, ALFRED: 75 Jahre NBL. In: Neue Badische Landeszeitung 19.10.1930
REBENTISCH, DIETER: Ludwig Landmann. Frankfurter Oberbürgermeister der Weimarer Republik. (Frankfurter Historische Abhandlungen 10). Wiesbaden 1975
RESCHKE, HANS: Florian Waldeck. Nachträgliche Niederschrift der Gedenkworte des Oberbürgermeisters Dr. Hans Reschke bei der Trauerfeier am 1. Oktober 1960. In: MH, 1960, H. 2, S. 1–4
REUTER, FRITZ: Warmaisa. 1000 Jahre Juden in Worms. (Der Wormsgau. Beih. 29). Worms 1984
RICHARZ, MONIKA (Hg.): Jüdisches Leben in Deutschland. Selbstzeugnisse zur Sozialgeschichte im Kaiserreich. 2 Bdd. (Veröffentlichung des Leo Baeck Instituts). Stuttgart 1978
ROSENTHAL, BERTHOLD: Aus der Geschichte der israelitischen Volksschule in Mannheim. In: IGB 25. 2. 1926, S. 3–6
–: Heimatgeschichte der badischen Juden seit ihrem geschichtlichen Auftreten bis zur Gegenwart. Bühl/Baden 1927. ND Magstadt bei Stuttgart 1981
–: Juden als städtische Lieferanten in Alt-Mannheim. In: IGB 22. 6. 1933, S. 6 ff.
–: Zwei jüdische Ärzte. In: Monatsschrift für Geschichte und Wissenschaft des Judentums 77, 1933, S. 447 f.
RÜRUP, REINHARD: Emanzipation und Antisemitismus. Studien zur »Judenfrage« der bürgerlichen Gesellschaft (Kritische Studien zur Geschichtswissenschaft 15). Göttingen 1975
SAUER, PAUL (Bearb.): Dokumente über die Verfolgung der jüdischen Bürger in Baden-Württemberg durch das nationalsozialistische Regime 1933–1945. Hg. von der Archivdirektion Stuttgart. Bd. 2. (Veröffentlichungen der Staatlichen Archivverwaltung Baden-Württemberg 17). Stuttgart/Berlin/Köln/Main 1966
SCHADT, JÖRG (Bearb.): Alles für das Volk, alles durch das Volk. Dokumente zur demokratischen Bewegung in Mannheim 1848–1948 (Sonderveröffentlichungen des Stadtarchivs Mannheim 1). Stuttgart/Aalen 1977
– (Hg.): Wie wir den Weg zum Sozialismus fanden. Erinnerungen badischer Sozialdemokraten (Veröffentlichungen des Stadtarchivs Mannheim 8). Stuttgart/Berlin/Köln/Mainz 1981
SCHRAMM, HANNA: Menschen in Gurs. Erinnerungen an ein französisches Internierungslager (1940–1941). Mit einem dokumentarischen Beitrag zur französischen Emigrantenpolitik (1933–1945) von Barbara Vormeier (Deutsches Exil 1933–1945. Eine Schriftenreihe. Hg. von Georg Heintz 13). Worms 1977
SCHWARZ, W.: Geschichte der gerechten und vollkommenen St. Johannis-Loge »Karl zur Eintracht« in Mannheim. Festschrift zur Feier der fünfzigjährigen Wiedererstehung dieser Loge. Mannheim 1896
SEEBOHM, HANS-BERNHARD: Otto Selz. Ein Beitrag zur Geschichte der Psychologie. Diss. Heidelberg 1970
SILBERSTEIN, MAX: Gedenkworte für Heinrich Wetzlar. In: MH, 1963, H. 3, S. 48 f.
SIMON, OTTO: Die Familiennamen der Juden unter besonderer Berücksichtigung der Verhältnisse in Baden. In: IGB 13. 4. 1927, S. 4 f.
ST., H.: Die jüdischen Mischehen in Mannheim. In: IGB 24. 5. 1929, S. 5–8
STAHL, ERNST LEOPOLD: Das Mannheimer Nationaltheater. Ein Jahrhundert deutscher Theaterkultur im Reich. Mannheim, Berlin, Leipzig 1929
STECKELMACHER, ERNST: Meinem seligen Vater zum Gedächtnis. In: IGB 25. 6. 1930, S. 6 f.
STECKELMACHER, MORITZ: Das Princip der Ethik vom philosophischen und jüdisch-theologischen Standpunkt aus betrachtet. Frankfurt 1904
STRAUS, RAHEL: Wir lebten in Deutschland. Erinnerungen einer deutschen Jüdin 1880–1933. Hg. u. m. e. Nachw. versehen von Max Kreutzberger. Stuttgart 1961
TEGEL, SUSAN: Ludwig Frank and the German Social Democrats, 1904–1914. Diss. London 1970. (Masch. Ms.)
THEILHABER, FELIX: Der Untergang der deutschen Juden. Eine volkswirtschaftliche Studie. 2. veränd. Aufl. München 1921
UNNA, ISAK: Die Lemle-Moses-Klaus-Stiftung in Mannheim. 2 Bdd. Frankfurt a. M. 1908/09
UNNA, MOSCHE: Gedenkbuch für Isak Unna. Jerusalem 1975 (in hebräischer Sprache). Auszug in deutscher Sprache StA Mannheim, JD, Nr. 38

VERHANDLUNGEN DER 1. KAMMER der Ständeversammlung des Großherzogtums Baden. Karlsruhe 1819–1918
VERWALTUNGSBERICHT der Badischen Hauptstadt Mannheim. Mannheim 1892–1894 (1896), 1907 (1909). 1910 (1911), 1919/20 (1922)
VOGEL, ROLF: Ein Stück von uns. Deutsche Juden in deutschen Armeen 1813–1976. Eine Dokumentation. Mainz 1977
WACHENHEIM, HEDWIG (Hg.): Ludwig Frank: Aufsätze, Reden und Briefe. Berlin 1924
–: Ludwig Frank. In: MH, 1964, H. 2, S. 28–40
–: Vom Großbürgertum zur Sozialdemokratie. Memoiren einer Reformistin. (Internationale wissenschaftliche Korrespondenz zur Geschichte der deutschen Arbeiterbewegung. Beih. 1). Berlin 1973
WALDECK, FLORIAN: Alte Mannheimer Familien. 6 Tle. (Schriften der Familiengeschichtlichen Vereinigung Mannheim). Mannheim 1920–1925
–: Erzählung – Stufen des Lebens. In: MH, 1954, H. 1, S. 11–16
–: 100 Jahre Mannheimer Altertumsverein. In: MH, 1959, H. 1, S. 3–7
WALDKIRCH, JULIUS: Ein Beitrag zur Geschichte der Freimaurerei in Mannheim anläßlich des 225jährigen Jubiläums der Johannis-Freimaurerloge »Carl zur Eintracht« i. O. Mannheim. Mannheim 1981
WALTER, FRIEDRICH: Mannheim in Vergangenheit und Gegenwart. 3 Bde. Mannheim 1907
–: Schicksal einer deutschen Stadt. Geschichte Mannheims 1907–1945. 2 Bde. Frankfurt a. M. 1948/50
–: Leistung und Persönlichkeit. In: Hermann Maas / Gustav Radbruch (Hg.): Den Unvergessenen. Opfer des Wahns 1933–1945. Heidelberg 1952, S. 19–41
WATZINGER, KARL OTTO: Die Entwicklung der Jüdischen Gemeinde Mannheims von 1660 bis 1862. In: MH, 1957, H. 3, S. 22–25
–: August Lamey als Schöpfer des Gesetzes über die Gleichberechtigung der Juden. In: MH, 1962, H. 3, S. 23–26
–: Grabstätten auf dem Jüdischen Friedhof. In: MH, 1963, H. 3, S. 39 ff.
–: Die Jüdische Gemeinde in Feudenheim. In: MH, 1965, H. 3, S. 14–17
–: Die Jüdische Gemeinde Mannheims in der Weimarer Republik. In: MH, 1980, H. 2, S. 70–97
–: Die Jüdische Gemeinde Mannheims in der großherzoglichen Zeit (1803–1918). In: MH, 1981, H. 2, S. 91–114
–: Die jüdische Gemeinde in Mannheim. In: Oberrat der Israeliten Badens (Hg.): Juden in Baden 1809–1984. 175 Jahre Oberrat der Israeliten Badens. Bearb. von Jael B. Paulus. Karlsruhe 1984, S. 235–242
WEBER, HERMANN: Die Wandlung des deutschen Kommunismus – Die Stalinisierung der KPD in der Weimarer Republik. Bd. 2. Frankfurt a. M. 1969
WEBER, ROLF: Kleinbürgerliche Demokraten in der deutschen Einheitsbewegung 1863–1866. Berlin 1962
[WETZLAR, RICHARD]: Gedenkblätter an den Herrn Landgerichtspräsidenten Dr. Heinrich Wetzlar und seine Gattin Therese, geb. Joseph. Für Familienangehörige, Freunde und Bekannte gesammelt von dem ältesten Sohn. 1962 (Privatdruck). StA Mannheim Bibliothek J 34
WENDLING, WILLI: Berta Hirsch. Die Gründerin und Leiterin der ersten deutschen Bücherhalle mit Kinderlesezimmern. In: MH, 1977, H. 1, S. 29–33
–: Die Mannheimer Abendakademie und Volkshochschule. Ihre Geschichte im Rahmen der örtlichen Erwachsenenbildung. Von den Anfängen im 19. Jahrhundert bis 1953 (Sonderveröffentlichungen des Stadtarchivs Mannheim 7). Heidelberg 1983

Zeitungen

Allgemeine Zeitung, Mannheim
Israelitisches Gemeindeblatt, Mannheim
Mannheimer General-Anzeiger / Badische Neueste Nachrichten, Mannheim
Neue Badische Landeszeitung, Mannheim
Neue Mannheimer Zeitung, Mannheim
Rhein- und Neckarzeitung, Mannheim
Volksstimme, Mannheim

Bildnachweis

Sämtliche Bildvorlagen stammen aus dem Stadtarchiv Mannheim mit Ausnahme der folgenden Positionen:

S. 58 (Abb. 16):	Stadtarchiv Worms
S. 149 (Abb. 8):	Generallandesarchiv Karlsruhe, Sign. 231/490
S. 151 (Abb. 13):	Leo Baeck Institut New York
S. 152 (Abb. 17):	Institut für Marxismus-Leninismus / Zentrales Parteiarchiv Berlin(-Ost)
S. 153 (Abb. 23, 24):	Reiß-Museum Mannheim
S. 155 (Abb. 30):	Dr. Storck, Literaturarchiv Marbach
S. 156 (Abb. 34):	Reiß-Museum Mannheim
S. 157 (Abb. 39):	Menachem Ravir, Kibbuz Hazorea, Haifa, Israel
S. 160 (Abb. 46):	Tita Binz, Mannheim

Personenindex

Die Seitenzahlen der Biographien sind *kursiv*, alle übrigen Belege gerade gesetzt.
Auf der mit * versehenen Seitenzahl erscheint die Abbildung der Person.

Aberle, Caroline   siehe Herschel, Caroline
Aberle, Henriette   44
Aberle, Julius   44
Achenbach, Ludwig   117
Adler, Betty   siehe Hecht, Betty
Adler, Hugo   59, 69
Altmann, Sally   88
Ammon, Robert   122
Appel, Anna geb. Willstätter   78
Appel, Julius   *78*, 147*
Appel, Maier   78
Appel, Rosa geb. Hofmann   78

Bachert, Auguste   siehe Jeselsohn, Auguste
Bamberger, Hans   97
Bamberger, Helene   siehe Hecht, Helene
Bamberger, Ludwig   97
Bamberger, Zerla   siehe Unna, Zerla
Bassermann, Ernst   113, 126
Bassermann, Friedrich Daniel   31, 113
Bassermann, Julie geb. Ladenburg   113
Bauer, Josef   60
Beck, Otto   100, 115, 124
Becker, Jean   130
Bensbach, Karoline   siehe Lindmann, Karoline
Bensheimer, Albert   79
Bensheimer, Alice   61, 79, *80*, 147*
Bensheimer, Jacob   42, 79
Bensheimer, Julius   42, 59, *79f.*, 147*
Bensheimer, Lore geb. Sohn   79
Bensheimer, Sigmund   79
Bensinger, Friedrich   41, 118
Benzian, Johanna   siehe Rosenthal, Johanna
Berg, Kurt   65, 70, 72f.
Billigheimer, Anna   148*
Billigheimer, Gertrud geb. Feitler   81
Billigheimer, Karl   148*
Billigheimer, Karl   81
Billigheimer, Karoline geb. Hess   81
Billigheimer, Samuel   63, 72f., *81f.*, 148*
Blaustein, Arthur   34, *83*, 148*
Blaustein, Bernhard   83
Blaustein, Elisabeth geb. Hitze de Waal   83f.
Blaustein, Minna geb. Lewin   83
Bluntschli, Johann Kaspar   97
Böttger, Richard   52
Böttinger, Babette   siehe Wolff, Babette
Borger, Michael   98
Brahms, Johannes   44
Brecht, Bert   53
Brentano, Lorenz   87
Brentano, Peter   110

Bruchsaler, Siegfried   93
Buber, Martin   53f.

Cahen, Alice geb. Reis   84f.
Cahen, Barbara geb. Lonsbach   84
Cahen, Gustav   *84f.*, 148*
Cahen, Moses   84
Cahn-Garnier, Fritz   50, 63
Canstatt, Nathan David   22
Coblenz, Emilie geb. Meyer   80
Coblenz, Zacharias   80

Darmstädter, Alice geb. Leoni   85
Darmstädter, Emil   29*
Darmstädter, Ida   29*
Darmstädter, Jonas   85
Darmstädter, Josef   29*
Darmstädter, Louise geb. Traumann   29*
Darmstädter, Marianne geb. Mehler   85
Darmstädter, Samuel Ludwig   29*
Darmstädter, Viktor   43, *85f.*, 149*
Deutz, Elisabeth   siehe Landmann, Elisabeth
Diffené, Heinrich   41
Dinkelspiel   26
Dinkelspiel, Fanny   siehe Mayer, Fanny
Dreifuß, Julius   43
Dreyfuß   26
Düringer, Adelbert   80

Eberstadt, Berta   siehe Hirsch, Berta
Eberstadt, Ferdinand   102
Eberstadt, Zelie geb. Seligmann   102
Ehrenburg, Ilja   53
Elkan   22
Eller, Elias   31, 42, *86f.*, 149*
Eller, Henriette geb. Marx   86
Eller, Maria geb. Lieber   86
Eller, Marx   86
Ellstätter, Moritz   34
Engelhard, Emil   118
Engelhorn, Friedrich   111
Engelhorn, Marie   61
Engelhorn, Rudolf   60
Eppstein, Hedwig geb. Strauß   88f.
Eppstein, Isidor   88
Eppstein, Johanna geb. Scharff   88
Eppstein, Paul   60, *88f.*, 149*
Erzberger, Matthias   101
Eschborn, Josef   31

Feit, Hans   106
Feitler, Gertrud   siehe Billigheimer, Gertrud

193

Felsenthal, Simon 45
Frank, Fanny 89
Frank, Ludwig 43, 59, *89ff.*, 102f., 105, 141, 150*
Frank, Samuel 89
Freund, Berta siehe Hirschler, Berta
Friedenheim, Alice siehe Heymann, Alice
Friedmann, Bernhard 107
Friedrich I., Großherzog von Baden 34
Fulda, Fritz 84
Fulda, Wilhelm 42
Furtwängler, Wilhelm 43, 135

Gebner, Hermann 59
Geck, Adolf 101
Geck, Erika Lassalia siehe Heymann, Erika Lassalia
Geismar, Johanna 126
Geißmar, Berta 43
Geißmar, Leopold 43
Gernsheim, Ludwig 141
Glückstein, Hans 80
Gödelmann, Johanna 75
Goitein, Gertrud siehe Unna, Gertrud
Goldschmidt, Ida siehe Ladenburg, Ida
Goldschmidt, Julie siehe Ladenburg, Julie
Goldschmidt, Max 51, 56
Gothein, Eberhard 115
Grohé, Johann Peter 87
Grünbaum, Lazarus 92
Grünbaum, Magdalene geb. Hirsch 92
Grünbaum, Rosa *92f.*, 150*
Grünbaum, Viktoria gen. Dora 92f.
Grünewald, Hedwig geb. Horowitz 93
Grünewald, Klara geb. Ostheimer 93
Grünewald, Max 48, 53, 59, 63f., 71, 82, 88, *93f.*, 128, 140, 150*
Grünewald, Simon 93
Grynszpan, Herschel 71
Gütermann, Heinrich 59, 61, 80
Gutmann, Elise geb. Kahn *94f.*
Gutmann, Jakob 94f.
Gutzkow, Karl 113

Hachenburg 26
Hachenburg, Hans 95ff.
Hachenburg, Heinrich 95
Hachenburg, Johanna geb. Präger 95
Hachenburg, Lucie geb. Simons 95
Hachenburg, Max 36, 61, 80, *95ff.*, 151*
Händel, Georg Friedrich 69
Hagemann, Carl 43, 135, 138
Hansemann, Adolph 111
Harpuder, Heinrich 59
Hauser, Hermann 74
Hayum, Elias 21, 23
Hayum, Jakob 22
Hecht, Antonie geb. Rosenberg 98
Hecht, Baruch 97
Hecht, Betty geb. Adler 97
Hecht, Felix 44, *97f.*, 151*
Hecht, Gustav 59, 98

Hecht, Hans 97
Hecht, Helene geb. Bamberger 97f.
Hecht, Hermann 55, *98f.*, 151*
Hecht, Jakob 99
Hecht, Johanna geb. Roenberg 98
Hecht, Simon 98
Hecker, Friedrich 31
Heimerich, Anneliese 61
Heimerich, Hermann 56, 61, 105f.
Heine, Heinrich 70
Heinsheimer, Karl 80
Hellwag, Rudolf 120
Herrmann, Irmgard 74
Herschel, Bernhard 36, 41, 44, *100*, 151*
Herschel, Caroline geb. Aberle 100
Herzl, Theodor 127
Hess, Karoline siehe Billigheimer, Karoline
Hesse, Lene siehe Sinzheimer, Lene
Heuss, Theodor 92, 121
Heuss-Knapp, Elly 121
Heymann, Abraham 22
Heymann, Alice geb. Friedenheim 101
Heymann, Erika Lassalia geb. Geck 101
Heymann, Julius 101
Heymann, Liesel geb. Martin 101
Heymann, Peter 101
Heymann, Stefan 59, 78, *101f.*, 152*
Hindemith, Paul 135
Hindenburg, Paul von 60f., 81
Hirsch, Berta geb. Eberstadt *102f.*, 152*
Hirsch, Emil 41, 102f.
Hirsch, Johanna siehe Schulze-Gävernitz, Johanna von
Hirsch, Lea siehe Wolff, Lea
Hirsch, Magdalene siehe Grünbaum, Magdalene
Hirsch, Olga geb. Ladenburg 110
Hirschhorn, Amalie geb. Traumann 103
Hirschhorn, Betty geb. Traumann 103
Hirschhorn, Fritz 41, 86, *103f.*, 152*
Hirschhorn, Julius 36, 103
Hirschler, Aron 105
Hirschler, Berta geb. Freund 105
Hirschler, Cäcilie geb. Lakisch 105
Hirschler, Franz 56, 60, *105f.*, 152*
Hitler, Adolf 60f., 123
Hitz, Johanna siehe Löwit, Johanna
Hitze de Waal, Elisabeth siehe Blaustein, Elisabeth
Höber, Henriette siehe Nauen, Henriette
Höber, Johannes 59
Hofmann, Julius 138
Hofmann, Rosa siehe Appel, Rosa
Hohenemser 26
Hohenemser, August 42f., 107
Hohenemser, Dänge geb. Ladenburg 107, 110
Hohenemser, Herbert 107
Hohenemser, Hirsch Levi 107, 110
Hohenemser, Joseph 41, *107*, 110, 153*
Hohenemser, Joseph (Enkel) 56
Hohenemser, Moritz 107
Hohenemser, Regina geb. Ladenburg 107, 110

Hollander, Eduard von 123
Honegger, Arthur 59
Horowitz, Hedwig siehe Grünewald, Hedwig

Itzstein, Johann Adam von 31

Janson, Luise siehe Neter, Luise
Jaurés, Jean 91
Jellinek, Georg 34
Jeselsohn, Auguste geb. Bachert 108
Jeselsohn, Fanny geb. Oppenheimer 108f.
Jeselsohn, Isak 108
Jeselsohn, Max 42, 56, *108f.*, 153*
Johann Wilhelm, Kurfürst von der Pfalz 16, 20, 128
Joseph, Therese siehe Wetzlar, Therese

Kahn, Bernhard 44, 103
Kahn, Berta siehe Levi, Berta
Kahn, Elise siehe Gutmann, Elise
Kahn, Otto 60
Karl, Kurfürst von der Pfalz 15
Karl Friedrich, Großherzog von Baden 24
Karl Ludwig, Kurfürst von der Pfalz 13, 16, 22, 62
Karl Philipp, Kurfürst von der Pfalz 19, 129
Karl Theodor, Kurfürst von der Pfalz 21f., 24, 83
Kattermann, Reinhard 121
Kaufmann, Rosa siehe Landmann, Rosa
Klingmüller, Volker 122
Knapp, Marianne siehe Lesser, Marianne
Kolb, Wilhelm 91
Krehbiel-Darmstädter, Maria 74
Kühnemann, Eugen 93
Külpe, Oswald 133
Kutzer, Theodor 105, 115, 124, 139

Lachner, Franz 113
Lachner, Vincenz 113
Ladenburg 26
Ladenburg, Albert 112
Ladenburg, Anna 61
Ladenburg, Carl 38, 42f., 111, *113f.*, 154*
Ladenburg, Dänge siehe Hohenemser, Dänge
Ladenburg, Delphine geb. Picard 112
Ladenburg, Hajum Hirsch 109
Ladenburg, Hermann 42
Ladenburg, Ida geb. Goldschmidt 113f.
Ladenburg, Julie siehe Bassermann, Julie
Ladenburg, Julie geb. Goldschmidt 111, 113
Ladenburg, Leopold 31, 42, 109, *112f.*
Ladenburg, Mina geb. Lorch 109ff.
Ladenburg, Olga siehe Hirsch, Olga
Ladenburg, Regina siehe Hohenemser, Regina
Ladenburg, Seligmann 41, 107, 109, *111ff.*, 153*
Ladenburg, Terza geb. Moyses 109
Ladenburg, Wilhelm 112
Ladenburg, Wolf Hayum 25, 38, *109ff.*, 153*
Lakisch, Cäcilie siehe Hirschler, Cäcilie
Lamey, August 34, 45

Landmann, Elisabeth geb. Deutz 115
Landmann, Ludwig 34, *115f.*, 154*
Landmann, Margarete geb. Merens 115
Landmann, Moritz 115
Landmann, Rosa geb. Kaufmann 115
Lauer, Chaim 48, 65, 71, 139
Lemle, Heinrich 64
Lenel, Alfred 118
Lenel, Caroline geb. Scheuer 116f.
Lenel, Heinz Walter 120
Lenel, Helene geb. Michaelis 117ff.
Lenel, Herz Löwenthal 116
Lenel, Milly geb. Maas 61, 119, 155*
Lenel, Moritz 31, 35, 41, *116f.*, 154*
Lenel, Otto 116
Lenel, Richard 55f., 61, 84, 117, *119f.*, 154*
Lenel, Sara geb. Simon 116
Lenel, Simon 116
Lenel, Viktor 42, 44, 116, *117ff.*, 155*
Lenel, Walter 117
Leoni, Alice siehe Darmstädter, Alice
Lesser, Adolf 121
Lesser, Ernst Josef 50, *121f.*, 155*
Lesser, Marianne geb. Knapp 121f.
Levi, Benedict 44
Levi, Berta geb. Kahn 122
Levi, Hermann 44
Levi, Josef 43, *122f.*, 155*
Lewin, Minna siehe Blaustein, Minna
Lewinsky, Sara 125
Lieber, Maria siehe Eller, Maria
Lindeck, Wilhelm 44
Lindmann, Isidor 42, *123*, 155*
Lindmann, Karoline geb. Bensbach 123
Lindmann, Lippmann 31, 123
Lindmann, Pauline geb. Oppenheimer 123
Lipps, Theodor 133
Löb, Henriette siehe Wetzlar, Henriette
Loeb, Jonas 50, 63
Loewe, Walter Siegfried 50, 122
Löwit, Joachim 124
Löwit, Johanna geb. Hitz 124f.
Löwit, Ottokar *124*, 156*
Lonsbach, Barbara siehe Cahen, Barbara
Lorch, Mina siehe Ladenburg, Mina

Maas, Hermann 53, 73
Maas, Milly siehe Lenel, Milly
Mackle, Bertha siehe Waldeck, Bertha
Maier, Hannchen geb. Marx 125
Maier, Karl 61
Maier, Pauline 74, *125f.*, 156*
Maier, Raphael 125
Maisch, Herbert 61
Martin, Liesel siehe Heymann, Liesel
Martin, Paul 114
Marx, Bertha siehe Sinzheimer, Bertha
Marx, Hannchen siehe Maier, Hannchen
Marx, Henriette siehe Eller, Henriette
Marx, Karl 54, 121
Mathy, Karl 31, 113
May, Michael 23

Mayer, Emil 43
Mayer, Fanny geb. Dinkelspiel 126
Mayer, Gottschalk 25
Mayer, Moses 21, 129
Mayer-Brass, Rosa 126
Mayer-Dinkel, Gustav 42, *126f.*, 156*
Mayer-Dinkel, Leopold 126f., 156*
Mayer-Dinkel, Otto 156*
Mayer-Dinkel, Salomon 36, 126
Mayer-Hess, Fromet siehe Moses, Fromet
Mehler, Marianne siehe Darmstädter, Marianne
Menzel, Adolf 120
Merens, Margarete siehe Landmann, Margarete
Meyer, Babette siehe Moses, Babette
Meyer, Emilie siehe Coblenz, Emilie
Meyer, Rosa siehe Moses, Rosa
Michaelis, Bertha siehe Wachenheim, Bertha
Michaelis, Helene siehe Lenel, Helene
Moll, Eduard 117
Moses, Babette geb. Meyer 127
Moses, Friedrich 127
Moses, Fromet geb. Mayer-Hess 128
Moses, Julius 33, 45, 51, 53, 64, 94, 109, *127f.*, 140, 157*
Moses, Lemle Reinganum 19, 21, *128f.*
Moses, Mendel 128
Moses, Rosa geb. Meyer 127
Moses, Süßche 128
Moyses, Terza siehe Ladenburg, Terza
Mozart, Wolfgang Amadeus 69
Mühsam, Erich 101

Nauen, Clara geb. Pflaum 130
Nauen, Henriette geb. Höber 130
Nauen, Jacob 31, *130*, 157*
Nauen, Julius Abraham 130
Nauen, Salomon Abraham 130
Naumann, Friedrich 102f.
Nenni, Pietro 105
Neter, Augusta geb. Sinauer 131
Neter, Eli 131
Neter, Eugen 72, 74f., 92, 125f., *131f.*, 157*
Neter, Luise geb. Janson 131
Neter, Mia geb. Thalmann 51, 66, 73, 88, 93f., 127, 131f.
Neter, Richard 131

Oberndorff, Franz Albert Graf von 110
Oppenheim, Emanuel 20
Oppenheim, Gustav 36, 52, 61, 64, 122, 128
Oppenheim, Samuel 20, 128
Oppenheimer 72
Oppenheimer, Fanny siehe Jeselsohn, Fanny
Oppenheimer, Pauline siehe Lindmann, Pauline
Orth, Otto 106
Ostheimer, Klara siehe Grünewald, Klara
Ottenburger, H. S. 25
Ottweiler, Katharina Gräfin von 31

Payer, Richard 143
Pflaum, Clara siehe Nauen, Clara
Philipp Wilhelm, Kurfürst von der Pfalz 15f.
Picard, Delphine siehe Ladenburg, Delphine
Pohl, Moritz 44
Präger, Johanna siehe Hachenburg, Johanna
Präger, Moses 32f., 36, 95

Rath, Ernst von 71
Regensburger, Markus 45
Reinberger, Bianca siehe Steckelmacher, Bianca
Reis, Alice siehe Cahen, Alice
Renninger, Carl 62
Richter, Karl 71ff.
Roenberg, Johanna siehe Hecht, Johanna
Röntgen, Wilhelm 84
Rosenberg, Antonie siehe Hecht, Antonie
Rosenberg, Samuel 99
Rosenfeld 26
Rosenfeld, Abraham 31
Rosenfeld, Helene siehe Waldeck, Helene
Rosenfeld, Isidor 36, 142
Rosenstock, Josef 60, 62
Rosenthal, Babette geb. Weil 132
Rosenthal, Berthold *132f.*, 136, 157*
Rosenthal, Emanuel 132
Rosenthal, Frank 73
Rosenthal, Johanna geb. Benzian 133
Rosin, Heinrich 34
Rothschild, Michael 55

Salomon, Mina siehe Stern, Mina
Schamber, Gertrude siehe Sinzheimer, Gertrude
Scharff, Johanna siehe Eppstein, Johanna
Scheibe, Richard 121
Scheuer, Caroline siehe Lenel, Caroline
Scheuer, Michael 25
Schifferdecker, Heinz 97
Schneider, Friedrich 42
Schramm, Hanna 75
Schulze-Gävernitz, Hermann Johann Friedrich von 102
Schulze-Gävernitz, Johanna von geb. Hirsch 102
Schumann, Robert 113
Seligmann, Zelie siehe Eberstadt, Zelie
Selz, Laura geb. Wassermann 133
Selz, Otto 60, 62, *133f.*, 158*
Selz, Sigmund 133
Serr, Johann Jakob 112
Severing, Karl 105
Sickinger, Anton 127
Sigel, Franz 130
Silberstein, Max 79, 144
Simon, Sara siehe Lenel, Sara
Simons, Lucie siehe Hachenburg, Lucie
Sinauer, Augusta siehe Neter, Augusta
Sinzheimer, Bertha geb. Marx 135
Sinzheimer, Gertrude geb. Schamber 135
Sinzheimer, Lene geb. Hesse 135f.

Sinzheimer, Max 59, 69, *135f.*, 158*
Sinzheimer, Siegmund 135
Sioli, Francesco 105
Sohn, Lore siehe Bensheimer, Lore
Soiron, Alexander von 31
Sombart, Werner 136
Spinoza, Baruch 121
Stahl, Baruch 64
Steckelmacher, Bianca geb. Reinberger 136f.
Steckelmacher, Ernst 136
Steckelmacher, Moritz *136f.*, 158*
Stein, Benjamin 137
Stein, Cäcilie 137
Stein, Nathan 34, 77, *137*
Stern, Mina geb. Salomon 138
Stern, Sally 42, *138f.*, 158*
Stern, Samson 138
Stiefel, Karl 71f.
Strassburger, E. 145
Strauß, Hedwig siehe Eppstein, Hedwig
Süskind, Moses 21
Süßkind, Albert 43

Tannenbaum, Herbert 59f.
Thalmann, Mia siehe Neter, Mia
Toch, Ernst 59
Toller, Ernst 101
Traub, Hirsch 31
Traumann, Amalie siehe Hirschhorn, Amalie
Traumann, Betty siehe Hirschhorn, Betty
Traumann, Marie siehe Wachenheim, Marie
Tucholsky, Kurt 53

Ullmann, David 25
Unna, Gertrud geb. Goitein 139
Unna, Isak 45, 47, 65, 71, 78, 129, *139f.*, 159*

Unna, Mosche 139
Unna, Moses 139
Unna, Viktor 139
Unna, Zerla geb. Bamberger 139

Veith, Tutti 89
Vögele, Hildegard 61
Vögele, Wilhelm 61
Vollhard, Franz 121

Wachenheim, Bertha geb. Michaelis 141
Wachenheim, Eduard *141*
Wachenheim, Hedwig 141
Wachenheim, Joseph 141
Wachenheim, Marie geb. Traumann 141
Waldeck, Bertha geb. Mackle 61, 142
Waldeck, Florian 56, *142f.*, 160*
Waldeck, Helene geb. Rosenfeld 142
Waldeck, Hermann 142
Wassermann, Laura siehe Selz, Laura
Weber, Max 121
Weigert, Kurt 74f.
Weil, Babette siehe Rosenthal, Babette
Weil, Benno 55
Weinberg, Jakob 69
Wetzlar, Heinrich 50, 61, 77, *144f.*, 159*
Wetzlar, Henriette geb. Löb 144
Wetzlar, Isak 144
Wetzlar, Therese geb. Joseph 61, 144f., 159*
Willstätter, Anna siehe Appel, Anna
Wolf, Elkan Isak 22f.
Wolff, Babette geb. Böttinger 145
Wolff, Lea geb. Hirsch 145
Wolff, Simon (Vater) 145
Wolff, Simon 26, *145f.*
Wolfhard, Johann 56
Wundt, Wilhelm 136

Kohlhammer

Veröffentlichungen des Stadtarchivs Mannheim

Hans-Joachim Fliedner
Die Judenverfolgung in Mannheim 1933–1945
Darstellung · Bd. 1. 1971. — Vergriffen —

Hans-Joachim Fliedner (Bearb.)
Die Judenverfolgung in Mannheim 1933–1945
Dokumente · Bd. 2. 1971. — Vergriffen —

Jörg Schadt (Bearb.)
Verfolgung und Widerstand unter dem Nationalsozialismus in Baden
Die Lageberichte der Gestapo und des Generalstaatsanwalts Karlsruhe 1933–1940
Bd. 3. 1976. 354 Seiten. Leinen mit Schutzumschlag DM 34.–
ISBN 3-17-001842-6

Im Dienst an der Republik
Die Tätigkeitsberichte des Landesvorstands der Sozialdemokratischen Partei Badens 1914–1932
Hrsg. und bearb. von Jörg Schadt unter Mitarbeit von Michael Caroli
Bd. 4. 1977. 240 Seiten, zahlreiche Tabellen und Abbildungen, 1 Karte über die Lokalorganisation der SPD in Baden 1929. Leinen mit Schutzumschlag DM 34.–
ISBN 3-17-002874-X

Max Hachenburg
Lebenserinnerungen eines Rechtsanwalts und Briefe aus der Emigration
Hrsg. und bearb. von Jörg Schadt
Bd. 5. 1978. 260 Seiten, 40 Seiten Abbildungen. Leinen mit Schutzumschlag DM 29.–
ISBN 3-17-004827-9

John Gustav Weiß
Lebenserinnerungen eines badischen Kommunalpolitikers
Hrsg. und bearb. von Jörg Schadt unter Mitarbeit von Hans-Ewald Keßler
Bd. 6. 1981. 192 Seiten mit zahlreichen Abbildungen. Leinen mit Schutzumschlag DM 39.80
ISBN 3-17-007058-4

Hermann Heimerich
Lebenserinnerungen eines Mannheimer Oberbürgermeisters
Aus dem Nachlaß hrsg. und bearb. von Jörg Schadt
Bd. 7. 1981. 84 Seiten mit 16 Seiten Abbildungen. Leinen mit Schutzumschlag DM 24.–
ISBN 3-17-007169-6

Jörg Schadt (Hrsg.)
Wie wir den Weg zum Sozialismus fanden
Erinnerungen badischer Sozialdemokraten
Bd. 8. 1981. 72 Seiten mit 4 Seiten Abbildungen. Leinen mit Schutzumschlag DM 15.80
ISBN 3-17-007176-9

Joachim Irek
Mannheim in den Jahren 1945–1949
Geschichte einer Stadt zwischen Diktatur und Republik
Darstellung
Bd. 9. 1983. 236 Seiten mit 16 Seiten Abbildungen. Leinen mit Schutzumschlag DM 39.–
ISBN 3-17-007530-6

Fortsetzung folgende Seite!

Verlag W. Kohlhammer
Stuttgart · Berlin · Köln · Mainz

wk

Kohlhammer

Joachim Irek
Mannheim in den Jahren 1945–1949
Dokumente
Bd. 10. 1983. 192 Seiten mit 16 Seiten Abbildungen. Leinen mit Schutzumschlag DM 42.–
ISBN 3-17-007529-2

Kremer, Hans-Jürgen
Mit Gott für Wahrheit, Freiheit und Recht
Quellen zur Organisation und Politik der Zentrumspartei und des politischen Katholizismus in Baden 1888–1914. Ausgew. u. eingel. von Hans-Jürgen Kremer unter redaktioneller Mitarbeit von Michael Caroli; hrsg. von Jörg Schadt.
Bd. 11. 1983. 322 Seiten. Polyleinen DM 48.–
ISBN 3-17-008053-9

Verlag W. Kohlhammer
Stuttgart · Berlin · Köln · Mainz

Sonderveröffentlichungen des Stadtarchivs Mannheim

Nr. 1. **Alles für das Volk, alles durch das Volk**
Dokumente zur demokratischen Bewegung in Mannheim 1848–1948
Ausgew. u. bearb. von Jörg Schadt · 1977. Stuttgart, Aalen: Theiss, 277 S.

Nr. 2. **Mannheim in alten Ansichtskarten**
Hrsg. von Jörg Schadt · 1977. Frankfurt/Main: Flechsig, 136 S.

Nr. 3. **Mannheim in Plakaten 1900–1933**
Hrsg. vom Stadtarchiv Mannheim · 1979. Mannheim: Südwestdt. Verl. Anst., 254 S.

Nr. 4. Hacker, Werner
Kurpfälzische Auswanderer vom Unteren Neckar
Rechtsrheinische Gebiete der Kurpfalz · 1983. Stuttgart, Aalen: Theiss, 208 S.

Nr. 5. Deuchert, Norbert
Vom Hambacher Fest zur badischen Revolution
Politische Presse und Anfänge deutscher Demokratie 1832–1848/49
1983. Stuttgart: Theiss, 407 S.

Nr. 6. Brahms, Johannes
Briefwechsel mit dem Mannheimer Bankprokuristen Wilhelm Lindeck 1872–1882
Hrsg. vom Stadtarchiv Mannheim, bearb. von Michael Martin
1983. Heidelberg: Heidelberger Verl. Anst. u. Dr., 51 S.

Nr. 7. Wendling, Willi
Die Mannheimer Abendakademie und Volkshochschule
Ihre Geschichte im Rahmen der örtlichen Erwachsenenbildung
Von den Anfängen im 19. Jahrhundert bis 1953
1983. Heidelberg: Heidelberger Verl. Anst. u. Dr.

Nr. 8. **Der Mannheimer Gemeinderat 1945–1984**
Biographisches Handbuch der Oberbürgermeister, Bürgermeister und ehrenamtlichen Mitglieder des Mannheimer Gemeinderats
Bearb. von Wolfgang Brach. Hrsg. vom Stadtarchiv Mannheim
1984. Mannheim: Südwestdt. Verl. Anst., 350 S.

Nr. 9. Hoffmann, Herbert
Im Gleichschritt in die Diktatur?
Die nationalsozialistische „Machtergreifung" in Heidelberg und Mannheim
1984. Frankfurt/Main: Lang, ca. 290 S.

Marum, Ludwig
Briefe aus dem Konzentrationslager Kieslau
Ausgew. u. bearb. von Elisabeth Marum-Lunau und Jörg Schadt.
M. e. Lebensbild von Joachim Wolfgang Storck.
Hrsg. von den Stadtarchiven Karlsruhe und Mannheim
1984. Karlsruhe: C. F. Müller, 168 S.